민속학 입문

기쿠치 아키라 지음 | 김현욱 옮김

일러두기

1. 외래어의 우리말 표기는 기본적으로 국립국어원의 외래어표기법에 따른다.

2. 『야나기타 구니오 전집(柳田國男全集)』, 지쿠마쇼보(筑摩書房), 1997~2019은『전집』으로 표기한다.

3. 각주는 책 제목을 제외하면 모두 역자주이다.

차례

민속학이란 사람들의 '애달픔'과 '하찮음'에 다가가는 학문이 아닐까 생각한다. 이러한 표현은 지나치게 문학적일지도 모르겠다. '애달픔'이란 사람들 저마다가 살아가는 시대, 지역, 상황 속에서 한결같이 인내와 궁리를 거듭하며 열심히 하루하루의 생활을 영위하고 있는 것에 대한 감탄과 찬사이다. 한편으로 그러한 사람들이 종종 사려분별 없는 차별, 억압, 폭력의 피해자가 되기도 하고 역으로 가해자, 혹은 무책임한 방관자가 되기도 한다. 그리고 그 잘못으로부터 배우지 못하고, 혹은 배워도 바로 잊어버리고는 또다시 같은 실수를 반복한다. 안타깝게도 그러한 사람들이 안고 있는 '하찮음'도 인정해야 하는 것이 세상의 일면이다. '애달픔'과 '하찮음'은 꼬아 놓은 새끼줄처럼 번갈아 인간 세상에 나타난다. 성가신 혼돈을 외면하지 않고 하나하나의 인과관계를 풀어헤쳐 '하찮음'을 극복하기 위해 끊임없이 도전하는 일, 이를 위한 건전한 분별력과 실천력을 기르는 일이야말로 민속학이라는 학문의 초지初志이다.

우리들의 일상생활은 종횡무진 교착하는 갖가지 행위의 방대한 누적이다. 우리는 먹고, 입고, 거주하지 않을 수 없으며, 그러한 소비생활을 실현하기 위해서는 일해서 얻은 성과를 필요한 것과 교환할 수 있도록 갖가지 생산과 유통 활동이 필수적이다. 그리고 거기에는 작게는 가족에서 크게는 지구 사회에 이르기까지 다양한 규모와 구조를 갖는 인간관계의 혼재가 불가피하다. 이러한 사람들이 영위하는 삶은 근대 이후에 '자본주의'라는 이름의 과격한, 동시에 세계적인 사회 변용에 따라 결정적으로 변질되고, 그 과정은 지금도 계속되고 있다. 우리는 때때로 일말의 안식을 느끼면서도 음식에서부터 일터와 인간관계에 이르기까지 온갖 국면을 둘러싸고 막연한, 혹은 명백한 불안과 불만에 직면한 채로 일상생활을 영위하고 있다.

그것이 어떤 경위로 '현재'에 이르렀을까? 거기에서 불안과 불만을 제거하기 위해서는 어떠한 처방전이 유효한 것일까? 이 고도의 난제에 맞서기 위해 민속학이 발견한 실마리가 '민속자료'라는 새로운 자료이다. 그것은 무엇인가? 결론을 미리 말하자면, 그것은 '나/우리'에 관한 일이다. '나/우리'가 지금 여기서 이렇게 살고 있다. 그 자체가 아무리 사소한 것이라고 해도 틀림없이 인류 '역사'의 일부분이다. 그렇다면 '나/우리'에 각인되어 있을 '역사'를 끌어내어 그 내력과 성질을 밝히는 것도 원리적으로 불가능한 일은 아닐 것이다. '나/우리가 자료이다'라는 코페르니쿠스적 전환이야말로 민속학이 기여한 학문의 방법론이라고 생각한다.

이는 필연적으로 자신의 오감을 총동원하여 대상에게 접근하는 육체적인 방법론을 요구한다. 그것이 '삼부분류三部分流'이다. 눈에 보이기 때문에 누구에게나 관찰이 가능한

'유형문화'. 말로 표현되므로 귀를 기울이기 위한 언어습득이 필수인 '언어예술'. 눈에도 보이지 않고, 귀에도 들리지 않으므로 당사자 스스로 마음속을 헤치고 들어가는 수밖에 없는 '심의心意 현상'. 민속자료의 존재 형태, 인식에 동원되는 감각과 매체, 채집을 담당하는 주체의 속성을 정리한 이 도식은 '민속자료'라는 프런티어를 개척하기 위해 고안해낸 등신대이면서 전면적으로 '세상'과 격론하기 위한 혼신의 지적 서바이벌 수단이다.

보통 사람들의 일상생활을 통째로 붙잡으려고 하는 대담한 문제의식. 그것은 대상을 한정함으로써 정밀화를 시도하는 통상의 학문 분야의 규범에서 보면, 거의 만용일지도 모른다. 그러나, 기존의 각 학문 분야에서 누락된 '삶'의 원형을 건져 내려면, 그 만용에 굳이 뛰어들어야만 한다. 한없이 복잡한 현실의 세계가 갖는 거친 질감에 집착하는 일. 그것은 학문 분야의 분절에 물음표를 들이대는 반대론자일지도 모르고, 결국에는 새로운 영역을 태동시키는 '최초의 학문 분야'일지도 모른다. 그 지평에서야말로 민속학의 가능성은 발동한다.

이 책은 그러한 민속학이라고 하는 기획의 에센스를 필자의 변변치 못한 지식과 경험을 바탕으로 가능한 한 간결하게 서술하려는 것이다. 따라서 몇 가지 방침을 들자면,

①기본 개념 확인

②민속학의 고전에서 배움

③특수와 보편의 왕래

④인류사·자연사를 주시

⑤전근대/근대/현재라는 흐름에 입각

등을 계획하고 있다. 이 역시 '신서新書'라는 용량을 생각하면 너무나 무모할지도 모른다.

애초에 천학비재浅学菲才인 필자가 이러한 과제에 도전하는 것 자체가 아무리 생각해도 무모하다. 솔직히 더욱 착실히 연구를 거듭한 후에 임하고 싶었지만, 그렇게 해서는 결코 쓰기 시작할 수 없으리라는 것도 쉽게 상상이 간다. 이제는 마음을 정하는 외에 다른 방법이 없다. 민속학이 '있는 그대로의 인식 능력'에 대한 도전이라면, 거대한 세계와 대치하며 자신의 하찮음에 망연해지는 것도 피해 지나갈 수 없는 단계임이 틀림없기 때문이다.

1 야심적 혹은 무모한 학문

이제부터 이 책이 무엇을 말하려는 것인지 간결하게 확인하자. 행선지가 불분명한 미스터리 여행도 나쁘지는 않으나 입문이나 개론에는 적합하지 않다. 이 책은 민속학을 개설하려는 계획이지만 민속학이 대상으로 하는 '민속'이란 무엇인가라는 포인트에 대략적인 이미지를 부여하려면 일본 문화재보호법 시행세칙인 「기록 작성 등의 조치를 강구해야 할 무형 민속자료 선택 기준」[1]이 참고가 된다. 세칙에서는 민속의 내용을 다음과 같이 열거하고 있다.

> ①의식주에 관한 것 ②생산·생업에 관한 것 ③교통·수송·통신에 관한 것 ④교역에 관한 것 ⑤사회생활에 관한 것 ⑥구두 전승에 관한 것 ⑦신앙에 관한 것 ⑧민속 지식에 관한 것 ⑨민속예능·오락·유희·기호에 관한 것 ⑩사람의 일생에 관한 것 ⑪연중행사에 관한 것

곳곳에 특수한 용어가 포함되어 있으므로 정확하게는 이해하기 어려울지도 모르지만 대략 인간의 일생에 관련된 전부를 망라하고 있다는 점은 전달될까? 그렇다. 민속학이란 인간의 일생을 처음부터 끝까지 생각해보려고 하는

---

1) 「記録作成等の措置を講ずべき無形の民俗資料選択基準」

좋게 말하면 야심적, 나쁘게 말하면 무모한 학문ガクモン인 것이다.

덧붙여 말하면 이 책은 앞서 적은 ①~⑤까지를 다룬다. 이는 신서라는 매체의 용량 때문이기도 하고 그보다 '한 학기'라는 강의 기간의 사정에 따른 것이지만 실은 ①~⑤를 논하면 자연스럽게 ⑥~⑪에 대해서도 최소의 언급이 가능하기 때문이다. 통독해보면 이점을 이해할 수 있을 것으로 생각한다. 역시 ⑥~⑪에 관해 논하면 자동으로 ①~⑤를 언급하는 것이 되므로 이 또한 다른 기회에 논하고 싶다. 요괴나 마쓰리祭り와 같은 주제는 ⑥~⑪에서 다루므로 그 부분을 기대하는 독자에게는 부족할지도 모르지만 너그러이 용서해주시길 바란다.

이 책은 필자가 진행한 민속학 강의의 산물이므로 이 책의 구성에 관해 설명해 두면 각 장은 본편(이는 다시 원론→전근대→근대→현재라는 구성을 기본으로 한다)과 '설문 초록'과 '북가이드'라는 세 부분으로 구성되어 있다. 이는 필자가 각각의 주제에 관해 개설한 후에 그 주제와 관련한 설문을 실시하고, 그 회답에서 흥미로운 내용을 '설문 초록'으로 소개하며, 나아가 자세히 배우고 싶은 학생을 위해 '북가이드'를 제시하는 식으로 구성하고 있는 강의를 따르고 있다. 어떤 의미에서 본편은 '서두'에 지나지 않고 '설문 초록'이 학습의 본체라고 해도 좋을지 모른다. 독자의 사고를 가장 자극하는 부분은 여기일 것으로 예상한다. 그 이유는 필자의 사고가 가장 자극받는 것도 이 부분이기 때문이다.

민속학 강의는 강사가 수강생에게 일방적으로 설명하는 식으로 수행할 수 없다. 그것은 사실 민속학이라는 방법/운동의 본질에 근거한 구성이다. 그것을 이 책에서 차차 설명할 수 있으면 좋겠다.

2 식자재와 부엌칼과 칼갈이

민속학은 인간을 통째로 파악하려고 하는 탐욕스럽고 난폭한 학문인 셈이지만 그 방법론적 핵심은 '일상생활'을 보내는 '보통 사람들'을 '자료'로 설정하기, 즉 우리 자신을 '민속 자료'라는 이름의 '자료'라고 생각하는 점에 있다. 말하자면 우리는 빠짐없이 '자료 보유자'이며 그 '자료 보유자'인 우리가 '연구 분담자'가 됨으로써 우리로부터 확산하는 사회와 역사를 탐구하는 것이다. 그 이유는 사회와 역사의 실체가 '보통 사람들'의 '일상생활'의 무한한 연결이며 그 실체를 경시해서는 사회나 역사를 이해할 수 없을 터이기 때문이다. 그러므로 '사람들'이나 '일상'을 가볍게 여겨서는 안 된다. 그것들을 경시하는 사람이라면 신용하지 않는 편이 좋다. 여기에 '나/우리'를 '자료'라고 하는 의의가 있는 것이다.

여기서 학문의 '개념', '방법', '이론'은 '도구'라는 점을 확인해 두고 싶다. 왜냐하면 학문에 있어서 방법론이 중요한 것은 물론이지만 방법론을 무턱대고 남용하는 것이 학문이라고 할 수 없기 때문이다. 방법론의 영역을 바르게 정립하는 것이 중요하다.

그러면 '방법론은 무엇인가'인데 문자 그대로 '방법을 논하는 것'이다. 기운 빠지는 답일지 모르겠으나 그렇다. 보다 중요한 것은 '방법이란 무엇인가'이며 그것은 '소재=대상의 취급 방법'이다. 다시 말해 대상의 취급 방법을 논하는 것이 '방법론'이다. 이 '방법'과 '방법론'의 구별이 중요한데 이를 구별하지 못하는 논자는 의외로 많다.

이를 요리에 비교하자면 식자재가 있고, 조리를 위한 부엌칼이 있고, 재료를 정갈하게 다듬기 위해 칼갈이가 있다고 하는 관계가 된다. 즉 칼갈이(방법론)가 중요한 이유는 날을 갈아서 부엌칼(방법)이 잘 들도록 하기 위함이며, 그것이 왜 필요한지는 그 부엌칼(방법)에 의해 식자재(소재=대상)를 제대로 조리하기 위함이다. 방법론만이 중요한 것은 아니다. 중요한 것은 대상/방법/방법론의 세 가지 사이를 정확하게 오가는 일이다. 식자재도 없는데 칼을 휘둘러도 위험할 뿐이며, 더욱이 식자재도 칼도 없는데 칼갈이가 있어도 아무 의미가 없는 것도 명확하다. 방법이나 방법론은 어디까지나 대상을 취급하기 위한 '도구'이며 대상을 잘 이해한 뒤에 만들어야 사용하기도 편리하다.

또 '민속자료'라는 대상 설정 및 그 성질에 근거한 '삼부분류'라는 자료 분류는 민속학적 인식론의 근간을 이루는 중요한 개념인데, 그 설명은 종장으로 돌린다. 왜냐하면, 요리를 먹기 전부터 조리법을 알 도리는 없으므로 식후부터라도 늦지는 않는다고 생각하기 때문이다. 신경이 쓰이는 독자는 그쪽부터 먼저 읽어가도 상관없다.

3 '어중간하게 현명한 생물'

동서남북 여러 지역에 사는 '보통 사람들'의 '일상생활'을 민속학은 뒤쫓아 왔다. 그 축적은 방대하며, 진부한 것도 독특한 것도 포함되지만 모두 실제 생활이므로 대등한 존재가치가 있다. 그들을 제대로 바라보면 '일본'은(도) '넓다'–'일본'은 결코 단일하지 않다–라는 사실에 쉽게 수긍할 수 있을 것이다(이 책의 지면상 어디까지 소개할 수 있을지 염려되지만). 이 열도 상에는 오늘도 다양한 삶이 펼쳐지고 그것은 사람들과 지역의 복잡한 내력에 의한 결과이다. 이와 마찬가지로 종종 '일본'과 대비되는 '아시아'나 '서구'라고 하는 세계 각지도 제대로 관찰해 가면 다양한 삶이 지금도 살아 숨쉬고 있는 것이며, '일본은 ○○이다'라거나 '아시아는 △△이다'라는 종류의 표명은 어디까지나 논자의 생각에 따른 단순화에 불과하고(사람의 능력은 유한하므로 단순화는 피할 수 없지만), 변화무쌍한 현실 그 자체는 아니라는 것을 똑바로 알아두자.

능력의 유한성이라는 문제를 파고들었으니 이 책이 전제로 하는 인간관에 관해서 한마디 해두자. 그것은 '어중간하게 현명한 생물'이라는 것이다. 호모사피엔스라고 부르든지 만물의 영장이라 부르든지 사람이 자연에 속하는 생명의 하나임은 틀림없고 자연법칙은 인간존재를 관통하고 있다. 호흡도 섭식도 배설도 피할 수 없는 것이 인간이라는 존재이다.

인간은 신과 같이 전지전능하지 않지만, 무지·무능한 것도 아니고 적당한 인식력과 실천력을 가지고 세상과 대치할 수 있다. 인간은 '어중간하게 현명하다'. 그중에서도 '말'이라는 능력을 매개로 세상을 인식하고 경험을 축적하며 타자와 교섭할 수 있다는 점은 인간이라는 존재의 독특한 특징이다. 이것이 인간 세상의 법과 질서를 구성했고, 예술과 종교와 사상을 가능케 하는 것으로서 인류문화사는 '말'과 함께 있다고 해도 과언이 아니다. 그렇지만, 거기에 함정도 있다. '말'은 본질적으로 게임의 법칙과 같은 가상의 존재로, 그 '말'에 근거해서 만들어진 인간의 규칙에는 자연법칙과 같은 객관적 근거가 존재하지 않는다. 이것이 큰 문제이다.

인간 세상의 규칙은 '자연'에 제약되지 않기 때문에 자유롭게 전개하지만, 사람들에게 진보를 가져올 뿐 아니라 때때로 그 생존을 소외해 버린다. 서둘러 말하면 가장 현저한 예가 '자본주의capitalism'이며, 그것은 인류에게 다수의 편리를 가져다주었고 동시에 수많은 '괴로운 삶'을 발생시켰다. 사람은 어중간하게 현명하기에 그런대로의 변화에는 대응할 수 있지만, 그것도 '생물'이라는 '자연'의 제약 범위 안에서의 일이다. 그와 비교해 '자본'은 '자연'에 제약되지 않는 구조이기에 인간의 통제를 뛰어넘어 끝없이 폭주해 버린다. 그리고, '자본'이 가져다주는 과실의 달콤함을 잊을 수 없는 인간은 '생물'로서의 자신을 희생하여 '자본'에 '매진'해 버린다. '생물의 시간'과 '자본의 시간' 두 가지 시간의 분열에 인간은 '어중간하게 현명한 생물'로서 계속해서 방황할 수밖에 없다. 이것이 우리의 현재를 둘러싼 근본적인 문제인 것이다.

4 방향을 잃은 나/우리의 학문

'생물의 시간'과 '자본의 시간'으로 분열된 우리. 생각하면 할수록 현기증이 나버릴 것 같은 난제이지만, 그래도 배가 고프면 밥은 먹어야 하고, 비바람을 피하기 위해서는 주거를 확보해야만 하며, 그러한 생활을 유지하기 위해서는 잘 벌어야 한다. 하루하루는 언제까지나 계속되어 간다. 그렇다면 사람들이 이 속세의 사소한 일투성이가 된 일상을 포기하지 않고, 거기서부터 확산하는 세상을 파악해 갈 수

그림 0-1 야나기타 구니오

단은 없는 것일까? 그렇게 생각했던 것이 일본 민속학의
창시자 야나기타 구니오柳田国男(1875~1962)이다.

일본 민속학이 형식을 갖추기 시작했던 1930년대 중엽,
야나기타와 그의 동료들은 오사카 가이토쿠당懷德堂에서 25
주년 연속 라이브 '일본 민속학 25회 연속 강습회'를 개최
한다. 그 첫 번째인 1936년 9월 19일, 연속 라이브에 대한
패기를 설명하는 야나기타의 강연 제목은 '정치교육을 위해
서政治教育の為に'였다.

이 강습회는 일본에 있어서도 최초의 기획입니다.
앞으로 당분간은 오사카 역사상 기념할만한 사건의
하나가 될 것으로 생각합니다. 회의장에 대해서는

그림 0-2　가이토쿠당(오사카시 혼마치바시本町橋)

이곳 외에도 적당한 장소를 알아봐 주겠다며 친절하
게 이야기해주신 분도 계셨습니다만, 우리는 반드시
이 가이토쿠당이어야만 한다고 생각해서 무리하게
부탁드려 이곳을 빌리게 되었습니다. 가이토쿠당의
유래에 대해서는 여러분이 나보다 잘 알고 계십니
다. 여기는 이 대도시에서 평민 학문의 발상지인 것
입니다. 전국의 유수한 가정의 자제를 모아서 미래의
학자를 양성하려고 하는 사업이 아니라, 널리 일반
시민에게 세상을 보는 안목을 길러주고, 단지 글을
알고 책을 읽는 능력 이상으로 사물의 이치를 이해할
수 있는 사람을 가능한 많이 만드는 것이 창립자의
의도였습니다. 2)

에도江戸 중기의 유학자인 나카이 지쿠잔中井竹山과 같은

---

2)『전집』29권, p.494

그림 0-3 '일본 민속학 25회 연속 강습회' 고지

학자들이 지켜왔던 가이토쿠당이 '평민 학문의 발상지', 즉 '널리 일반 시민에게 세상을 보는 안목을 길러주는' 장소였다. 그래서 특별히 라이브 회의장으로 선택한 것이라고 말하는 야나기타는 자신이 이끄는 '일본 민속학'이 '평민 학문'의 후계자임을 드높이 선언한다. 그리고 '현대 정치'는 어디까지나 '평민 학문'을 요구해 마지않는 것이라고 말한다.

> 역사는 이전의 세상에서는 현명한 군주와 대신의 학문이라고 인정받고 있었습니다. 소위 재야의 지위도 권능도 없는 자가 어쩌다 그 지식을 체득하면 때때로 우분憂憤하고, 또는 기품 있는 말을 해야만 했던 것입니다. 그런데 지금의 시대는 일변했습니다. 역사를 만인 필수의 보통학普通學이라고 정한 조정朝廷의

생각은 사전에 이 현대 국가의 통치 형태에 대비한
것입니다. 개개의 정책은 기술이며, 또 각자의 고안
이므로 이것이 서로 경쟁하며 싸우는 것은 조금도
이상한 일은 아닙니다. 그것을 판별하여 취사하는
것이 정치로 그 권능은 우리에게도 부여된 것입니다.
서둘러 교육으로 바른 판단을 하는 방도를 전수하지
않는 한 악한 사람이 아니더라도 종종 실패합니다.
선거가 엄정을 필요로 한다와 같은 말은 말하자면
일국의 학문의 수치입니다. 지리가 지금 우리가 있
는 장소를 의식하게 하는 것처럼 역사는 오늘이 어
떤 때인가를 명확하게 터득시켜야 할 역할을 가지고
있습니다. (앞과 동일)

다이쇼 데모크라시[3] 이후 보통선거가 실현된 '현대의
정치 형태'에서는 누구나가(이 시점에서는 아직 남자만이
지만) 정치적 선택에 관여하게 된다. 하지만 그 선택의 근
거는 무엇일까? 바른 정책을 선별하기에는 '오늘이 어떠한
때인지', 다시 말해 시대의 인식이 불가결하며, 그것을 초래
하는 것이 '역사'라고 한다. 즉 '보통 사람들'의 '일상생활'
이 현재에 이른 내력을 밝혀내는 학문이 '보통 사람들'이
보통선거에 의해 정치 참여하기 위한 '만인 필수의 보통학'
이 되는 셈이다. '정치교육을 위해서'라는 제목의 함의는
여기에 있다. 민속학은 단순히 좋았던 옛 시절을 애완하는
호사가의 작업은 아니다. 실제 생활을 단서로 '현재'를 조

---

3) 다이쇼(大正) 시기(1912~1926)에 현저하게 나타난 민주주의적 사조

명하고, 그 위에 '미래'를 전망하는 시민으로서의 우리에게 불가결한 기초교양인 것이다.

이러한 초지를 그 후의 민속학이 얼마나 관철할 수 있었는가 하면 필자는 아직도 불충분하다고 생각한다. 단지 사람들의 과거와 미래를 신변의 실제 생활에서 다시 살펴본다고 하는 민속학의 자세는 고민이 많은 현대를 살아가는 우리에게 있어서 지금도 여전히 중요한 하나의 '방황'일지도 모른다. 이 의미에서 실은 민속학은 역사학, 사회학, 경제학, 법학...과 같은 모든 학문이 '학문 분야discipline', 즉 개별 전문 분야로서 존재한다는 것과는 약간 다른 위상을 갖는다. 오히려 '자료로서의 나/우리'를 기점으로 개별 전문 분야화 한 학문을 되묻고, 계속해서 다시 물으려고 하는 점에 사람들 생활의 '통째로'를 떠맡으려 하는 민속학의 본원이 있다고 생각하고 싶다. 민속학은 학문이지만, 학문 분야는 아닐지도 모른다. 아마 그렇게 설명해도 상관없다.

민속학은 지금을 사는 나/우리의 방황–그것도 친밀하고 잡다하며, 낙관적인 방황이다. 이 책이 전하고 싶은 민속학이란 그러한 불가사의한 학문이다.

칼럼① '일본적'과 '전통적'

전문용어는 새로운 시야와 사고를 여는 열쇠이며 선인이 광대한 시간과 노력을 들여 낳은 얻기 어려운 유산이다. 이 덕분에 후세대는 선인의 관찰과 사색의 성과를 발판으로 하여 앞으로의 전진이 가능해진다. 학문이라는 행위에 있어서 매우 중요한 존재이다.

그렇기는 하지만 그러한 열쇠를 처음부터 전부 갖추어 두어야 한다면 조금 번거롭다. '다음 방', '다음 문제'로 수준을 높여야 한다고 느끼는 순간에 열쇠를 조달해도 상관없지 않을까. 그러한 연유로 민속학의 '첫 도구'이기를 꾀하는 이 책은 '첫 번째 방'으로 들어가는 '첫 번째 열쇠'를 놓아두는 일에 일관하고 있다. '다음 방'을 위한 '다음 열쇠'를 손에 넣기 위해서는 또 다른 기회가 있을 것이다.

한편 복잡한 것은 겉보기로는 일상어이면서 특수한 의미를 포함하는 용어이다. 일상생활을 기술·분석하는 민속학에서는 혼란이 생기기 쉽다. 예를 들어 일본 사회의 기본적인 구성 요소인 집, 마을에 대해서도 '이에ィエ' '무라ムラ'라고 가타카나ヵタヵナ로 표기함으로써 일상적인 어휘와는 분명하게 구별 짓는 것임을 나타내고 있지만, 그렇다 하더라도 '생활 경험으로서의 이에, 무라'와 '분석 시각으로서의 이에, 무라'가 혼재하는 경향이 있으며, 이 책에서도 혼란을 초래하고 있을지도 모른다.

　여하튼 두 가지의 각별한 주의가 필요한 용어에 최소한의 주석을 달아 두기로 한다.

【일본적】어떤 시점에서 일본 사회에서 주요하다고 하는 의미로 사용한다. 그것이 긍정적인 것인지 아닌지는 묻지 않는다. 여러 가지 예외의 존재를 부정할 의도는 없고, 초역사적인 존재로서 규정할 생각도 없다.

【전통적】전근대에 성립해 있었던 양식이라는 의미로 사용한다. 일반적으로 '전통'은 플러스의 가치를 가진다고 여겨지고, '과거 속에서 발화자가 긍정적으로 채택한 것'이라고 하는 것이 '전통'이라는 용어의 내실이라고 생각되지만, 이 책에서는 가치중립적이려고 한다. 전통적이라고 해서 좋다고만은 할 수 없다. 단, 그러한 양식이 성립한 역사적 의의는 확인할 필요가 있을 것이다.

　이 두 가지를 굳이 확인해 둔 것은 민속학이 '일본의 전통'을 다루는 학문이라고 간주되기 쉽기 때문이다. 사실 민속학에 축적되어 있지만 실제로 그것은 부차적인 결과이며 민속학이라는 학문의 본원은 그것은 아니라는 것이 필자의 생각이다. 이하 차차 설명해가도록 하겠다.

　그 밖에도 생각하면 불안한 용어뿐이라 궁극적으로는 언어학자 페르디낭 드 소쉬르가 설명한 '자의성恣意性'이라는 언어의 본성에서 유래하는 문제인지도 모른다. 이점도 차분히 생각할 문제이지만, 또 다른 기회를 기약하기로 하고 앞으로 나아가기로 한다.

I 입다【依】

1 옷의 보편성과 그 기원(원론)

일상생활의 필수를 '의식주'라 하는데, 이 말은 잘못된 인식이 아닐까 생각하기도 한다. 순서가 틀린 것은 아닐까? 생존조건으로서의 우선순위로 말하자면 '식주의食住衣'가 맞을 것이다. 음식과 주거가 주어진다면 의복은 없어도 살아남을 수 있다. 적어도 생물적으로는. 사실 인간 이외의 모든 동물은 의복이 없어도 산다. 의복은 냉정하게 판단하면 결코 필수는 아닌 것이다.

그럼에도 불구하고 역설적이지만, 의식주의 맨 처음이 '의'인 것에는 중요한 함의가 있다. 의복이 불가결한 것은 '인간적' 생활에 있어서이다. 이 점에서 시사적인 것이 혼다 가쓰이치의 책『뉴기니아 고지인』이다. 아사히 신문 기자였던 혼다는 교토 대학京都大学 뉴기니아 학술탐험대에 동행하여 소위 '미개'를 농후하게 남기고 있는 뉴기니아 인들의 모습을 상세하게 보고하고, 그중에서 '의복'을 둘러싼 흥미 깊은 에피소드를 전하고 있다.

> 작년(1963년) 10월, 서이리안 중앙고지의 동쪽 현관에 해당하는 와메나에 20세 독일인과 24세 오스트리아인이 왔다. 독일인은 철학, 오스트리아인은 미학 전공 학생. 두 청년은 파푸아의 '철학'을 연구한다면서 와메나에서 3시간쯤 떨어진 다니족 부락에

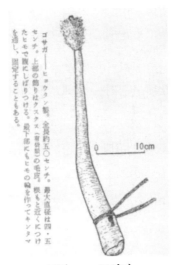

ゴサガー ヒョウタン製。全長約五〇センチ。上部の飾りはクスクス（有袋類）の毛皮。最大直径は四・五センチ。根もと近くにつけたヒモで腹にしばりつける。最下部にもヒモの輪を作ってキンタマを通し、固定することもある。

그림 1-1　고사가

서 일주일간 생활하였다. …철학을 알기 위해서는 현지인과 같이 알몸으로 생활해야 한다고 생각했다. 두 사람은 실오라기도 걸치지 않은 맨몸으로 부락을 서성거렸다. 남자들은 질겁하고, 여자들은 집으로 도망쳤다. 이 부락의 촌장은 48명의 부인을 거느린 '대부호'였다. 청년들의 기괴한 행동을 타이르며 "적어도 이거라도 입으면 어떠냐"고 '고사가(모니 어)'를 건넸다. 고사가는 남성의 상징 부분을 가리는 원통형 케이스이다. 그러나 두 사람은 그마저 거부하고 알몸으로 생활하며 철학 연구를 계속했다. 와메나 주재의 인도네시아 경찰은 두 사람을 체포하여 서이리안에서 강제 송환했다. …이는 와메나 경찰에게서 들은 실화이다.[1]

1) 혼다 가쓰이치(本多勝一) 저·후지키 다카네(藤木高嶺) 사진『뉴기니아 고

이 에피소드에는 '알몸'과 '의복'의 근원이 제시되어 있다고 할 수 있다. 고간을 통으로 가리기만 하는 남성, 하반신을 짧은 도롱이로 가리기만 하는 여성은 상식적으로는 알몸으로 생활하는 민족이라 칭해도 무방할지도 모른다. 사실 서구에서 온 두 청년은 그렇게 생각하고, 자진해서 알몸이 됨으로써 그 속으로 뛰어들려고 한다. 그러나 뉴기니아인 당사자들의 감각은 달랐다. 그들은 자신들 스스로가 가려야 할 부분을 가린 '착의'임을 의심하지 않고, 문자 그대로 실오라기 하나 걸치지 않은 두 청년은 그들을 당황스럽게 하는 '알몸'일 수밖에 없었던 것이다.

이는 다음과 같이 정리할 수 있다. 즉 '알몸'과 '착의'의 구분은 인류 사회에 보편적으로 존재하는 것이지만, 어디까지가 '착의'이며 어디부터가 '알몸'인지에 대해서는 시대, 지역, 사회 계층에 동반하는 변화가 존재한다.

여기서 문제가 되는 것은 왜 인간에게 있어서 '착의'가 불가결한 것인가 하는 점이다. '착의'의 기원을 논하는 일은 자료가 적어 곤란하므로 자연히 신화적 담론에 관한 사변적 고찰에 의존하지 않을 수 없지만, 굳이 가설을 제시해 보면 의복의 실제적 효용–더위와 추위를 막고, 땀을 흡수하고, 옷의 안쪽을 청결하게 유지하는 등등–이 착의의 '보편적 기

지인(ニューギニア高地人)』, 아사히신문사(朝日新聞社), 1964, pp.29~30.
고사가는 코테카[koteka] 라는 명칭이 더 알려져있다.

원'이 아니라는 것이다. 의복이 앞에서 든 것과 같은 실제적 효용을 가진 것은 사실이지만, 그렇다면 그것이 필요치 않다–특별히 덥지도 않고, 춥지도 않고 등등–는 이유로 의복이 불필요한 상황도 충분히 있을 수 있을 것이다. 그럼에도 불구하고 '인간적' 생활에서 의복이 불가결하다는 것은 그러한 국지적일지도 모르는 실제적 효용과는 다른 '보편적' 사정을 상정해야만 한다.

여기서 주목하고 싶은 것이 사람이 '발정기'를 잃어버린 동물이라는 특수한 인간적 사정이다[2]. '발정기가 없다'라는 것은 '언제든지 발정할 수 있다/발정해도 무방하다'라는 것이 되어 버리지만, 실제로 그렇게 되지는 않는다. 생물적인 '발정기'와는 다른 문화적 지표의 도입에 따라 발정이 통제되고 있는 것이다. 그것이 곧 '의복'이다. 생각해보면 『구약성서』의 아담과 이브는 덥거나 춥기 때문이 아니라 부끄러움을 느꼈기에 무화과 잎이라는 원초의 의복을 몸에 걸친 것이었다. 이것이야말로 인간적 생활에 옷이 불가결하다는 것의 '보편적' 기원이 아닐까? 물론 일단 탄생한 의복이 각지의 풍토적·사회적 사정에 따라 다양한 실제적 효용을 획득해 간 것은 그 후의 의복의 역사가 나타내는 대로이다.

여하튼 성과 관련된 인간의 행동이 다른 유성생식 동물

---

2) 다나카 마사카즈(田中雅一)『치유와 외설-에로스의 문화인류학(癒しとイヤラシ-エロスの文化人類学)』, 지쿠마쇼보(筑摩書房), 2010

과 상당히 격차가 있다는 점은 인간 사회를 이해하기 위해 유의해야 할 문제일 것이다. 성적 충동을 '동물적'이라고 칭하는 것은 어디까지나 비유이고, 실제는 일반적으로 동물이 사용할 일이 없는 특이한 문화적 지표—기호·상징—가 관여하고 있다는 점, 성행동까지도 '기호화'해 버리는 점이 인간이라는 생물의 독특하고 잘 이해되지 않는 특징인 것이다.

2 '노동집약 제품'으로서의 의복(전근대)

전근대의 의복에 대해서 생각해 가자. 전근대, 다시 말해 산업혁명 이전의 의복의 특징을 한마디로 말하면 '노동집약 제품'이다. 의류는 짐승 가죽, 물고기 가죽, 나무껍질 등의 가죽이든 동물성, 식물성 섬유이든 천연소재를 주원료로 하지만, 그것을 입수하여 의복으로 가공하기까지는 방대한 과정과 노동력을 필요로 한다. 가령 면이라면 면화에서 면을, 견이라면 누에에서 누에고치를 이라는 식의 육성·채취에서 시작하여 거기서 실을 뽑고, 직물을 짜고, 옷을 바느질하기까지 저마다 무수한 공정이 존재한다. 이를 염색하거나 꾸미거나 하자면 번거로운 작업이 더욱 증가할 것이다. 그 대부분은 섬세한 기교와 고도의 집중이 불가결하다. 이러한 무수의 품과 시간이 축적된 결과가 전근대의 의복이며, 옷이란 '노동의 집합'임에 다름없는 것이다.

그림 1-2　보로

이 '노동집약'이라는 성질 때문에 의류는 태고부터 소중하게 여겨져 왔다. 율령 시대에 직물이 조세(조용조租庸調의 용)로서 바쳐졌듯이 지불이나 선물의 수단으로 옷이 사용되었다. 그러한 귀중함 때문에 옷은 소중하게 다루어졌다. 상한 옷은 정성스레 수선하고 헌 옷은 원단으로 재활용된다. 아오모리현青森県의 민속학자 다나카 주사부로田中忠三郎(1933~2013)가 일생을 걸고 수집한 '보로ボロ'(누더기)로 불리던 여러 가지 작업복은 문자 그대로 너덜너덜해진 쪽염색 천의 자투리를 한 조각이라도 소홀히 하지 않고 꿰맨 교묘한 패치워크이며, 이를 꿰매어 몸에 걸친 농민들의 고생과 궁리가 아플 만큼 전해진다. 이러한 옷을 소중히 여기는 감각은 뚫어진 양말을 꿰매는 장면이 만화 등에서 빈곤의 '기호'로써 그려진 1970년대 경까지는 남아있었다는 것이 필자의 가설이다.

그림 1-3　　베를 짜는 누족 여성(중국 윈난성雲南省)

또 한 가지 중요한 것이 의복 만들기를 담당하는 사람이다. 실을 뽑고, 직물을 짜고, 바느질하는 등의 옷과 관련된 작업의 대부분은 예로부터 여성이 맡아왔다. 이 경향은 동서양을 막론하고 확인된다. 왕궁의 의식에 사용되는 특별한 의복을 재주가 뛰어난 남성 장인이 제작하는 예도 적지 않지만, 서민의 옷이나 옷감은 대부분 일관되게 여성에 의해 만들어졌다고 해도 과언은 아니다. 여성 노동의 본질화나 고정화로 묘사하고 싶은 것은 아니지만, 이 인류사적 경향은 사실로서 유의해 두어야 한다고 생각한다.

　그렇게 된 까닭은 여성이 만들어낸 실이나 직물이나 의복에는 여성에게서 유래하는 주술적인 힘이 깃든다고 하는 관념이 광범위하게 발견되기 때문이다. 여성이 짠 직물이 연애나 약혼의 증표가 되고, 혹은 혼례의 증답품이 되는 관행은 각지에 있으며 또 여성이 만든 직물이 그 남편이나 자식, 아버지나 형제를 지킨다고 하는 모티브도 전설과 옛날이야기에 널리 전해지고 있다[3]. 뜨개질한 머플러와 스웨터를 연모하는 사람에게 주는 여성에게까지 그 마음은 통할지도 모른다.

'센닌바리千人針'도 그러한 관행의 하나이다. 그것은 천 명의 여성이 한 땀씩 자수를 놓은 수건이 전쟁터의 남성을 적탄으로부터 보호한다고 하는 속신俗信[4]이며, 전쟁 중에 많은 여성이 길거리와 학교에서 출정하는 병사를 위해 붉은 실로 자수를 놓았다. 호랑이 모양으로 수놓기도 했다. 이러한 센닌바리의 유품을 단서로 그것을 수놓은 사람이나 받은 사람의 기구한 인생을 찾아다니는 복식 디자이너 모리 나미코는 다음과 같이 말한다.

> 센닌바리라는 것을 만든 사람은 분명히 여자입니다. 천과 바늘과 실이 만들어 낸 세계입니다. 여자가 남자에게 마음을 담아 전하는 선물이었음도 분명합니다. 그러나 여자가 만든 것이면서 동시에 그것은 어느샌가 남자들의 마음에 여자들이 상상하지 못하는 등불을 계속해서 밝히는 것이 되었다는 것을 나는

---

3) 야나기타 구니오(柳田國男)『이모노치카라(妹の力)』, 소겐사(創元社), 1940
4) 민간에서 초인간적 힘의 존재를 믿고 대처하는 지식과 기술 중 인과 관계를 증명하기 어려운 것으로 점, 주술, 금기, 민간 요법 등이 있다.

지금 알게 된 것입니다. …혹은 그것은 여자로부터 받은 선물의 공포라고 할까요. 혹은 그것은 생과 사의 극한 상황 속에서 남자들이 만들어 낸 생에 대한 희망이었을지도 모릅니다.[5]

극한 상황에서 생겨나는 센닌바리. 정념, 무념, 안타까움이 첩첩이 수놓아진 전쟁의 도화인 그 천 조각은 새롭게 다시 보면 '노동집약 제품'으로써의 직물의 극한 형태인 것이다.

3 보정 속옷 등등(근대·현재)

근대 산업의 등장으로 의류는 더 이상 '노동집약'을 요구하지 않게 되었다. 산업혁명 후에 실이나 직물은 공장에서 대량 생산되어 비용이 낮아졌고, 서민의 의류 사정을 극변시켰다. 그러한 사례의 하나로서 예상 밖이기는 하겠지만 '체형 보정속옷'을 파내려 가보자.

소위 '모아서 올리는 브래지어'의 등장은 하나의 충격이었다. 돌연히 입체감을 더한 여성의 가슴에 선명하고 강렬한 인상을 품은 남성도 적지 않을 것이다(이렇게 말하는 필자가 그러하였다). 1992년, 와코루ワコール는 '굿 업 브라'를 발매하고, 수십만 장 단위면 대히트라고 불리는 속옷

---

5) 모리 나미코(森南海子)『센닌바리는 말한다(千人針は語る)』, 가이류사(海竜社), 2005, p.19

업계에서 연간 300만 장 이상을 출하, 5년간 1천만 장을 넘는 기록적 대히트가 되었다. 1994년 '트라이엄프ㅏㅣㅇㅗ' 인터내셔널·재팬'도 '천사의 브라'를 발매하고, 이쪽도 3년간 800만 장이라는 경이적인 판매를 기록했다. 이렇게 등장한 '모아서 올리는 브래지어'이지만, 그 보급은 어떤 계기에 의한 것일까?

a 만족할 줄 모르는 계측

애초에 브래지어가 커버하는 가슴은 구조적으로 극히 불안정한 신체 부위이다. 가슴은 수유와 관계가 있는 유선 등의 부위를 제외하면 그 대부분이 피하지방으로 구성되어 있다. 끊이지 않는 호흡운동에 의해 진동하는 가슴 근육 위에 골격과 근육이라는 안정된 지점을 갖지 않고, 단지 피부에 의해 간신히 유지되는 불안정하기 그지없이 흔들리는 피하지방 덩어리. 거기에 '형태'를 만들어 주는 난제와 씨름하는 것이 브래지어라고 하는 속옷이며, 그 때문에 만족할 줄 모르는 계측의 노력이 이어진다.

예를 들어 와코루의 경우, 1964년 이후에 50년 이상에 걸쳐 매년 1천명 이상, 약 5만명의 누적된 생체 계측을 실시하고 있다. 158곳을 계측하는 마르틴식 계측, 레이저를 이용한 비접촉 3차원 계측 등, 이 파악하기 어려운 신체 부위를 파악하기 위한 다양한 계측 기법의 계량이 축적된

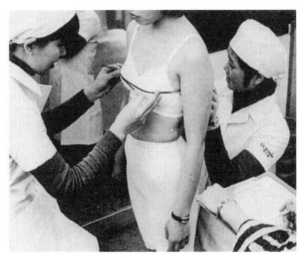

그림 1-4   158곳을 계측하는 마르틴식 인체계측법

결과, 가슴의 형상과 개체 차이, 운동 특성, 노화에 따른 변화 등의 데이터가 축적되어 있다. 이러한 데이터가 재료공학과 결부됨에 따라 고도의 체형보정이 실현된다. 원래 브래지어뿐 아니라 양장용 속옷 전반은 신축성이 높은 합성섬유의 개발을 비롯한 화학공업의 발달과 불가분의 관계를 갖는 것이었지만, 특히 '모아서 올리는 브라'는 기술 혁신의 산물이다. 보형성을 지닌 어모퍼스 화이버amorphous fiber, 화학수지 가공에 의한 심리스seamless 컵 브래지어, 좌우의 미묘한 균형을 해치지 않는 후크hook...합쳐서 50개 정도에 이르는 부품으로 만들어진 섬세한 구조가 착용감을 해치지 않게, 그 위에 측면과 아래로 흘러내리기 쉬운 지방을 끌

어당겨서 올려주는 고도의 체형보정을 실현하고 있다. 그 모습은 거의 공예품과 같다.

b 몸에 딱 붙다

이같이 해서 만들어진 체형보정 속옷이지만, 사람들 사이에서 착용이 정착하기까지는 이것 역시 우여곡절이 있다.

브래지어의 기원은 다양한 설이 있지만, 대략 19세기 말부터 20세기 초의 서구에서 잘록한 허리를 무리하게 짜내는 코르셋으로부터 여성의 몸을 해방하는 속옷으로서 탄생했다는 것이 통설이다. 그것은 '아래로부터 받쳐주는'에서 '위에서부터 끌어 올리는' 것으로의 이행이기도 했다. 나아가 제1차 세계대전의 발발은 공장 노동을 비롯한 여성의 사회 진출을 촉발하여 움직이기 쉬운 속옷 수요의 증가는 브래지어의 보급을 도왔다. 그리고 1930년 전후에 브래지어는 크기의 개체 차이에 따른 '컵'이라는 구조에 도달하여, 브래지어는 가슴에 딱 맞는 속옷으로서 확립되고 그에 상응한 착용법을 모색하게 된다.

일본에서는 메이지明治 이후, 서구문화 획득의 노력 중에 양장과 함께 여성 양장용 속옷도 도입된다. 그렇지만, 당시의 상품명 '가슴 가리개'가 정착하지 않았던 사실에서도 엿볼 수 있듯이 극히 일부의 상류층, 게다가 특별한 기회로 착용이 한정되고, 널리 일반에게 보급하기에는 이르지 못

그림 1-5　속옷 쇼

했다. 일본에서 브래지어의 보급은 실질적으로는 전후가
된다.

　그리고 그 순서도 보통의 방법은 아니었다. 일본 여성의
속옷에는 몸에 딱 맞게 입는 착용법은 거의 없고, 그러한
전통이 없는 곳에 도입된 여성 양장용 속옷은 종종 틀린
방법으로 착용된다. 패션잡지『소엔裝苑』1951년 5월호에
는 '슈미즈 위에 브래지어를 하는 방법이 있는데, 슈미즈의
느슨함이 위로 드러나 매우 보기 흉해지니까 절대로 하지
말도록'이라고 보도되었다. 입는 순서에 무관심한 소비자가
적지 않았던 것이다. 이를 고심한 브랜드 측은 백화점 특설
매장을 개최 장소로 하여 남자 금지·여성 전용의 '속옷 쇼'
를 개최, 계몽과 보급에 매진하였다. 양장용 속옷을 바르게

몸에 착용한 패션모델들의 균형 잡힌 아름다운 몸을 보고 소비자들은 몸에 딱 맞게 입는 착용법을 학습해 간다.

요즘 일본에서 브래지어의 착용률은 구미를 능가할 만큼 높다고 일컬어진다. '브라를 착용하다'라는 행위는 잘 생각하면 매우 복잡한 동작의 연속임에도 불구하고 그 착용은 널리 정착하였다. 다시 생각해보면 신기한 일이라고 할 수 있다. 그것은 일본인 여성이 20세기 후반에 습득한 면밀한 그리고 새로운 '신체기법techniques du corps'인 것이다.

c '가슴골'의 발견

나아가 브래지어를 착용한다고 하는 것은 그에 어울리는 보디 이미지를 획득한다고 하는 것이기도 하다. 보디라인을 두드러지게 하는 수많은 양장용 속옷은 몸의 형태 자체를 아름다움이라고 하는 서구적 심미관 없이는 성립할 수 없다. 그리고 그 심미관은 세상이 전지전능하신 신의 창조물이며, 그 피조물인 인간의 몸에도 신의 예지에 근거한 조화가 실현되어 있을 것이라고 하는 헬레니즘적 세계관과도 어딘가 통하는 부분이 있다. 브래지어든 코르셋이든 양장용 속옷이란 바로 그러한 사상의 산물이며, '하라마키ハラマキ6)'와 '모모히키モモヒキ7)'를 착용한 일본인에게 쉽게 이해할 수

---

6) 배가 냉해지지 않도록 두르는 천
7) 폭이 좁은 바지로 전통적으로 속옷이나 작업복으로 착용

그림 1-6　이토 기누코

있는 상품은 아니었던 것이다.

예컨대 '프로포션' 개념도 겨우 전후가 되어서야 보급되었다. 계기는 패션모델 이토 기누코伊東絹子의 미스 유니버스 세계대회 3위 입상(1953년). 신장 164센티미터, 가슴 76센티미터, 허리 56센티미터, 엉덩이 92센티미터라는 당시로는 '일본인과 동떨어진' 용모를 지닌 이토의 수상은 '팔등신 미인'이라는 새로운 보디 이미지를 유행어로 밀어 올려, '용모'를 기준으로 한 종래의 미인관에 대전환을 가져왔다.

어느 산촌에서 옛날 생활을 조사하려고 사진 앨범을 보여주셨을 때, 거기에서 벗겨진 인물사진의 뒷면에 가슴·허리·엉덩이 사이즈가 적힌 것을 발견한 적이 있다. 꼼꼼하게 밑 가슴둘레 사이즈까지 적힌 그 사진은 1960년대 초 촬영된 것이다. 가슴·허리·엉덩이의 사이즈에서 미의 기준을 찾아내고 의식하는 여성이 이렇게 시골스러운 산속에도 있었구나 하고 놀랐다. 이것도 '프로포션' 개념 보급의 일례일 것이다.

이러한 착용 습관과 보디 이미지의 상호작용을 생각할 때 문자대로 획기적이었던 것이 '모아서 올리는 브라'였다. 90년대 속옷 업계는 캐치프레이즈로 빠짐없이 '가슴골'을 칭송한다. 예를 들면 와코루는 '굿 업. 무정형으로 가슴골 선명하게'(1992년 여름), '모아서 올리고, 가슴골 선명하게'(1994년 봄), '산을 만들다 가슴골을 만들다'(1996년 봄), '사뿐히 모아도 가슴골이 생겼다'(1999년 가을)…라고 '가슴골'을 연발하고 있다. 80년대 이전에는 일절 볼 수 없었던 표현이다. 이뿐 아니라 90년대는 '거유巨乳' '풍유豐乳' '폭유爆乳' 등 가슴을 묘사하는 단어가 급증하고, 가슴을 둘러싼 표현이 폭증하던 시대였다.

흥미 깊은 병행 현상은 적지 않다. 만화·애니메이션에서 이른바 '미소녀 캐릭터'가 각광을 받고, 연령 설정에 부적합한 큰 가슴 표현이 감행된 것도 이 시기이며, 또 피겨붐이 3차원화 한 미소녀 캐릭터 소비를 가능하게 했다. 더욱이 '아이돌'이 노래와 드라마와 사진집이라는 3점 세트에서 벗어나 풍만한 보디를 세일즈 포인트로 삼아 시각적 미디어에서 활약하는 '그라돌'(그라비아 아이돌)로 등장하는 것도 이 시기이다.

'모아서 올리는 브라'는 이러한 여러 계기를 조건으로, 또 그 자체로 다시 계기가 되어 가슴을 둘러싼 미디어 환경을 극변시켰다. 여성미와 에로스의 특권적 토포스로서의 '가슴골'은 오해를 두려워하지 않고 말하자면 90년대 일본 사회가 새롭게 '발견'한 아니 오히려 '창조'한 신체 부위임에 틀림없다.

d '인종계측학'의 후예?

나아가 생산 유통이라는 측면에서 생각해 두자. 일본 전국의 1만여 곳, 가지 않은 지역은 없다는 전설적인 필드워커 미야모토 쓰네이치(1907~81)는 각지에 사는 사람들을 조사하면서 '세탁물'에 주목했던 점으로도 알려져 있다. 분명 세탁물은 가족 구성, 성별, 연령, 경제 상태, 복식의 기호 등 다양한 정보를 읽어낼 수 있는 풍요로운 텍스트이다(찬찬히 관찰하면 현대 일본에서는 신고당할지도 모르지만). 전쟁 전과 후의 일본을 돌아다녔던 미야모토는 속옷을 둘러싼 전환을 다음과 같이 설명한다.

> 널어 둔 세탁물을 보아도 여러 가지를 생각하게 한
> 다. 널어 둔 것을 보면 손바느질한 것은 없는 듯하
> 다. 어느샌가 우리가 몸에 착용하는 속옷은 모두 구

매품으로 바뀌어 버렸다. 쇼와昭和 30년(1955년)경까지는 넣어 둔 것을 보면 손바느질한 것이 많았다. 재봉틀로 바느질한 것이라도 손수 만든 물건이 적지 않았다. 그렇다는 것은 속옷에 일정한 형태가 없었다. 그리고 동시에 깁지 않은 것이 적지 않았다. 기운 것을 입지 않게 된 것은 쇼와 35년(1960년)경이 경계였다. 그리고 많은 여성들은 재봉틀을 별로 사용하지 않게 되어 왔다. 그즈음까지 가는 곳마다 볼 수 있었던 양재 학원이나 양재 학교가 모습을 감추어 갔다. ...그리고 그때쯤부터 유행이 자주적 의지에 따라 일기보다도 상업 자본의 기획에 의해 좌우되게 되었다. 올해는 무엇이 유행할지를 미리 알게 되었다. 어느새인가 인간의 의지가 희미해져 가기 시작했다. [8]

사실 손수 만든 브래지어도 존재했다. 토탈 라이프 플래너의 효시라고도 할 수 있는 하나모리 야스지花森安治 (1911~78)를 편집장으로 한 잡지 『생활 수첩暮しの手帖』은 전후의 가정생활에 커다란 영향을 끼친 것으로 유명한데, 그 창간호(1948년)에는 '브래지어 패드 만드는 법'이 게재되어 있다. 여기서는 브래지어 패드는 스스로 단장을 위해 거즈와 바늘을 이용하여 자작한다고 되어 있다. 의복의 거의 100%가 기성 제품으로 굳어진 현재와 비교할 때 격세지감이 크다.

---

8) 미야모토 쓰네이치(宮本常一)『하늘로부터의 민속학(空からの民俗学)』, 이와나미현대문고(岩波現代文庫), 2001, p.165

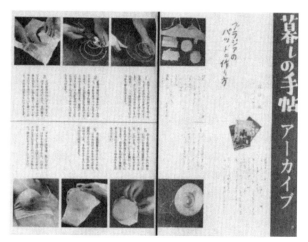

그림 1-7 '브래지어 패드 만드는 법'

　지금 세계화가 좋든 싫든 밀려오는 와중에 일본의 속옷 업계도 새로운 생산 거점과 시장을 찾아 해외 진출이 활발하다. 특히, 각광을 받고 있는 것이 중국을 비롯한 광대한 시장을 가지고 있는 아시아 지역이다. 속옷 브랜드는 새로운 진출 지역에서 현지 여성의 신체 계측에 분투하며 그 특징을 추출하고, 그에 상응한 제품 개발을 추진하고 있다.

　유통이 세계적인 규모로 활성화되고 그 결과 세계 각지의 인체를 계측하는 일은 지금이 처음은 아니다. 대략 백년 전의 '인체계측학anthropometric study'이 그것이다. 지금의 형질(자연) 인류학의 전신에 해당하는 이 학문은 식민지를 영유한 종주국에서 발달한 학문이며, 이 과학의 지知를 지닌 학자들은 제국의 확대에 따라 각지를 방문하여 현지인을 계측하고, '인종적 특징'을 분류해 갔다. 오늘날 인간집단을 그 형질적 특징에 의해 통계적으로 결정하는 방법은 과학적 유효성이 의문시되고(가령 '일본인'이라고 해도 그 형질은 천차만별이다), 인체계측학은 식민지 통치기에 피지배자 집단을 분류, 관리해 온 어용학문이자 의사과학疑似科學으로 규탄받기에 이르렀다.

당연히 예전의 비대칭적인 권력 관계 하에서 수행되었던 신체 계측과 동일시할 수는 없다. 제국의 압도적인 군사력을 배경으로 한 계측과 속옷이라는 상품을 팔기 위한 계측과는 역시 별개이다. 그렇다고 해도 백년전의 신체 계측과 현재의 신체 계측, 거기서 탄생한 신체의 표상은 무엇이 다르고 무엇이 중첩되는 것일까? 이 질문은 결코 예단할 수 없다. 사실 와코루에서도 사용되고 있는 마르틴식 계측은 인체계측학에서 나온 것이다.

계측의 지知와 공업 기술, 착용 관습과 보디 이미지, 글로벌 자본주의...그러한 여러 계기가 얽혀 있는 가운데 체형보정 속옷이 있다. 그것은 곧 현재의 우리 옷이 그 한가운데 있다는 것이다.

4 사회적 진실로서의 속옷, 혹은 관습의 정치학

많은 사람이 착용하고 있음에도 불구하고 공공연하게 논하는 일이 적은 속옷이라는 화제를 굳이 논한 것에는 이유가 있다. 속옷이 사회라고 하는 메커니즘, 즉 '사회적 사실'을 구현하는 알맞은 소재라고 생각되기 때문이다.

주지하는 바대로 '사회적 사실'이란 사회학 시조의 한 사람인 에밀 뒤르켐(1858~1917)이 물리로도 심리로도 환원할 수 없는 '일종의 독특한' 리얼리티로서 지적한 개념/현상이다. 뒤르켐은 이 사회적 사실이야말로 사회(과)학의 진정한 대상임을 갈파한 셈인데, 그러한 인간 사회의 모습을 구체적으로 나타내는 현상이 의복이며 그중에서도 속옷이다. 속옷은 신체를 조이는 고통을 동반하면서도 그보다도 '착용해야만 한다'는 의식이 우선된다. 통상 누구에게 보이기 위한 것도 아닌데 말이다. 이를 '사회적 사실'이라고 말하지 않고 뭐라 할 것인가.

'모아서 올리는 브라'를 기준으로 말하면 그 존재의 기묘함을 전부 이야기하기는 쉽지 않다. 왜냐면 가슴이 흔들리거나 어긋남을 막아주는 기능적 필연성은 존재할지 모르겠으나 형태와 볼륨을 정돈하여 아름답고 매력적으로 보이게 해야 한다는 필연성은 객관적으로는 존재하지 않기 때문이다. 그러한 필연성이 존재하는 것처럼 느껴진다고 한다면 그것은 여성 스스로의 신체에 대한 욕망, 여성의 가슴에 대한 남성의 욕망, 혹은 남성이 여성의 가슴을 욕망하는 것에 대한 여성의 예상...그러한 욕망과 예기가 복잡하게 교차하고 퇴적하는 가운데에 눈앞에 나타난 상호주관적, 사회적 리얼리티의 결과나 다름없다. 우리의 신체는 어디까지나 물리법칙에 종속하는 자연적 사실이면서 그 실재를 둘러싼 지성과 감정과 의지가 겹겹이 침투한 사회적 사실이기도 하다.

여기서 약간 엉뚱하지만, 선거와 시장과 관습의 유사성을 생각해보고 싶다. 선거는 개인 유권자의 투표로 바람직한 후보자를 선출하고, 그 총체가 정치 세계를 결정하는 구조이다. 시장은 개개의 소비자가 화폐를 투척함에 따라 바람직한 상품을 선택하고, 그 총체가 경제 세계를 결정하는 구조이다. 이 유사성을 극한까지 확대하면, 우리 나날의 관습적인 행동도 선거나 시장과 같은 것으로 파악 가능하다. 우리는 일일이 의식하지 않을지도 모르지만, 실제로는 복수의 선택지 중에서 어떤 행동을 선택하고, 그 방대한 축적이 세상의 바람직한 행동 규범을 결정한다. 우리는 타자가 선택한 행동의 축적에 규정지어져 스스로의 행동을 선택하고, 그 선택이 돌이켜 타자의 행동을 규정해 간다.

다시 한번 '모아서 올리는 브라'를 기준으로 말하면, 그것을 착용하든 착용하지 않든, 혹은 모아서 올려진 가슴을 욕망하든 하지 않든, 세상의 일원임을 피할 수 없는 우리는 입다/입지 않는다, 원하다/원하지 않는다라는 우리의 신체를 둘러싼 '선택'을 반복하며 이 세상을 용인/변혁하려고 하는 극히 근원적인 위상에서 '정치적'인 존재이다. 그 '선택'

이 아무리 사소한 일이라도 그것이 이 '세계'에 대한 응답임은 분명히 부정할 수 없는 일이다.

민속학이 우리의 일상생활, 잡다한 일이라고밖에 할 수 없는 무수한 행위를 주시하는 이유는 여기에 있다. 우리 일상의 행동은 아무리 사소한 사건이라고 할지라도 거기에 이르는 역사가 있고 그곳에서부터 미래가 이어진다. 무한한 인과를 하나하나 풀어내어 '지금'의 내력을 명확히 하는 것이 미래를 풍요롭게 하기 위한 중요한 도전임을 민속학자는 우직하게 믿고 있는 것이다.

5 입다·설문 초록 : '속옷에 대해 느끼는 것'

누구에게 보여주는 것도 아닌데(보통 때는), 여러 거리낌에 얽매인 속옷은 사람들을 구속하는 사회의 작용을 생각하는 데 있어 절호의 소재이다. 속옷을 둘러싼 기타 사항을 소개해 보도록 하자.

속옷이 상품으로서 정착한 이래로 일본 국내에서는 속옷을 둘러싼 지역별 차이는 거의 없다고 해도 좋다. 전혀 없다는 것은 아니고, 한랭지역에서는 방한을 중시한 착용이 이루어지고 또 도시부와 주변부에서는 매장의 상품 종류에 차이가 있는 등 세세한 지역 차이가 존재한다. 오사카 남부의 '미세판見せパン(보여도 좋은 팬츠)'도 그 하나인 듯하며 통계적인 확증은 없지만, 복수의 보고가 들어오고 있다.

【미세판】 오사카 시내에서 시영 지하철과 한큐^{阪急}를 이용하여 통학하고 있는데, 교토에 가까워지면 '미세판' 모습이 적어지는 것 같은 느낌이다. 덧붙여 말하면 오사카에서 가장 미세판이 많다고 느끼는 것은 텐노지^{天王寺}절. 미세판이 많은 것은 오사카 지역 사람들의 성격인가, 또는 단순히 갸루^{ギャル} 계열이 많이 때문일까? 개인적으로는 타인의 속옷을 보는 것은 저항감이 들기에 미세판을 입고 있는 사람을 만나면 왠지 어색하게 느껴진다.

지역별 차이가 적은 데 비해 세대 차이는 상당히 크다. 양장용 속옷의 보급이 전후임을 감안하면 전쟁 전과 후, 헤이세이^{平成} 시기에 태어난 3세대의 착용 체험은 크게 다르며, 조모 세대에서는 브래지어를 손수 만들었다든가 수학여행으로 방문한 도회지에서 처음으로 브래지어를 샀다는 등의 체험담도 들려오고 있다. 다음은 증조모부터 어머니까지의 3세대의 보고.

【세대 차이】 나의 어머니 쪽 증조모는 속옷을 입는 습관이 없었던지, 그 딸(나의 조모)에게 종종 "어머나! 쭈그리고 앉으면 넓적다리가 보이잖니. 그러지 마라"고 주의를 주었던 것 같다. 일본에는 원래 짧은 속바지를 입었던 문화가 없었다는 것은 알고 있었지만, 증조모의 세대에서도 아직 지금과 같은 속옷이 일반적이지 않았다는 것에 놀랐다. 증조모의 손녀인 나의 어머니는 젊었을 때 와코루 판매원이었다고 하므로 불과 3세대로 습관과 가치관은 이렇게까지 바뀌는 것인가 싶었다.

남자의 경우 속옷의 사회성은 브리프에서 트렁크스/복서 팬츠로의 이행이라는 형태로 나타난다. 초등학교 고학년과 중학교에서 체육복을 갈아입을 때 흰색 브리프는 무시당하는 것이 공통된 유형이며, 그 뒤로는 해방감을 중시하는 트렁크스 파와 안정감을 중시하는 복서 파로 나뉘게 된다. 신체적인 변화와 거의 관계가 없다는 점이 여자와 다른 부분일 것이다. 다음과 같은 한국의 리포트도 징병이라는 사회적 변화이다.

> 【입대 전후】한국에서 남자는 브리프를 입는 사람과 트렁크스를 입는 사람으로 분류할 수 있다고 생각합니다. 나는 어느 쪽인가 하면 입대할 때까지는 브리프 그 후는 트렁크스입니다. 올해 2월까지 군대에 있었습니다만, 지급품인 속옷이 트렁크스 밖에 없었기에 어쩔 수 없이 트렁크스를 입었습니다. 재밌는 것은 제대한 지금도 트렁크스를 입고 있다는 점. 브리프는 몸을 죄기 때문에 지금은 반대로 불편하다고 느끼고 있습니다.

순전히 사회적 변화인 남자의 속옷에 대해 여자의 경우는 체형의 변화라는 사실상의 사정이 크게 개재하지만, 그런데도 브래지어로의 이행은 부끄럽지만 기쁜 어른으로 가는 단계로서 이해된다. 브래지어의 압박에 대한 불쾌감이 적지 않음에도 불구하고 착용해야만 하는 것으로 여겨지는 것은, 되풀이하지만 사회적 구속력 때문. 그렇다고 자발적인 자기실현이라는 측면이 전혀 없다는 것도 아니다.

【모아서 올리는 브라】귀성했을 때 조모(79세)가 "텔레비전에서 하고 있던 모아 올려서 가슴골이 생기는 브라를 갖고 싶다"고 해서 도쿄까지 쇼핑하러 외출했습니다. "가슴골을 보이고 싶은 상대가 있어?"라고 묻자, "옷을 예쁘게 차려입기 위해서"라는 답이 돌아왔습니다. 모 백화점 속옷 매장에 도착한 순간 조모가 수줍어하기 시작했기 때문에 내가 점원에게 조모의 희망을 전하고, 그 기회에 내 것도 적당한 것으로 골라달라고 했습니다. 조모의 선택이 끝나기를 기다리는 사이에 점원과 이야기를 나누고 있었는데, 조모의 시중을 들기 위해 왔다고 하자 "몇 살이 되어도 여성다움을 잃지 않는 여성은 참으로 멋지다"고 감격한 모습. 속옷은 보이기 위해 사는 것도 아니고 안타깝게도 보여줄 예정도 없지만, 비싼 돈을 내고서라도 마음에 꼭 드는 것을 착용하고 싶다는 생각이 있습니다. 여자의 본성일까요?

흐뭇하게도 속옷의 의의를 생각하게 하는 보고이다.

90년대의 '모아서 올리다' 붐이 지나고, 2000년대부터는 착용감 중시가 기준이 되었다. 그 선봉이라고 할 수 있는 것이 브라탑인데 착용감이 외관을 완전하게 이긴 것도 아니다.

【브라탑】나는 초등학교 고학년부터 유니클로의 브라탑을 애용하고 있다. 여하튼 착용감이 좋기에 매일 입고 있지만, 중학교 2학년이었던 어느 날 같은 반의 여자아이들이 다른 아이를 보고 "○○는 뭔가 가슴 위치가 처져 있어(웃음). 유니클로라서 그렇지"라고 하는 이야기를 듣고, 내색은 하지 않았지만 꽤 충격

이었다. 그날 밤 어머니에게 제대로 된 브래지어를 갖고 싶다고 말하고, 소위 '모아서 올리는' 것을 사주셨다. 그러나 역시 가슴을 꽉 조이는게 갑갑해서 지금도 친구를 만나지 않는 날은 브라탑을 입는 일이 많다.

이와 관련하여 체형 유지를 위한 취침시의 브라 착용도 시비를 둘러싼 논쟁이 끊이지 않는다. 외관과 착용감의 공방은 당분간 이어질 듯하다.

동아리 활동과 속옷에 관련된 보고도 흥미롭다. 다도茶道나 일본 무용 등에서 일본 전통 옷을 입을 때는 전통적인 속옷으로 체형의 굴곡을 없애서 보디라인을 강조하는 양장 속옷과 정반대의 보정을 한다. 무도武道에서는 도복 안에 아무것도 착용하지 않는 경우가 있고, 근래의 육상 경기용 운동복도 속옷 없이 직접 입는 종류 쪽이 기록이 향상한다고 한다. 다음의 자전거 경기도 독자적인 운동복이 발전한 종목이다.

【레이싱 팬츠】 자전거 경기에 출장하는 선수가 입는 레이싱 팬츠를 맨살 위에 착용하는 것을 알고 계실 지. 세계선수권에서는 때에 따라 시속 100킬로미터의 세계로 돌입하는 가운데 요도의 압박에 의한 격한 통증을 완화해가며 페달을 계속 밟을 필요가 있다. 진통 흡수 겔, 빨리 건조되는 소재, 고통기성 섬유 등 체형보정 속옷보다 나으면 낫지 못하지 않은 기술이 아낌없이 투입되어 일종의 기능성 속옷이지 않을까 생각한다. 아마추어 경기 선수에게도 침투하였으며

모두가 착용하고 경기에 임한다. 경기 후 항시 정해져 있는 화제의 하나로 이른바 고간股間의 '포지션' 이야기가 있다. 통증을 어떻게 완화할 것인가는 같은 거리를 같은 속도로 주행한 동료들만이 알 수 있는 괴로움이다.

이 밖에도 LGBT의 입장에서 속옷의 위화감을 보고하는 사례도 있었다. 의식이 파악하는 주관적 신체와 물질로 존재하는 객관적 신체의 사이에는 다소간에 어긋남이 있으며, 속옷은 그 틈새에 있다. 지루하게 반복하지만 의복은 사회적 규범이며, 종종 물리적 합리성과 심리적 쾌적함이 엇갈린다. 속옷 고민은 끝이 없을 것이다.

6 입다 · 북가이드

옷은 음식만큼은 아니지만, 주거보다는 다양성이 있다. 새롭게 옷장을 확인하면 패션에 관심이 없는 사람조차도 꽤 많은 의복을 떠안고 있다는 사실을 깨닫게 될 것이다. 거의 입을 일이 없는 의복도 적지 않을 터이다. 옷에 대해서는 풍속사 연구의 대가 에마 쓰토무江馬務(1884~1979), 유형 민속문화재 보호의 중심인물 미야모토 게이타로宮本馨太郎 (1911~79) 등 잊을 수 없는 선학의 업적도 적지 않지만, 여기서는 초학자들을 위한 추천 도서를 싣고자 한다.

세상의 다양한 옷을 일람하기에는 후키다시吹田市의 국립

민족학박물관 컬렉션이 편리하다. 『세계의 귀여운 민족의 상』[9]은 국립민족학박물관이 소장한 민족 의상에서 '귀여운' 것을 골라낸 한 권. 보고 있는 것만으로 즐겁다. 『바지와 치마』[10]는 풍토에 기인한 하의의 다양성을 그려내어 치마=여자라는 고정관념을 무너뜨리는 경쾌한 그림책.

일본의 전통적인 의복을 다룬 책으로는 『누더기』[11]가 빼어나게 우수하다. 민속학자·다나카 주사부로田中忠三郎에 의한 집념의 '누더기' 컬렉션은 성긴 손바느질 자국에 보잘 것없는 자투리조차도 소중하게 사용해 왔던 서민의 고생이 배어 나온다. 생활고와 표리일체가 된 간소한 미에 압도될 뿐이다.

근대 시기의 의복에서 '양재'는 빠뜨릴 수 없다. 전후 적령기 여성이 양재 학교에서 배우는 것은 표준이며, 결혼 후 재봉틀로 부지런히 가족의 의복을 완성하고 부업으로 현금 수입의 기회까지 가져왔다. '양재' 보급을 가능케 한 것은 그러한 주부들의 '양재'이며, 『양재의 시대』[12]는 그

---

9) 우에바 요코(上羽陽子) 감수 『세계의 귀여운 민족의상–옷감, 염색, 자수, 레이스 등 수작업이 낳은 세계의 색과 모양(世界のかわいい民族衣装–織り、染め、刺繍、レースなど手仕事が生みだす世界の色と形)』, 세이분도신코사(誠文堂新光社), 2013

10) 마쓰모토 도시코(松本敏子)·니시야마 아키라(西山晶) 『바지와 치마(ズボンとスカート)』, 후쿠인칸서점(福音館書店), 1992

11) 고이데 유키코(小出由紀子)·쓰즈키 교이치(都築響一) 편저 『누더기–기움, 잇댐, 살리다. 아오모리 노보로시 문화(BORO–つぎ、はぎ、いかす。青森のぼろ布文化)』, 애스팩트(アスペクト), 2009

12) 고이즈미 가즈코(小泉和子) 편저 『양재의 시대–일본인의 의복 혁명(洋裁の時代–日本人の衣服革命)』, OM출판(OM出版), 2004

소식을 꼼꼼히 그려낸다.

'학생복'도 일본 근대 복식사의 필수 아이템. '현모양처' 육성을 위해 준비된 여학생 교복이 드디어 현대적이고 자유로운 여성의 아이콘이 되는 등, 학생복은 관리와 일탈이 대립하는 와중에 있었으며 복식 산업과 미디어도 복잡하게 뒤얽혀 있다. 그러한 '학생복'의 우여곡절을『일본 제복 백년사』[13]는 다양한 각도에서 조명한다.

마지막으로 고급 의상점이 화려함의 극치를 이루고, 패스트 패션이 지구를 뒤덮은 현대에서 우리 일상의 의복이 환경문제나 노동착취와 무관하지 않다는 점도 다시 한번 상기하자.『심플한 클로젯이 지구를 구한다』[14]는 옷의 무엇이 환경과 사회를 고려한 것인지를 생각하기 위한 단서가 되는 한 권이다.

---

13) 모리 노부유키(森伸之) 감수·우치다 시즈에(内田静枝) 편저『일본 제복 백년사–여학생복이 팝컬쳐가 되었다(ニッポン制服百年史–女学生服がポップカルチャーになった!)』, 가와데쇼보신사(河出書房新社), 2019

14) 엘리자베스 클라인(Elizabeth L. Cline), *The Conscious Closet: The Revolutionary Guide to Looking Good While Doing Good*, 2019 /『심플한 클로젯이 지구를 구한다–패션 혁명 실천 가이드(シンプルなクローゼットが地球を救う–ファッション革命実践ガイド)』, 가토 히데미(加藤輝美) 번역, 슌주사(春秋社), 2020

II 먹다【食】

1 '먹을 수 있는 것'과 '음식'과 (원론)

먹는 것은 불가결하다. 더구나 그 음식은 소금과 같은 극히 일부를 제외한 거의 모든 것이 '생물'이며, '살생'은 불가피하게 된다. 게다가 '죽임을 당한' 생물은 '부패'를 면하지 못한다. 다시 말해서 생물을 살생하고 부패하기 전에 섭취하는 행위를 목숨이 다할 때까지 반복해야만 한다. 인간을 포함한 많은 생물이 식량 확보에 대대적인 시간과 노동력을 소비하는 것도 당연하다고 할 수 있다.

여기까지도 족히 번거롭지만, 인간의 음식은 이보다 한층 더 복잡하다. 왜냐하면 인간이 섭취하는 '음식food'은 인간의 생물학적 신체가 허용하는 '먹을 수 있는edible 것'의 극히 일부에 지나지 않기 때문이다.

가령 계란덮밥은 많은 일본인이 좋아하는 메뉴이지만, '별로'라고 하는 사람도 적지 않다(필자는 매우 좋아하지만). 세계적으로 보면 날달걀을 먹는 것은 아마도 소수파이고, 그런가 하면 중국에서는 마오딴毛蛋, 필리핀에서는 발룻balut이라고 불리는 부화하기 시작한 유정란을 삶은 달걀―병아리가 들어있는 삶은 달걀―과 같은 메뉴는 일본이라면 거부반응을 보이는 사람이 다수파임이 틀림없다.

곤충도 마찬가지. 구마모토현熊本県의 산간부를 방문했

그림 1-8   벌을 넣고 담근 술(구마모토현 아사기리초あさぎり町)

을 때 어리호박벌의 유충을 조린 음식이나 어리호박벌로 담근 소주를 대접받은 일이 있다. 현지에서는 자양강장에 좋은 진미로 귀하게 여기고 또 어리호박벌을 추적하여 벌집을 발견하고 포획하는 일은 일종의 오락으로도 여겨지고 있다고 한다. 이 지역뿐 아니라 내륙부에서는 곤충을 먹는 전통이 있고, 더욱이 식량이 부족한 전시에는 전국적으로 식용되었다. 큰 짐승의 수렵이나 수산물의 채집과 같이 고도의 기술을 쓰지 않고도 안전하게 포획할 수 있는 곤충은 합리적인 동물성 단백질원이며 미래에 예측되는 세계적 식량 위기의 구세주로도 기대된다. 그런데도 '역겹다'는 표현대로 곤충이라는 단어를 듣는 것만으로 받아들이지 못하는 경향은 적지 않다. 나방 유충도 체조직만을 생각하면 새우의 몸속과 큰 차이 없을 터인데, 거기에서 결정적인 차이를 발견해 버리는 것이 인간이다.

요컨대 인간은 '먹을 수 있는 것'의 극히 일부만 '음식'으로 허용하고, 게다가 그 구분은 역사적으로 지리적으로 사회적으로도 자의적이다.

우리는 그러한 음식을 1일 3식 한다고 하면 1년에 천 번 이상, 인생을 80년이라 하면 8만5천 식 이상, 간식·음료도 포함해서 터무니없는 횟수를 경험하게 된다. 인식이 따라가지 못하는 것도 당연하다고 하겠다. 실제로 우리는 특별한 식사가 아닌 이상 일주일 전조차도 정확하게 떠올리기가 곤란하다. 불가결하면서도 복잡하고 방대한 음식은 기억 저편으로 쉽게 망각되는 것이며, 학문 세계에서 오랫동안 주변에 둔 것도 나름의 이유가 있었다.

이러한 종잡을 수 없는 음식의 조화를 야나기타 구니오는 ①식료=식자재는 어떤 것으로 하고, 어떻게 손에 넣을까 ②식품=어떻게 조리하고 무엇을 만들까 ③식구食具=조리 음식에 어떤 도구를 사용할까 ④식제食制=조리 음식에 어떤 규칙이 있을까. 이 네 가지에 유의하여 조사 연구해야 한다고 제안했다[15]. 이하에서 이 네 가지 사항에 유의하면서 서민의 음식 내력을 살펴보자.

---

15) 『분류식물 습속 어휘(分類食物習俗語彙)』, 가도가와서점(角川書店), 1974

2 　와쇼쿠의 기본형(전근대)

재차 말할 것도 없지만, '와쇼쿠和食'는 역사적·가변적이다. 스키야키도 라면도 결코 일본 열도 고유의 식문화는 아니고, 니기리즈시握り寿司와 튀김도 근세 이후의 음식이다. 그때그때 새로운 요소를 첨가하고, 계속해서 범위를 확장하는 '와쇼쿠'라는 범주의 역동성을 우선 확인해 두자.

　또한 '와쇼쿠'를 둘러싼 정형적인 이미지가 없는 것은 아니다. '국 한 가지와 ○가지 반찬一汁○菜'이라는 기본형이 그것이다. 강과 바다의 혜택을 살린 풍부한 해산물 요리, '사·시·스·세·소'16)라는 표현에서 볼 수 있듯이 소금과 식물성 원료를 사용한 발효 식품에 의해 맛을 내고, 그리고 가쓰오부시かつおぶし, 다시마 등으로 우린 국물의 감칠맛… 이러한 모든 요소의 조합이 와쇼쿠의 기본이 되어 다채롭게 확산할 수 있도록 받쳐주고 있다.

　그리고 쌀은 '국 한 가지와 ○가지 반찬'이라는 글 속에 나타나 있지 않음에도 부동의 중심이다. 문자로는 쌀밥을 의미하는 '고한御飯'이라는 단어가 '식사 그 자체'를 가리키듯이 쌀은 줄곧 일본의 식문화를 일관하는 주역이었다. 온대 몬순을 원산지로 하는 벼 작물은 고온다습한 일본의 여름에 적합하고 품종개량을 위한 노력과 함께 열도 전역에서

---

16) 설탕(사토:砂糖), 소금(시오:塩), 식초(스:酢), 간장(쇼유:醬油), 된장(미소:味噌)이라는 다섯가지 조미료에서 따온 표현

그림 1-9　농경 신을 대접하는 음식(이시카와현 와지마시^{輪島市})

재배되기에 이르렀다. 정치 권력이 쌀을 세제의 기반으로
한 것도 그 확산에 박차를 가했을 것이다.

　　그렇다고 하더라도 쌀이 서민의 일상식으로서 열도 전
역에 보급되는 것은 20세기 중엽까지 기다려야 했다. 전 국
민이 소량이라도 일상적으로 쌀을 입수할 수 있게 된 것은
전시 중에 제정된 식량관리법(1942년)에 동반된 배급이 계
기이다. 그 이전에 논이 적은 산촌이나 한랭지에서는 얼마
안 되는 쌀에 감자나 무를 섞어서 밥을 지은 잡곡밥이 일
상식이 되는 등, 쌀을 일상적으로 먹지 않는 지역과 세대는
적지 않았고 쌀밥을 배불리 먹는 것은 서민의 소원이었다.

그렇기에 쌀은 이때다 싶은 중요한 경우에 먹었다. 마쓰리 때 특별하게 준비한 쌀 식품을 신에게 공납하고, 그 잔치에서 남은 음식을 마쓰리에 참가한 사람들이 나누어 먹으면서 신의 가호를 받는 것이 일본 마쓰리의 기본이다. 쌀은 그대로 밥으로 지어질 뿐 아니라 떡이나 경단, 초밥이나 팥밥, 또 조니雜煮17) 등과 같이 갖가지 식품으로 조리되어 마쓰리의 기쁨을 나누며 먹고 마셨다. 쌀은 무엇보다도 경사스러운 식품이었다.

더욱이 민속학에서는 특별한 마쓰리를 하레晴18), 하루하루의 생활을 게褻19)라 부르며, 평상시의 검소한 생활에서 바뀌어 마쓰리 때에는 화려한 음식물, 의복, 세간 등이 이용되므로 하레와 게를 반복하는 서민 생활의 리듬이 만들어지는 것으로 생각해 왔다. 이에 대해서는 많은 논의가 있지만, 여기서는 당분간 하레=비일상/게=일상이라는 용어의 확인에서 그치기로 한다.

여하튼 '국 한 가지에 ○가지 반찬', 다시 말해 밥, 국, 반찬의 조화가 와쇼쿠의 기본형이 되었다. 양식, 중국식, 에스닉 요리도 이 형식으로 받아들임으로써 와쇼쿠의 변형이라고 말할 수 있는 것으로 변환된다(밥과 된장국이 곁들

---

17) 떡을 주재료로 하고, 야채와 육류를 함께 넣어 끓인 국물 요리로 주로 설날에 먹는다.

18) 경사, 경사스러움

19) 일상

어진 햄버거 정식 등). 유연한 동시에 강고한 포맷이라고 말할 수 있다.

식기에 대해서도 언급해 두면, 젓가락이나 그릇이나 찻잔이 '개인용 식기'가 된 관습에 주목한 것은 민속학자 다카토리 마사오(1926~81)였다. 남녀노소 모두에게 개인의 식기가 주어지고, 타인(이라고 해도 가족이지만)이 오용하면 뭐라고 말할 수 없는 위화감이 생길 듯하다. 거기에 서구 근대 개인의식과는 다른 일본 독자의 주술적 내지 '전논리적前論理的'이라고도 할 수 있는 '개인'의 상태가 적출된다.

> 개인용 식기라든가 침구라는 것은 근대 이전의 사회에서의 엄한 가족 공동생활, 항상 기근의 습격을 염두에 두고 식량의 비축에 힘쓰며 빈곤함을 서로 나누는 생활 속에서 더욱더 개인 물건과 '나'의 입장을 주장하고, 그 존재를 공인받아 왔던 것이다. 스스로 근대인의 자아라든가 거기에 근거를 둔 사권私權, 프라이버시의 주장이라고 하는 것과는 차원을 달리하는 것이며 그것들이 성립하기 이전에 이미 존재했던 것이다. 그러므로 또 근대적인 자아와는 달리 간단하게 말로 할 수 없고 이론으로도 표현할 수 없는, 이유라든가 논리 이전의 더 근원적인 인간의 마음가짐의 직접적인 발현이라고 말할 수밖에 없을 듯한 그러한 의식에 근거를 두고 있다고 생각된다. [20]

개인주의인 서구와 집단주의인 일본이라는 조잡하고

---

20) 다카토리 마사오(高取正男)『민속의 마음(民俗のこころ)』, 아사히 신문사(朝日新聞社), 1972, pp.86~87

부정확한 이분법을 멀리하고, 일본적인 '개인'의 표현형과 근대적인 자아의식과의 차이를 구해낸 다카토리의 유연한 관찰에 재차 경의를 표해야 할 것이다. 그리고 그 시선 너머 전통과 근대의 틈새에서 계속 헤매는 일본의 애로점을 확인할 수 있다는 점에 또 한 번 놀란다.

3 서양 요리의 도래와 음식의 개인 자유(근대)

일본에서 음식의 근대는 막부幕府 말과 메이지 초기에 서양 요리가 도래하면서 시작한다. 그것은 고기 요리로 대표되는 새로운 메뉴의 등장인데 사건은 거기에서만 그치지 않는다. 그것은 단백질과 탄수화물이라는 과학적 영양개념, 나아가 영양이 풍부하고 합리적이며 취미가 고상한 먹거리 담당으로서의 '주부'를 규정하는 '근대 가족' 이미지의 보급으로도 이어졌다. 특히 장기간의 선상 생활에 대응했던 '니쿠쟈가肉じゃが'[21]가 해군 기원임을 선전하고 있듯이 군대가 영양 개념의 보급에 한 역할을 했던 것은 주목할 만하다. 부국 강병을 위해 국민의 신체를 합리적으로 관리해야만 한다는 요청이 군을 음식의 근대화를 추진하는 중요한 에이전트로 만들었다. 더욱이 제1차 세계대전에서 중국 칭다오青島에서 연행되었던 독일인이 소시지와 햄, 양과자를 가져오는 등

---

21) 소고기나 돼지고기와 함께 감자, 양파, 당근 등을 넣어서 조린 음식

전쟁이 음식에 끼친 영향은 일일이 열거할 수 없다.

그렇지만, 서양 요리의 도입이 단순한 일방통행은 아니었다는 점도 잊을 수는 없다. 서양 요리를 계기로 갖가지 '일본화'를 위한 모색이 축적되었다. 불교의 가르침에 의해 금지되었던 육식도 실제로는 교묘하게 빠져나갈 길이 많아서(라쿠고「이케다 멧돼지 고기를 사러가다池田の猪買い」로 알려진 멧돼지 고기의 '몸보신' 등), 그러한 짐승 고기를 포함한 일본 요리의 전통 위에 서양 요리가 접목되어 변환되었다. 스키야키すき焼き는 가장 대표적인 음식일 것이다. 3대 양식으로 칭해지는 '돈카쓰豚カツ・고롯케コロッケ・카레라이스カレーライス'도 역시 오리지널과는 다른 독특한 변형이 이루어졌으며, '양식'은 오히려 일본 요리의 하위 개념이라고 받아들이는 편이 적절하다. 다소 시대는 내려오지만, 중국 기원인 라멘이 어느새인가 일본 음식을 대표하는 메뉴가 된 경위도 유사하다.

이러한 변화를 실제 체험했던 한 사람이 야나기타 구니오이다. 야나기타는「음식의 개인 자유」에서 음식물이 달고, 따뜻하고, 부드러워진 세 가지가 근대 식생활의 변혁이었다고 지적했다. 이 중에서 단맛은 근대 제당업의 발전과 사탕수수의 일대 산지인 타이완의 영유領有가 초래한 것이지만, 따뜻함과 부드러움은 불을 둘러싼 하드・소프트 양면의 전환에 따라 초래되었음을 갈파한다.

집에서 음식물을 조리하는 고결한 불은 원래는 고진사마荒神様[22]가 관할하는 지자이카기自在鍵[23] 아래에 있었다. 그 특별한 보장이 있는 제품이 아니면, 이를 먹고 일가가 공동의 육체로 화하기에 부족하다고 여기는 신앙이 의외로 최근까지 마을 사람의 마음을 암암리에 지배하고 있었다. 그러므로 정식 음식물은 오히려 배당이 번거로우므로 차가워지고 나서야 간신히 입에 닿는 것이었다. 나무로 만든 화로나 부삽이 자유롭게 숯덩이를 운반하게 되어서도 여전히 이 생각은 오랫동안 계속되었다. 그것이 처음에 우선 큰 그릇에서 나누고, 따로 나누는 것을 식지 않게 하려는 배려에서 냄비라든가 뚝배기라든가 하는 물건이 차츰 발명되어, 결국 지금과 같은 냄비 요리의 융성을 보기에 이른 것이다. 숯불구이 기술의 보급이 이를 도운 것은 물론이지만, 그보다도 근본적인 이유는 가족의 음식이 서로 다르고 그것을 가능하게 한 불의 신의 양보였다.[24]

경사스러운 날인 하레의 식사가 그렇듯이 같은 불로 조리된 요리를 사람들이 함께 나누어 먹는 것이 본래의 모습이었다. 이른바 '같은 솥 밥'이라는 것이다. 뒤집어 말하면 한 사람만을 위해 조리하고 먹는 일은 공동에 반하는 행동으로 비난의 대상이 되었다. 그렇지만 근대화에 따른 생활

---

22) 부엌의 수호신

23) 화롯불로 취사하기 위해서 냄비나 솥을 거는 도구

24) 「음식의 개인 자유(食物の個人自由)」『메이지다이쇼사 제4권 세상편(明治大正史 第四巻 世相篇)』, 아사히신문사(朝日新聞社), 1931, 제2장 /『전집』 26권, p.56

양식의 다양화는 사람들이 일상적으로 함께 나누어 먹는 일을 곤란하게 하고, 한 사람 한 사람이 각자의 타이밍으로 개별 식사를 하는 상황을 초래한다. 1인분을 조리하는 가열 기구는 그 과정에서 고안된 것이지만, 그 이상으로 '불의 신의 양보', 즉 '같은 불로 조리된 요리를 함께 나누어 먹는다'라는 규범에 사람들이 얽매이지 않게 된 것이 변화의 근저에 있다고 하는 것이다. 혜안이라고 할 수 있다.

어찌되었든 근대가 우리의 음식을 비약적으로 다양화한 것은 사실이며, 음식은 영양과 기능과 취미가 교차하는 번잡하고 성가신 영역이 되었다.

4 패스트와 슬로우의 사이(현재)

한 번 더 야나기타의 말을 인용해본다.

> 음식 문화가 색이나 음향과 다른 특징은 이전에 큰 통일이 있어서 후에 점점 분립의 기세를 보이는 점이다. 유행이 다시 개개인의 취미를 정복하지 못하고, 또 특히 일종의 강렬함에 의해 소리처럼 다른 군소를 위압할 수 없는 점이다. 뭐든지 먹어야 한다고 하는 필요에서 새롭게 시대의 표준을 설정해 보기 어려운 점이다. 따라서 품종은 해마다 급증하고 드디어 일반의 관찰이 어려워진다. [25]

---

25)「음식의 개인 자유(食物の個人自由)」『전집』26권, p.55

음식이 복잡화의 일도를 걷고 있다고 하는 지적은 쇼와 초기부터 그대로 현재까지 이어지고 있다. 그 변화를 개관하면 ①직접 생산에서 기성 제품으로 ②함께 나누는 식사에서 개인 식사로 ③영양 보급에서 기호 충족으로와 같이 정리할 수 있다. 이들을 관통하는 것이 모빌리티의 확대 – 사람과 물건과 정보의 고속 이동 – 이며, 지체를 모르는 근대 세계 시스템의 전개라고 할 수 있다.

그 고속화 하는 음식의 최전선에 패스트푸드가 있다. 한마디로 패스트푸드라고 해도 햄버거, 덮밥, 회전초밥 등 다수의 메뉴가 있으며, 또 인스턴트, 레토르트, 냉동식품 등 많은 가공·유통 기술이 관련되어 있지만, 일반적으로 말하자면 음식을 마치 공업제품과 같이 생산하는 체제이며 '맥도널드화'라는 말로 상징되는 음식의 효율화, 합리화, 균질화가 극한까지 추진되어 가게 된다. 그러한 와중에 회전 초밥의 기존 품목과는 다른 '대체어代替魚'가 나타났다가 남획濫獲으로 사라지는 등, 패스트푸드가 야기하는 인체와 생태의 부하가 우려되기에 이르렀다.

이러한 상황에 맞서는 것이 슬로푸드의 도전이다. 마을마다 풍미가 다른 치즈와 와인과 같은 전통음식이 패스트푸드에 밀려 위기에 처할 것을 우려한 이탈리아의 카를로 페트로니(1949~)는 ①전통음식의 보존 ②생산자의 보호 ③소비자 계몽의 세 가지를 주축으로 하는 슬로푸드를 제창

그림 1-10 '삿포로이치방'으로 추정되는 인스턴트라면을 먹는 소녀(미크로네시아연방 봄베이섬)

하고, 1989년 파리에서 국제 슬로푸드 협회 설립대회를 개최하여 '슬로푸드 선언'을 채택한다. 풍토에 뿌리내린 식문화를 전하기 위해서는 그 생산자를 지키는 일이 중요하며, 그를 위해서는 소비자의 적정한 소비 행동이 불가결하다는 것이다. 일본에서도 마찬가지로 '지산지소地産地消'26)가 제창되고, 2005년에는 식육기본법食育基本法이 시행되었다.

단지 신경이 쓰이는 것은 슬로푸드의 캐치프레이즈가 패스트푸드 마케팅에 안이하게 회수되어 버리는 점이다. 음식의 생산 유통 과정이 안전성 확보와 전통의 보전, 노동 환경의 적정성을 어느 정도 배려하고 있는지는 개별적으로

---

26) 지역에서 수확한 농수산물을 지역에서 소비한다.

검증되어야 하지만, 슬로푸드에 관한 것이 상품을 차별화하는 일종의 기호가 될지도 모르는 상황이 전통음식과 그 관계자의 현장을 뒤덮어 버리는 위험성에 대해서는 단단히 주의해야 한다. '와쇼쿠'의 유네스코 무형문화유산 등재(2013년)도 일본의 풍토 속에서 쌓아 올린 일본 음식의 독자적인 미학과 효용이 평가받은 것이라고 말할 수 있는 한편, 재료와 관련자 측도 많은 곤란을 안고 있으며, '와쇼쿠'의 내실은 유례가 없을 정도로 애매모호해졌다. '패스트'와 '슬로'와 '슬로와 같은 패스트'의 공방에 우리의 음식은 여전히 흔들리고 있다고 할 수 있다.

그래도 우리는 계속해서 먹어야 한다. 그러면 무엇을 먹을 것인가?

5 먹다 · 설문 초록 : '내가 먹고 싶은 하레의 식사'

'하레晴'란 일상생활과는 다른 특별한 기회를 말하는 것으로, 전통적인 서민 생활에서는 해마다 반복되는 '연중행사'와 인생의 전기를 맞아 시행되는 '인생 의례'가 주된 것이 된다. 하레의 기회에 단장과 장식을 새롭게 하고 좀처럼 먹을 수 없는 진수성찬을 먹는 일이 평상시의 검소한 생활과 대비되어 특별한 인상을 불러일으키며, 이러한 하레(비일상)와 게褻(일상)가 만들어내는 리듬이 서민 생활을 만든다는 것이 민속학의 통설이다.

그러한 하례 중에서도 가장 먼저 떠오르는 것이 정월이다. 섣달그믐날의 도시코시소바^{年越しそば27)}, 설날 아침의 오토소^{お屠蘇28)} 오조니^{お雑煮}, 오세치^{おせち29)}, 진수성찬을 물리도록 먹었을 즈음의 나나쿠사가유^{七草粥30)} 등, 정월은 일정이 길고 관련된 음식물의 종류도 많다. 그중에서도 뺄 수 없는 것이 '모치^餅'이다.

> 【모치】어릴 적 매년 정월이면 본가에 친척들이 문자 그대로 한자리에 모여 마당에서 남자들이 절구와 절굿공이로 찧은 모치를 다 함께 먹었다. 팥소를 넣거나 콩가루를 묻히거나 김으로 싸서 설탕·간장을 찍거나. 소박하지만 막 찧어낸 떡이라 맛있어서 모두 질리지 않고, 술이랑 차와 함께 게걸스럽게 먹었습니다. 60대의 아버지가 어렸을 때부터 해왔던 것 같은데, 원래는 3~40명 정도 모였지 않았나 생각합니다. 그렇지만 친척들이 점차 흩어지고 웃어른들은 돌아가셔서 지금은 하고 있지 않습니다. (오카야마현^{岡山県} 쓰야마시^{津山市})

가족이 다 함께 정월의 모치를 준비하는 것은 서민의 태반이 농가였던 시대에는 극히 흔한 연말 광경이었다. 지금도 계속하고 있는 집은 소수일 것이다. 그렇지만 모치는

---

27) 섣달 그믐날 밤에 행운과 수명이 늘어나기를 바라며 먹는 메밀국수

28) 재앙을 물리치고 무병장수를 기원하기 위해 연초에 마시는 약주

29) 설에 먹는 특별요리

30) 7가지 봄나물을 넣은 죽. 건강하게 한 해를 나기 위해 정월 초이렛날에 먹는 명절 음식

여전히 정월의 주역이다. 하레 음식인 쌀의 끈기라고 해야 할까.

　오조니는 아직도 대다수 일본인이 먹는 정월 음식이다. 수강생 설문에서도 국물을 내어 콩가루를 뿌리는 나라현奈良県, 팥소를 넣은 떡이 들어가는 가가와현香川県 등, 풍토가 기른 오조니의 변형을 읽어 낼 수 있다. 개관하면 구운 가쿠모치角餠31)를 맑은 국물에 넣어 끓이는 동일본과 마루모치丸餠32)를 된장 풀은 국물에 끓이는 서일본으로 크게 분류된다. 그러나 그 실태는 부모, 조부모의 고향과 거주지라는 가족 역사가 새겨져 천차만별이며 흥미진진하다.

　정월 이외에도 세쓰분節分33), 모모노셋쿠桃の節句34), 단오셋쿠端午の節句35), 봄가을의 히간彼岸36), 본행사盆行事37)와 음식에 얽힌 연중행사에는 필수이다. 그중에서도 지역 단위로 열리는 마쓰리에서는 쌀과 함께 생선이 주역으로 활약한다.

　【나레즈시なれ寿司(식해)】 내가 나고 자란 와카야마현和歌山県 아리다시有田市에서는 바다가 가깝기도 해

---

31) 장방형으로 자른 모치
32) 둥글린 모치
33) 입춘, 입하, 입추, 입동의 전날을 가리키고, 현재는 특히 입춘 전날을 세쓰분이라 칭함
34) 여자 어린이가 건강하게 자라기를 기원하는 3월 3일의 히나마쓰리(ひな祭り)
35) 남자 어린이가 건강하게 자라기를 기원하는 5월 5일의 행사
36) 춘분과 추분 날의 전후 3일씩을 더한 7일간. 이 기간에 불교의 관습에 따라 선조를 공양하는 의식
37) 선조의 정령을 집으로 맞이하여 공양한 후에 다시 저세상으로 보내드리는 연중행사

서 가을 마쓰리 날에 고등어회를 물대라는 다년초의
잎으로 싸서 발효시킨 나레즈시와 발효시키지 않고
식초를 사용한 '하야즈시はや寿司'를 대접하고 있다.
나레즈시는 보존이 잘되도록 발효시키므로 냄새가
강렬하고 맛도 매우 독특하여 연배가 있는 분은 잘
먹었지만 나는 먹은 적이 없다. 조모에 따르면 근래
에는 나레즈시 대신에 하야즈시를 먹는 가정이 늘고
있는 것 같다.

고등어초밥, 하코즈시箱寿司38), 지라시즈시ちらし寿39) 등
마쓰리의 식탁을 수놓는 초밥은 각지에서 다채로운 모습을
보인다. 그것들은 본래 여러 날에 걸쳐 숙성시키는 발효식
이며, 지금 일상적으로 먹을 수 있는 '하야즈시'의 일종인
'니기리즈시にぎり寿司'40)는 발효의 맛과 향을 식초를 넣은
밥으로 대용한 것, 말하자면 에도시대 이래의 패스트푸드
이다. 초밥 이외에도 도미를 비롯해 일본 동북쪽의 연어,
서쪽 바다의 방어, 서남쪽의 가다랑어, 내륙부의 잉어 등
생선은 하레의 연회에서 대활약한다. 강과 바다의 혜택에
감사하자.

연중행사와 어깨를 나란히 하는 하레의 기회인 인생 의
례(통과의례, 이니시에이션이라고도 말함)는 성인식, 결혼

---

38) 나무 틀에 밥을 채우고 수산물 재료를 올린 후 눌러 네모난 모양으로 만드는
초밥
39) 밥 위에 어패류를 비롯한 다양한 재료를 얹은 초밥
40) 손으로 쥐어서 만드는 초밥

식, 장례식 등 인생의 중요한 기점에 해당하는 행사를 말한다. 이 역시 갖가지 음식이 준비된다. 다음은 오키나와沖繩에서 성인을 맞이한 때의 식사이다.

> 【부에노 치킨】어머니가 오키나와 출신으로 이른바 오세치 요리 등 본토의 하레 식사를 먹어본 적이 없지만, 스무 살이 되었을 때 오키나와현 나고시名護市에서 먹은 부에노 치킨이 거기에 해당한다고 생각된다. 영계의 배속에 마늘을 채워 넣은 통구이로 오키나와 출신의 아르헨티나 이민자였던 분이 개업한 가게가 원조라고 들었다. 오키나와에서는 입학식, 졸업식, 합격 축하, 성인식, 파티와 같은 날에 주문하는 요리이다. 실제로 3월에는 이러한 이벤트가 겹치므로 종종 예약할 수 없는 경우도 있다. 어머니가 어릴 적부터 경사 때에 내놓았던 것 같다.

이민 경험자가 가져온 남미 요리가 하레 요리로서 정착하는 과정, 정말 오키나와스러운 챤푸루チャンプルー[41] 문화이지만, 이러한 변용은 근대 이후 각 지역의 식생활에서 매일 펼쳐져 온 일일 것이다. 여전히 육식이 기피되면서도 여러 짐승을 갖가지 방법으로 먹어 온 것은『일본의 육식』[42]에 상세하게 쓰여있다. 수강생 설문에서도 하레의 식사로서 초밥, 뱀장어, 게 등과 함께 스키야키すき焼き·야키니쿠焼肉

---

41) 다양한 재료를 넣어 볶은 요리
42) 다나카 야스히로(田中康弘)『일본의 육식–수렵꾼 집단부터 식육 처리시설까지(ニッポンの肉食–マタギから食肉処理施設まで)』, 지쿠마프리마신서(ちくまプリマー新書), 2017

와 같은 고기 중심의 외식은 늘상 있는 일이다.

이 외에 입시나 동아리 활동 시합에 즈음하여 '가쓰カ
ツ43)'나 '킷토캇토キットカット44)' 등의 길흉을 따지는 '쇼부
메시勝負メシ45)'도 대학생에게는 가장 가까운 하레의 식사이
다. 다음 보고는 대회 전의 쇼부메시('소스가쓰돈ソースカツ
丼' 발상지에 대해서는 여러 설이 있다)다.

> 【소스가쓰돈】 나의 모교 나가노長野 고교는 전국대회
> 경험도 있는 취주악이 강한 학교로 나가노현 대회에
> 서 승리하고 도카이東海 대회에 진출하면 대회 장소로
> 향하는 도중에 굳이 매번 현 남부의 이나伊那에 들려
> 소스가쓰돈을 먹는다. 왜 소스가쓰돈인가? 그리고
> 왜 일부러 이나에 가서 먹는 것일까? 도카이 대회라
> 는 현을 뛰어넘는 대회에 나가노현 대표로서 나가노
> 현의 대표다운 음악을 할 수 있도록이라는 생각이 담
> 겨 있다고 한다. 그 이야기를 듣고 나서 당연하다는
> 듯이 계승되고 있는 전통에도 분명히 의미가 있다는
> 것을 느끼며, 소스가쓰돈을 먹을 때마다 몸이 긴장
> 되는 기분이 든다.

전통적인 하레 식사와는 다르기는 하지만, 중요한 실전
을 앞두고 멤버의 심신을 가다듬는 효과는 미코시神輿46)를

---

43) '이기다'라는 의미의 가쓰(勝つ)와 동음

44) 과자이름 'KitKat'의 일본 발음이 '틀림없이 이기다(きっと勝つ)'라는 말과
유사

45) 승부처를 앞두고 행운을 기원하며 먹는 길한 음식

46) 신령을 태우고 행차하는 가마

메는 사람들에게 대접하는 '오미키御神酒47)'류와 그리 다른 것은 아니다. 음식이 사람과 사람을 연결하는 역할은 다시 생각해도 절대적이다. 그렇기에 음식이 초래하는 부조화의 가능성도 인정하지 않을 수는 없다. 다음 보고서는 '어머니의 요리'를 둘러싼 후회의 고백이다.

【치즈 케이크】 나의 어머니는 의사로 너무나도 요리를 못한다. 철이 들 무렵부터 줄곧 평일은 가사도우미가 만든 요리를 먹고, 휴일은 아버지의 요리를 먹고 있다. 어릴 때 어머니가 요리하지 않는 것이 싫었다. '사자에상サザエさん'과 같은 애니메이션에서 여성이 요리를 만드는 장면을 볼 때마다 이것이 '보통'의 가정이라고 말하고 있는 생각이 들어서 어머니에게 몇 번이나 보통의 어머니가 되어 달라고 말했다. 어머니는 어느 날 사이트에서 '밥솥으로 만드는 치즈 케이크'라는 제품을 발견했다. 순서를 신경 쓰지 않고 재료를 밥솥에 아무렇게나 넣고 스위치를 누르기만 하면 된다. 그녀 나름의 고육책이었다. 나는 '그래 그렇지. 이게 어머니지'라며 기쁨을 느꼈던 생각이 난다. 이후에 이것이 '어머니 요리'의 대표가 되었다. 그리고 어른이 된 나는 내 아이를 위해 무리해서 무언가를 만들어 주었던 어머니의 사랑에 감사함과 동시에 억지로 '어머니'의 틀에 끼워 넣으려고 했던 것에 대해 죄송함을 느끼고 있다.

가정 요리가 아이를 사랑하고 남편을 내조하는 부인의 일이어야 한다는 통념에서 우리 사회는 아직 자유롭지 않을

---

47) 신에게 올리는 술

것이다. 그것이 일상의 생활인만큼 구속 효과도 매우 크다. 사적인 일이야말로 사회적이라는 구절을 다시 한번 상기해야 한다.

6 먹다·북가이드

근래에 음식을 둘러싼 책은 질적으로 양적으로도 놀랄만한 성과가 있다. 음식이 주거와 의복에 비교해서 서민의 손을 '한 단계 위'로 닿을 수 있게 하는 드물게도 고마운 취미·오락이기 때문인지도 모르지만, 여하튼 양서의 증가는 축하할 만한 일이며 북가이드를 쓰는 입장에서는 기쁘기는 해도 괴롭다.

음식의 원리적 고찰로는 문화인류학자·언어학자인 니시에 마사유키의 『'음식' 과외수업』[48]을 추천하고 싶다. '먹다'라는 동사를 비롯한 음식 관련 어휘를 꼼꼼하게 풀어가면서 '먹을 수 있는 것'의 극히 일부밖에 '음식'이라고 하지 않는 인간의 식생활을 인간 '문화'의 구현으로 규정한다. '문화'로서의 음식 설명임과 동시에 음식으로 본 '문화'의 사고인 점이 매력이다.

일본 음식에 대한 많은 개설서가 간행되었지만, 균형이 잡힌 통사로서는 일본 식문화사 연구의 일인자 하라다 노

---

48) 니시에 마사유키(西江雅之)『'음식' 과외수업(「食」の課外授業)』, 헤이본사 신서(平凡社新書), 2005

부오의 『와쇼쿠와 일본문화』[49]가 편리하고 도움이 된다. 고고학적 과거에서 현대까지, 아이누에서 오키나와까지, 궁중에서 서민까지, 시대·지역·계층에서 다양한 양상을 보이는 식생활을 평이하게 해설. '와쇼쿠'의 기본과 변용을 알 수 있는 한 권.

음식의 근대/현대에 대해서는 『돈카쓰 탄생』[50]과 같은 양식을 둘러싼 논고가 중요하다는 것은 논할 여지도 없지만 서양 이외의 식문화도 흥미롭다. 『교토의 중화요리』[51]는 기온祇園의 마이코상舞妓さん[52]을 위해 소량으로 먹을 수 있는 마늘을 뺀 교자가 개발되는 에피소드처럼 교토에 특화한 중화요리 토착의 과정을 극명하게 그린다. 각 음식점의 메뉴 묘사가 매우 매혹적인데 '~년에 폐점'이라는 주석에 종종 발을 구르며 분해한다. 고도성장기부터 현재에 이르는 음식의 다양화를 망라하여 그린 『일본 외식 전사』[53]도 귀중하다. 이 책에서 '외식 원년'이라고 하는 1970년 이후의 기억이 있는 독자라면 당연히 음식과 관련된 무수한 추억이

49) 하라다 노부오(原田信男)『와쇼쿠와 일본문화–일본 요리의 사회사(和食と日本文化–日本料理の社会史)』, 쇼가쿠칸(小学館), 2005

50) 오카다 데쓰(岡田哲)『돈카쓰 탄생–메이지 양식의 시작(とんかつの誕生–明治洋食事始め)』, 고단샤신서메티에(講談社選書メチエ), 2000

51) 강상중(姜尚中)『교토의 중화요리(京都の中華)』, 겐토샤문고(幻冬舎文庫), 2016

52) 전통악기, 노래, 춤 등으로 연회의 자리에 흥을 돋우는 여성

53) 아코 마리(阿古真理)『일본 외식 전사(日本外食全史)』, 아키쇼보(亜紀書房), 2021

촉발할 것이다.

　마지막으로 자칭 '부엌 탐험가'이자 레시피 사이트인 쿡패드クックパッド 직원 오카네야 미사토의『세계 부엌 탐험』[54]이 뛰어나다. 언어도 통하지 않는 미지의 토지에서 우연히 만난 사람들의 부엌으로 뛰어드는 저자의 과감함은 물론이거니와 그곳에서 만들어지는 메뉴가 부모에서 자식에게 전해져 단란한 가족으로 채색하는 요리임에 감명을 받았다. 먹는 것은 예나 지금이나 좋든 싫든 사람과 사람을 연결하는 행위임을 새삼 상기하게 된다.

---

54) 오카네야 미사토(岡根谷実里)『세계 부엌 탐험–요리에서 생활과 사회가 보인다(世界の台所探検–料理から暮らしと社会がみえる)』, 세이겐샤(青幻舎), 2020

III 살다【住】

1 「앳홈」의 의미(원론)

'앳홈ァットホーム'이라는 말이 있다. '집에 있다'라는 원뜻이 '안심했다'라는 의미로까지 확장된 것은 중학교 영어에서 배운 대로이지만, 참으로 시사적이다. 사람은 '주거home' 없이는 '안심at home'할 수 없는 생물이다.

그것을 단적으로 나타내는 것이 재해 시의 피난처이다. 공민관公民館[55]이나 체육관에 설치된 피난처는 그럭저럭 비바람과 한파를 참고 견디기에 족한 시설이지만, 그곳에서 지낼 것을 강요당한 사람들은 무료해 보이고 나약하다. 신문기자에게 그렇게 들은 적이 있다. 불안정한 심리 때문인지 잘 드러나거나 보도되지 않는 범죄도 많다고 한다. 근래에는 골판지로 만든 임시 파티션 등으로 프라이버시를 확보하기 위한 대책을 강구하고 있지만, 그래도 '홈'과는 거리가 먼 것이다.

이러한 가설 주거에 예사롭지 않은 관심을 가지고 조사 연구에 몰두한 것이 곤와 지로(1888~1973)이다. 도쿄미술학교(현, 도쿄예술대학)에서 디자인을 배우고 와세다早稻田대학의 건축학과에서 교편을 잡은 그는 곧 야나기타 구니

---

55) 시민회관 또는 구민회관

오 등이 모인 '향토회'와 '하쿠호회白茅会'에 참가했다. 보통 사람의 주거인 '민가'를 기록하고 고찰하여 그 성과를 정리한 첫 저술로 일본 최초의 민가 연구서『일본의 민가』[56]를 발표한다.

그 이듬해 간토대지진이 발생하자 재해 주민이 남아있는 소재로 비바람을 견디기 위한 가설 주거=가건물을 짓는 모습을 목격하고는 시골의 민가와 마찬가지로 사람들의 창의가 넘치는 소박한 건축양식에 매료되어 그 발생부터 소멸에 이르는 과정을 관찰하게 된다. 이러한 관찰은 전쟁 재해 후의 가설주택에서도 이루어졌고, 그 소견을 다음과 같이 말하고 있다.

> 자연을 공공연하게 말하는 곳에 시詩가 있고, 시의 정취가 있다고 한다면, 전후 이재민의 방공호나 임시거처에서 보는 만상에는 시적 분위기가 있다고 할 수 있다. 제각각 자유롭지 못한 채로 각자 창의적인 생각을 쌓아 올리고 있기 때문이다....하여간 거처가 마련되어 이럭저럭 생계를 위한 전망이 서서 '이걸로 잠시 참자'는 심경을 가진 사람들의 주거가 초라한 가옥의 외관과 평행하게 생활까지도 그렇다고는 할 수 없다. 내가 방문했던 때의 장면에 한해서는 의외로 마음 편하고 즐거운 정경이라는 인상을 받았던 것이다. '정들면 고향'이라는 순수함이라고 할까 적응력이라고 할까, 그것을 사람들 사이에서 볼 수 있는

---

56) 곤와 지로(今和次郎)『일본의 민가-전원 생활인의 주거(日本の民家–田園生活者の住家)』, 스즈키서점(鈴木書店), 1922

것이 마음 든든하다. 집착이 없는 백지와 같은 마음,
겉치레도 외견도 신경 쓰지 않아도 되는 입장의 심
경에는 고마운 진실이 숨어있다고 생각된다. [57]

전쟁 재해 후의 임시거처라도 거기에 사는 사람의 창
의적인 고안이 있는 한 그것은 앳홈일 수 있다는 것이다.
이처럼 인간의 '안심'에는 주거가 필요하다. 그것은 황야를
달리는 포장마차나 바다에서 사는 사람들인 에부네家船[58]와
같이 이동식이어도 상관없지만, 자신의 거처와 감정을 느낄
수 있는 공간이 준비되어야 한다. 생물로서의 사람이 허용
할 수 있는 물리적 환경뿐 아니라 마음의 보금자리라고도
말할 내면을 해방할 수 있는 장소를 확보하는 것이 불가결
하다.

원래부터 주거를 어떻게 실현할 수 있는가는 동서고금
여러 가지 차이가 있다. 민속학에서는 (귀족, 무사, 승려
이외의)농민, 장인, 상인 등 '상민常民'의 주거를 '백성의 집
民の家' 다시말해 '민가'로서 연구를 쌓아왔다. 그 축적의 원
점이 된 것이 곤와 지로의 『일본의 민가』였다.

---

57) 곤와 지로(今和次郞)「전쟁 재해자의 임시 거처(戰災者の仮住まい)」『주거
론 곤와 지로집 제4권(住居論今和次郞集第四卷)』, 도메스출판(ドメス出
版), 1971[원저1946], p.337
58) 배에 거주하는 유랑 어민 집단

2 가까이 있는 소재와 기술로(전근대)

기후 풍토에 가까운 소재와 기술로 대응하는 것. 그것이 전통적인 전근대 주거의 필요조건이다. 남쪽 섬이라면 태풍에 대비하기 위해 저항이 적은 낮은 지붕과 방풍을 위한 담이 필요하고, 눈이 많이 오는 지역이라면 눈이 떨어지기 쉬운 급경사 지붕에 올록볼록 홈이 있는 차양과 그 밖의 방설 시설이 필요하다. 그것을 위한 소재는 인력·가축 이외의 운반 수단이 없던 시대에는 가능한 한 근처에서 조달하여야만 하고, 목재와 짚, 띠茅 등의 식물성 소재에 흙과 돌을 합쳐서 사용하는 것이 일본 민가의 주류가 되었다.

그리고 중요한 것은 건설·보수를 위한 기술과 노동이 조달 가능하다는 점이다. 서민의 주거에서는 통상 기둥 세우기와 같은 구조적 근간이 되는 부분을 제외하면, 지붕 잇기와 미장 등 건물의 관리 유지는 장인의 힘을 빌리는 일 없이 거주자가 손수 하는 작업이었다. 세계유산으로 유명한 히다시라카와飛驒白川의 갓쇼즈쿠리合掌造り에서는 이엉 지붕의 내구 연수인 50년마다 마을 사람들이 총출동하여 지붕 갈이를 돕고, 띠를 교환한다. 도움을 받은 쪽은 도와주러 온 사람의 이름을 정확히 기록하고 그들이 새롭게 지붕 잇기를 할 때 반드시 가주었다. 이러한 노동 교환=서로 일꾼을 보내는 규칙은 '유이結い59)' 등으로 불리고, 역시 각지에서 행해졌다.

방의 배치에 대해서는 현관 토방과 네 개의 방이 밭 '전田' 자와 같이 늘어선 형태이다. '일본에서 가장 작은 집'으로도 불리던 야나기타 구니오의 생가도 이 '전'자 형태의 집이었다. 단지 평지가 적은 산간 지역 등의 지형이라면 '전'자 형 평면도가 아닌 방을 옆 일렬로 배치하게 되고, 상가가 처마를 한 줄로 잇는 상점가도 마찬가지로 뱀장어의 침상이라 칭해질 듯한 폭이 좁고 안쪽으로 늘린 평면도가 된다.

밭 '전'자 형태로 이야기를 되돌리면 네 개의 방을 객실용, 침실용 등의 기능에 따라 거실, 부엌, 손님방, 헛간 등으로 구별하고, 나아가 거실과 부엌에 이로리いろり60)가 있으면 주인은 요코좌橫座61), 주부의 가카좌嬶座62), 방문객의 갸쿠좌客座63)와 그 외에 시모좌下座(말석)로 가정 내의 지위에 따라 앉는 장소가 지정된다.

일본의 건축이 다타미疊라는 단위로 구성되어 있다는 점도 매우 중요하다. 다타미가 서민에게 보급되는 것은 그리 오래지 않고, 또 다타미가 '다타무疊む(접다)'에서 유래한

---

59) 상호 간에 힘을 빌려주는 노동 관행으로 두레와 유사
60) 전통적인 일본 가옥에서 마루 일부를 사각형으로 파내어 불을 지필 수 있도록 한 장소로 난방과 취사에 사용됨
61) 이로리 안쪽의 정면 자리
62) 주인의 옆자리로 부엌과 가까운 자리
63) 입구에서 가까운 자리

사실에서도 추측할 수 있듯이 어느 시점까지 실제로 접을 수 있었던 깔개가 후에 상설되고 고정되기에 이르렀던 것이다. 하지만 인초藺草라는 식물의 길이로 규정된 '조疊'라는 단위에 따라 건물이 완성되었던 것의 의미는 크다. 부품의 교환, 이설, 전용이 용이하므로 건물의 유연성flexibility 과 이동성mobility 은 매우 높다. 일본 주거의 특색으로 확인해 두고 싶다.

건물 밖으로 눈을 돌리면 화장실이나 마구간은 통상 본채와는 별개이며 우물도 실내에는 없는 쪽이 일반적이다. 대지垈地를 둘러싼 담장이나 울타리, 문의 경우에도 대처해야 할 풍토와 입수 가능한 소재에 의해 돌담이 되거나 생울타리가 되거나 방풍림이 되는 등 다양하다.

주거는 세세하게 관찰해 가면 매우 복잡한 장치이다. 주거는 서민이 소유할 수 있는 최대의 '물건'이므로(그리고 종종 최고 가격이다), 그것도 당연한 건지도 모른다.

이러한 전통 민가의 복잡함과 거기에 각인된 역사가 중요하다고 주장한 글이 곤와 지로의 「주거의 변천住居の変遷」[64]이다. 민가는 밑면에 주목하자면 도마土間(토방), 이타마板間(마루방), 조마疊間(다타미 방)의 3종류가 있고 지금은 각각 원시시대·헤이안 시대·무가 시대의 전승을 내포하고

---

64) 오마치 도쿠조(大間知篤三) 외 편저 『일본민속학대계6 생활과 민속(日本民俗学大系6 生活と民俗)』, 헤이본사(平凡社), 1958

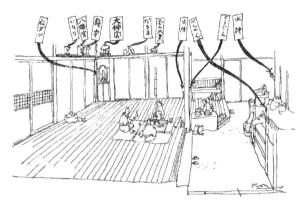

그림 1-11   토방과 마루방을 관장하는 신

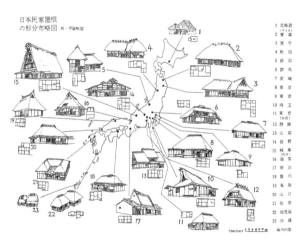

그림 1-12   일본 민가 지붕 모양 분포 약도略圖

있는 것은 아닐까라고 말한다. 예를 들면 원시의 수혈식 주
거 이래 사용되어 온 토방에는 부뚜막을 지키는 불의 신과
같은 원시적이고 고유명이 없는 신격이 모셔져 있다. 이와

비교해 헤이안 시대의 신덴즈쿠리寢殿造り65) 무렵부터 많이 쓰이게 된 마루방에 출현한 것은 문명적인 이름이 있는 신격이라고 한다.

> 이 큰 마루방에 모셔진 신들은 내용적으로 보아 앞서 토방에 있는 신들과는 확실히 성격이 다르다. 그들은 어디 어디에 본사가 있다고 하는 호적이 명확한 신들뿐으로 모두 위로부터 주어진 신격의 신들이다. 다이진구大神宮66), 지역 수호신, 그 밖에 모두 일본국민이라든가 무슨 무슨 영주님의 영지에 있는 백성이라든가 하는 의식을 향상시킬 듯한 정치성을 가지고 있는 신들이다. (pp.13~14)

그리고 다타미 방은 연장자인 손님을 맞이하는 무가적인 사교 관계를 위한 공간이며 거기에는 종종 선조의 제사를 지내는 불단이 안치된다. 이러한 마루 목재와 그곳에서 제의하는 신격의 대응 관계에서 민가가 지금의 모습에 이르기까지의 역사의 중층을 볼 수 있다고 하는 것이다.

앞서 서술한 내용을 반복하면, 기후 풍토에 가까운 소재와 기술로 대처하는 것이 전통적인 주거의 과제이며, 그로 인해 발생하는 무한대라고도 할 수 있는 변화는 간단하게 지금의 가설을 지지하는 것은 아니다. 그렇지만 변화에 일정한 전망을 부여하는 독특한 시점이라고 말할 수 있다. 민가

---

65) 헤이안 시대에 완성된 귀족의 주택양식
66) 이세의 나이쿠(內宮)와 게쿠(外宮)의 총칭

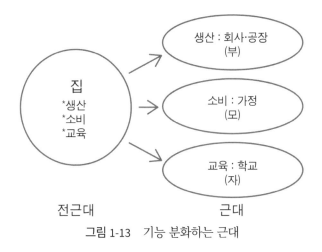

그림 1-13 기능 분화하는 근대

에는 간단한 방법으로 해결되지 않는 '거주'에 대한 다양한 내력이 새겨져 있다. 그것이 민가의 불가사의하며 끝없는 매력이다.

3   DK 양식의 탄생(근대)

주거의 근대로 이야기를 진행하자. 여기서 '근대modern'에 대해서 대략 확인해 두면 의회정치, 정교분리, 시장경제 … 등 근대의 지표로 여겨지는 사실과 현상은 여러 가지가 있지만, 그것들을 일관하는 것은 '기능 분화functional separation'가 아니겠는가라는 것이 영국의 사회학자 앤서니 기든스Anthony Giddens(1938~)의 제안이다. 서로 다른 기능을 다른 시공간으로 나누어버리는 것이 '근대'인 셈이다.

그림 1-14　니시야마 우조 '부흥 건설주택의 계획 기준안'

일본의 서민에 의거하여 말하면 전근대의 모든 행위는 '집'을 거점으로 이루어졌다. 노동하는 것이 집이라면, 그 성과를 소비하는 것도 집, 나아가 어린이를 차세대의 일꾼으로 교육하는 것도 집, 집에 소속하고 집에 공헌하는 것이 생존의 필요조건으로서 충분한 조건이었다고 하는 것이 전근대이다.

이러한 전부가 집이라고 하는 상태를 허용하지 않는 것이 근대이다. 노동은 회사·공장에서 교육은 학교에서 각각 전문 조직이 대응하고, 남겨진 소비만이 '가정'에 분담된다. 더욱 중요한 것은 이 분화가 공간에 머물지 않고 인간에게까지 영향을 미치는 것. 회사·공장에서 일하는 것은

'아버지'이며 학교에서 배우는 것은 '아이' 그리고 '아버지'를 내조하며 '아이'를 애지중지하며 '가정'을 지켜야 하는 것이 '어머니'라는 식으로 성별·세대별 역할이 확실하게 분담된다. 그리고 근대의 주거는 이 '근대 가족'의 그릇으로서 요청받게 된다.

일본의 경우 가장 현저한 것이 '단지団地'였다. 패전 후에 공습으로 인한 피해는 심각하였고, 게다가 구 식민지로부터의 귀환자, 전장으로부터의 상이용사가 대거 유입하여 살기 좋은 주택을 싼 가격으로 대량 공급하는 일은 국가적 과제가 되었다. 이에 대처할 시책은 우여곡절 끝에 일본주택공단법(1955년)으로 결실을 거두고 '단지' 건설이 본격화한다. 이 단지의 방구조로 채용된 것이 이른바 'DK양식'이다.

DK양식의 실현에 이르는 과정은 우여곡절이 있지만, 그 사상적 연원의 한 사람인 '주택 계획학의 아버지' 니시야마 우조西山夘三(1911~94)는 전시부터 전후에 걸쳐 간사이関西를 중심으로 서민 주거의 사용법을 검토한 결과, 주거의 근대화에는 두 가지 분리가 불가결하다고 결론지었다. 그 하나가 '침식 분리'로 먹는 방과 잠자는 방을 나누는 것이 위생상 필수라고 하는 개선안이고 또 하나가 '분리 취침'으로 여러 가지 '어른의 사정'이 있는 어른은 아이와 침실을 나누는 것이 교육적으로도 심리적으로도 좋다는 제안이다.

이를 근대의 밭 '전'자 형식이라고 해야 할 네 공간에 어

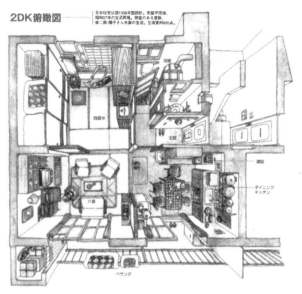

그림 1-15 2DK 조감도

떻게 할당할까가 과제가 되었다. 하나는 현관과 화장실에 할애해야 하고, 남은 세 개에서 두 개의 침실과 하나의 음식 공간을 확보해야만 한다. 이를 위한 궁여지책이 '다이닝 키 친(DK)'이었다. 주지하는 바와 같이 '다이닝 키친'은 일본 에서 만들어진 영어이며, 영어권에서는 '다이닝'과 '키친'은 각각 다른 방이다. 그 두 방을 무리하게 합친 고육지책이– 부동산 광고에 물건이 '○DK'로서 기록되어 있듯이–전후 일본의 표준으로서 정착하게 된 것이다.

고도성장기 전국에서 건설된 공단 주택은 집세가 정책 적으로 낮게 억제되었고 입주 희망자 다수, 배율 수 10배

의 상당한 인기 물건이 되었다. 행운의 당첨자는 기쁨에 신나서 새로운 거처로 이전하고, 그곳에는 '삼종 신기三種の神器'라고 칭하는 전기냉장고·전기세탁기·흑백 텔레비전 등 여러 내구 소비재가 들어와 있어서 동경의 모던라이프를 실현하는 공간이 되었다. 샐러리맨이 된 남편은 기운차게 출근하고 아이도 힘차게 통학하고 전업주부가 된 아내가 그들을 보살핀다. 대가족의 굴레에서 해방된 젊은 핵가족이 단지 생활을 마음껏 예찬했다.

쇼와40년(1965년)대부터 급증한 단독주택의 다테우리建売67) 주택(이쪽도 DK가 기본)은 이러한 라이프 스타일을 더욱 확대시켰다. 택지 개발은 도큐東急 노선의 덴엔초후田園調布나 한큐阪急 노선의 이케다무로마치池田室町 등 직장과 주거를 철도로 연결하는 '전원도시' 구상에 기초를 두고, 다이쇼 시기(1912~1926)부터 착수되었는데 어디까지나 토지 판매가 주안이며, 그것이 다테우리 주택으로 이어진 것은 다이와하우스大和ハウス의 '미젯토하우스Midget House'68)(1959년)와 같이 재료와 공법이 규격화된 프리패브prefabrication 주택의 등장이 있었기에 가능했다. 이쪽도 공단 주택과 마찬가지로 젊은 부부의 인기를 끌고 '새로운 삼종 신기', 혹은

---

67) 업자가 집을 지어 토지와 함께 판매
68) 3시간 정도의 짧은 시간에 조립가능한 초소형 독립 가옥으로 프리패브 주택의 기원으로 알려짐

'3C'라고 일컬어지는 카, 에어컨^{cooler}, 컬러 텔레비전이라는 내구 소비재가 한 단계 위의 도시 생활을 위해 설치된다. 이러한 교외 주택지가 연속해서 확대된 결과, 만원 전철로 도시를 왕래하는 '통근 지옥'이 샐러리맨의 일상이 되었지만, 전후의 서민은 그 '지옥'을 참고 견디며 더욱 단독주택의 주인이 되기를 동경했다. DK양식은 계속해서 전후 일본의 이상이었고, 바로 '근대 가족'을 담아내던 그릇이었던 것이다.

4 변해가는 것과 남아있는 것(현재)

주거의 근대화란 어떤 변화였던가. 그것은 ①'환경'으로부터의 이탈 ②생활=소비 공간화 ③애정 공간화의 세 가지로 정리할 수 있다. 곧 DK양식이라는 균질화된 공간이 전국에서 전개되고 나아가 에어컨이 보급된 결과 우리가 주거의 입지환경을 도외시하게 되었다는 점, 노동이 회사·공장 등으로 외부화한 결과 주거가 생활=소비로 특화한 점, 그리고 노동도 교육도 잃어버린 소비생활의 장으로서 가정이 근대 가족의 젠더 규범에 따른 감정적인 공간이어야 한다고 여겨지기에 이른 점이다.

　단지 이러한 근대화가 같은 질과 속도로 전국에서 전개되었다고 생각하는 것은 성급한 판단이다. 이 문제에 구체

그림 1-16　현존하는 민가(도쿠시마현 미나미초 히와사)

적으로 접근한 것이『곤와 지로「일본의 민가」재방문』[69])이
다. 곤와 지로의 책『일본의 민가』(1922)에 기록된 전국 42
곳의 민가를 지금의 업적과 필드 데이터를 가지고 재방문하
여, 같은 점과 다른 점을 확인함으로써 일본의 주거가 경험
한 백 년 남짓의 변화를 보충하려고 하는 시도이다. 건축,
경관 등의 전문가가 모인 이 공동 조사에 필자도 참가하여
지금의 사적을 찾아다녔다. 그 식견은 실로 흥미로웠다.

　먼저, 거의 변하지 않고 남겨진 민가가 있었다. 도쿠
시마현德島県 미나미초美波町 히와사日和佐에서 기록된 어부
의 집은 담과 화장실 같은 외부 시설이 부가되었지만 거의

---

69) 레키세이회(瀝青会)『곤와 지로「일본의 민가」재방문(今和次郎「日本の民
　　家」再訪)』, 헤이본사(平凡社), 2012

그림 1-17 무너진 민가(사이타마현 지치부시)

그대로의 모습으로 들어서 있었다. 한편 사이타마현埼玉県 지치부시秩父市의 화전 농가는 촌락의 여섯 채 중에서 한 채가 남아있고 모두 무너져 참담한 모습을 드러내고 있었다. 남겨진 한 채는 생활거점을 산기슭 마을로 옮기고 성묘 때에 돌아와서 적당하게 수리하고는 했던 집이었다. 그 외의 집은 모두 주인이 마을을 떠난 후에 무너진 것 같고, 사람이 살지 않게 되어 관리 유지가 이루어지지 않은 일본 가옥의 약점이 인상에 선명하게 남았다.

또 토지의 형태가 영향을 끼치는 유형도 확인되었다. 아이치현愛知県 가마고리시蒲郡市의 제염소는 1959년 이세만伊勢湾 태풍 피해 후에 염전 자체가 매립되고 현재는 경정장 등이 되었지만 그 주변에는 색다르게 좁고 긴 아파트나 주

그림 1-18　좁고 긴 염전 자리에 지은 아파트(아이치현 가마고리시)

차장과 같은 특이한 건물이 눈에 띈다. 이들은 긴네모꼴로 구분된 염전의 소유권이 매립 후에도 계승되어 염전 형태로 현재의 공간 이용이 규정된 것이다. 교토시 안에서 마치야町家(상가) 자리의 좁고 긴 부지에 '펜슬빌딩'[70)]이라고 칭해지는 좁고 긴 빌딩이 세워진 것도 같은 현상이라고 할 수 있다.

　개축되면서도 처음 있던 일부가 남는 예도 있다. 교토시 사쿄구左京区 야세八瀬는 시가지의 동북부에 위치하고 예로부터 도시 안에 땔감, 산나물, 수렵물을 공급한 긴 역사를 자랑하는 근교 농촌이다. 전후에 이 지역에서 단층집을 이층집으로 증축하는 수리가 유행하여 외관은 상당히 바뀌게

---

70) pencil＋building, 일본 조어로 협소한 부지에 세운 좁고 높은 빌딩

그림 1-19　리모델링한 부엌에 남겨진 아궁이

되었다. 그런데 건물 안을 보면 원래의 기둥과 대들보는 그대로 잘 남겨져 있어서 이들을 활용해서 현대적인 생활 공간으로 개조했음을 알 수 있다. 그중에는 오랜 세월 친숙했던 아궁이를 부술 수는 없다고 해서 부엌 마루 한가운데에서 아궁이가 불쑥 얼굴을 내미는 집까지 있었다.

　게다가 일부분도 남지 않았는데 양식이 계승되는 유형도 있었다. 사가현佐賀県 시라이시초白石町의 지쿠고筑後 강하류 지역은 나베시마번鍋島藩 시대에 농가에서 사용 가능한 대들보의 길이를 규제했으므로 제한된 최대 길이의 대들보를 'ㄷ'자형으로 짜서 건물 면적의 최대화를 꾀하는 '구도 즈쿠리クド造り'라는 독특한 양식이 퍼져 갔다. 본래 갈대로 잇던 지붕은 그 후의 보수과정에서 함석을 씌우거나 기와로

그림 1-20 　구도즈쿠리 형식의 투바이포(사가시)

바꾸거나 하면서 현재도 비교적 많은 '구도즈쿠리'가 남아
있다. 그중에는 투바이포 공법의 신축이면서 구도즈쿠리
풍의 지붕을 가진 집까지 있었다. 물건 자체가 완전히 갱신
되었어도 풍토 안에서 배양된 양식이 다른 재료를 사용하여
되풀이된다고 하는 것은 매우 흥미롭다.

　곤와 지로가 타지방을 방문하여 연구 자료를 채집한 때
부터 레키세이회의 재방문까지 대략 백 년 남짓한 기간동안
일본의 주거는 큰 변화가 있었다. 그것은 환경으로부터의
이탈이며, 생활=소비 공간화이며, 애정 공간화였던 것인데,
다른 한편 전통적인 주거가 거의 그대로 남아있거나 전부는
아니라도 일부분이 남아있거나 물건은 변해도 양식은 남아
있거나 하는 현상도 확인되었다.

우리의 주거는 전통적인 집과 현대적인 DK양식을 양극으로 하는 벡터의 사이에서 다양한 변화의 양상을 가지고 있다. 주거가 서민에게 있어서 인생 최대의 쇼핑이라는 점을 생각한다면, 그리 편하게는 고칠 수 없고 특별한 문제가 없는 한 현상을 유지한다고 하는 일종의 보수주의 편향이 작동하는 것도 이유가 없지는 않은 것이다.

현재 우리의 주거는 무수의 난제에 둘러싸여 있다. 빈집의 증가, 한계취락[71]화, 단지의 유령도시화, 자연재해의 다발, 도시부의 주택부족…. 아무튼 주거는 자연의 법칙과 경제 논리의 타협점으로밖에 존재할 수 없다. 거기에 어떠한 '안심'을 끼워 넣을까에 자연과 역사에 기인한 창의적인 발상이 요구된다. 우리의 '앳홈'이 어디에 있을지 그 모색은 끝없이 이어진다.

5 살다 · 설문 초록 : '우리 집의 영적인 장소'

나무 마루와 신불神仏의 관계에서 민가의 역사를 읽어낸 곤와 지로를 따라 영적인 것과 가옥의 관계를 전망해보자. 신불과 그 밖의 인간이 아닌 존재를 상정하는 공간을 '영적인 장소'라고 해 두면 민가에서는 ①가미다나神棚[72]와 부쓰단仏壇(불단) ②불 주변·물 주변 ③현관과 부지 주변 ④야시

---

71) 과소화와 고령화로 공동체 기능 유지가 어려운 마을
72) 신토의 신을 모시는 선반

키가미屋敷神[73])와 같은 장소가 주된 출현 포인트이다.

가미다나와 부쓰단은 전통적인 민가에서도 가장 표준적인 종교 장치였다. 가미다나와 부쓰단은 종종 지붕이 달려 있으므로 신사 건물이나 불상을 모신 사당이 축소된 결과라고 하는 설도 있지만, 서민에게는 부적이나 위패를 모시는 선반이 고급화했다고 하는 경로를 상정하는 쪽이 개연성이 높을 듯하다. 남에게 받은 물건을 부쓰단에 바치기도 하고, 상장이나 성적표를 가미다나에 올려 두거나 하는 경험을 한 사람도 적지 않을 것이다.

> 【가미다나/부쓰단】 우리 집은 나고야시에 있으며, 400년 정도 계속해서 같은 장소에 살고 있습니다. 가미다나와 부쓰단은 둘 다 1층 일본식 다다미방에 놓여 있고, 가미다나는 천장 부근의 북쪽에 달았습니다. 가미다나는 설에 신사에서 받아 온 부적을 교체하고 쌀, 술, 소금, 간장을 작은 접시에 담아 바칩니다. 부쓰단은 조상 대대로를 모시고 있으며, 돌아가셨을 때 이름을 적은 목편木片이 들어 있습니다. 오봉お盆[74])과 설 등 중요한 때에 참배하고, 5~6년에 한 번 업자에게 부탁하여 닦습니다. 바로 며칠 전에 닦아서 반짝반짝해졌습니다.

맨션과 같은 DK양식의 모던한 집에는 부쓰단과 가미다나 공간이 상정되지 않은 경우가 많고 조부모 집에는 있지만

---

73) 가옥 및 부지를 수호하는 신
74) 음력 7월15일에 조상의 영을 기리는 일본의 명절

자기 집에는 없다고 하는 수강생이 많다. 가미다나는 부적을 넣기만 하는 정도로 벽이나 천장에도 설치할 수 있으므로 모던한 공간에도 어울리지만('모던 가미다나'로 이미지를 검색해보면 여러 가지가 나온다), 부쓰단은 위폐, 유골, 불상 등을 넣을 용량이 필요하므로 놓을 장소를 찾는 데 조금 고생스럽다. 그렇지만 위패나 부쓰단은 친족의 불행 등으로 어느 날 갑자기 집으로 찾아온다. 모던한 주거는 태어나 살다가 죽는 가족의 존재를 고려하지 않고 짧은 거주기간에 맞춰져있다는 사실이 새삼스럽게 부각된다.

불가·물가도 전통적인 민가에서 신을 제의해야 할 중요한 지점이다. 이 중에서 우물과 같은 물 주위의 수신水神은 수도 정비로 인해 존재감이 없지만, 불가는 부뚜막이 조리용 난로로 바뀌어도 화재의 위험은 변화가 없기 때문인지 동북 지역의 후루미네신사古峯神社, 간토 중부에서는 아키바사마秋葉様, 간사이 지역에서는 아타고상愛宕さん 등 진화를 위한 부적이 있는 가정은 지금도 많다. 다음은 오키나와의 예.

> 【히누칸ヒヌカン】 나의 본가 오키나와현 자탄초北谷町에서는 부엌·난로 옆에 히누칸(불의 신)을 모시고 있습니다. 향로나 화병·밥공기 등이 놓여 있을 뿐으로 신이 강림할 것 같은 물건은 없습니다. 기원의 목적은 건강이나 일상생활 등 다양합니다. 어릴 때 조모가 히누칸에게 손을 모아 가족의 건강에 대해 말했던 것을 기억하고 있습니다. 제사를 지내는 것

그림 1-21　처마 밑의 갖가지 부적(교토시 사쿄구)

은 여성으로 이전에는 조모가 현재는 모친이 지내고
있습니다.

　현관과 부지 주변, 집과 그 외부와의 경계에도 여러 영적
인 존재가 출현한다. 문에 가도마쓰^{門松75)}, 처마 끝에 시메
나와^{注連縄76)}를 장식하는 것은 설의 일반적인 광경이리라.
부지 주변에는 동북의 귀문^{鬼門}이나 남서쪽 이귀문^{裏鬼門}에
액을 쫓는 남천나무를 심거나 정화를 위해 흰 돌을 두거나
하는 경우가 많다. 교토 시내라면 추녀 위에 쇼키사마^{鍾馗}

75) 정월에 문 앞에 세우는 소나무나 대나무 장식
76) 짚을 굵게 꼬아 만든 줄을 달아 성역을 구별하였고, 또는 새해를 축하하기도
　　함

様[77]), 추녀 아래에 기온마쓰리祇園祭의 지마키粽(공물 떡) 등이 종종 눈에 띈다. 『처마 끝의 민속학』[78]은 각지의 처마 끝을 장식하는 갖가지 부적을 소개한 한 권으로 보고 있는 것만으로 즐거워진다. 다음은 히루젠蒜山의 부적을 장식하는 예.

> 【스이톤スィートン】 오사카 후키다시吹田市의 본가 현관에는 히루젠 지방에서 유명한 괴물 '스이톤粹呑'이 장식되어 있습니다. 스이톤은 사람의 생각을 모두 알고 있어서 만약 나쁜 일을 꾀하거나 다른 사람에게 폐를 끼치거나 한 자는 어디에서인지도 모르게 '스이スィー(획)'하고 나타나 '톤トン(툭)'하고 외발로 서서 금세 찢겨 잡아먹힌다고 옛날부터 전해지고 있으며, 현관에 장식함으로써 수상한 사람 등을 막을 수 있다고 여겨집니다.

이 외에도 여러 대를 이어온 집에서는 부지 내의 마당 등에 야시키가미屋敷神(가옥신)를 모시는 예가 있다. 이전에 이와테현岩手県 오후나토시大船渡市에서 수호불을 모시는 사당이 있으므로 부쓰단이 없다는 집을 방문한 적이 있는데, 그렇게까지 훌륭한 건물이 있는 것은 예외적으로 대부분은 작은 사당이며 물건은 아무것도 없는 예도 있다. 명칭도 지신地神, 이나리稲荷 등 다양하지만, 기능은 대략 집을 지키

---

77) 역병을 퇴치하는 신
78) 노모토 간이치(野本寛一)『처마 끝의 민속학(軒端の民俗学)』, 하쿠스이사(白水社), 1989

는 신이다. 뱀을 집의 수호신으로 삼는 예는 각지에서 널리 보인다. 다음은 이시카와현石川県 가나자와시金沢市의 여우 사례이다.

【우카마쓰리ウカマツリ】매년 섣달그믐날 아침엔 아버지가 여우 어미와 새끼를 위해 집 뒷산에 아부라아게油揚げ79)와 팥밥을 바치러 간다. '우카마쓰리'라고 한다. 정말로 여우 어미와 새끼가 먹고 있는 것인지는 확실하지 않지만 다음날 접시를 가지러 갔을 때는 꼭 깨끗하게 먹어 치운 상태이다. 이 풍습은 우리 집 조상대에 못된 짓만 하는 여우 어미와 새끼가 있어서 매년 섣달그믐날에 밥을 내주는 대신 못된 장난을 그만두기로 약속한 것이 시초였다고 한다. 어느 해 섣달그믐날에 공물을 바치는 것을 잊었을 때는 여우가 집까지 찾아와 재촉했다고 한다.

이처럼 전통적인 민가는 여러 장소에 영적인 존재와의 접점이 있었지만, 모던한 주거에는 그러한 공간이 거의 고려되지 않는다. 그것은 귀신을 모시는 사당과 사교邪教를 배제하는 과학적 합리주의의 귀결이기도 하며, 해당 주거환경이 유지되는 기간이 짧기 때문이기도 하다. 그렇다고 해도 현실 생활에서는 자연재해나 가족의 불행과 같은 사고를 근절시킬 수 없고, 전통과는 다른 양식으로 생활의 평온을 기원하는 아이템을 갖추게 된다. 거실의 수납장과 텔레비전 위(최근에는 얇은 액정화면이므로 그 위에 물건을 놓을 수

---

79) 얇게 썬 유부를 튀긴 음식

없게 되었지만)에 놓인 가족사진 등의 기념품은 부쓰단에 모신 위패나 부모님 사진과 같은 역할을 계승하고 있는 것으로 생각된다. 여행지의 기념품으로 산 엔기모노縁起物[80] 종류도 막연하게 평온을 기원하는 마음을 담은 물건일 것이다. 현대에 영적인 것은 가족이라는 틀을 벗어나 보다 개인적인 것이 되어 있는지도 모른다.

> 【아이돌】 나의 영적 장소는 공부 책상 위이다. 내가 신앙하는 아이돌 히지리카와 마사토聖川真斗님과 관련하여 6년간 수집한 굿즈 중 일부를 세워두고 이들을 바라보고 있자면 내 마음은 안정되고 살아갈 힘을 얻는다. 더불어 라이브 티켓에 당첨되도록 소원을 빌기 위해 신사에서 받은 부적도 있다. 또 중고생 시절 친구나 후배에게 받은 앨범을 나란히 세워놓고 가끔 기운이 없을 때 다시 본다. 이들 존재는 인생에서 나를 크게 지탱해 주었으므로 나에게는 종교적인 것과 비슷한 감정을 느끼게 한다. (오사카시)

주거가 단지 물리적으로 비바람을 막아주는 이상의 '앳홈'인 장소의 기능을 하려면 인간 세상의 부조리·불합리를 막아낼 장치가 필요할 것이다. 그것이 전통적인지 현대적인지는 따지지 않지만.

---

80) 재수를 비는 물건

우선 후지모리 데루노부의 『인류와 건축의 역사』[81]를 추천하고 싶다. 동서고금의 건축과 마주했던 저자는 독특한 구상을 고작 200페이지 분량의 주니어용 신서로 응축시켰다. 시작점(원초의 수혈식竪穴式 주거)과 종점(20세기 모더니즘 건축)으로 통일성이 있으며, 그 중간에 다양성이 존재한다고 하는 '종이로 싸서 비튼 알사탕' 모델은 전망이 뛰어난 훌륭한 인류의 건축역사이다. 개개의 건물 디테일에 밀착한 '건축 탐정' 시리즈도 함께 읽기를 바란다. 세계의 주거에 대해서는 『세계 각지의 유쾌한 집 탐방』[82]도 재미있는 한 권. 사진가인 저자는 오대주를 다니며 나무집, 흙집, 돌집, 각지의 풍토에 뿌리내린 주거의 독자적인 모습을 선명한 사진으로 담았다. 그림책 '신기함이 가득한たくさんのふしぎ' 시리즈에는 그 밖에도 흥미로운 제목이 많고, 아동용이라고 하기에는 아깝다. 일본의 전통적인 주거에 대해서는 『주거 민속사전』[83]이 최신 연구성과를 콤팩트하게 조감할 수 있

---

81) 후지모리 데루노부(藤森照信)『인류와 건축의 역사(人類と建築の歴史)』, 지쿠마프리마신서(ちくまプリマー新書), 2005

82) 고마쓰 요시오(小松義夫) 글·사진, 니시야마 아키라(西山晶) 그림『세계 각지의 유쾌한 집 탐방(世界あちこちゆかいいな家めぐり)』, 후쿠인칸서점(福音館書店), 2004

83) 모리 다카오(森隆男) 편저『주거 민속사전(すまいの民俗事典)』, 슈후샤(柊風舎), 2019

다. 『사진으로 보는 민가 대사전』[84]도 역시 편리한 한 권. 민가 연구는 민속학뿐 아니라 건축학, 지리학, 역사학, 가정학 등과도 연관된 복합적인 필드이며 다른 분야를 시야에 넣는 일도 빠트릴 수 없다. 그 점에서 관련 분야를 종합하는 일본민속건축학회는 의의가 있다.

전후의 단지에 대해서는 아오키 도시야의 『단지 2DK 생활』[85]이 상세하다. 저자는 박물관 학예사로서 일본주택공단이 처음 건설한 시기의 단지 중 하나인 지바현千葉県 마쓰도시松戸市 도키와다이라단지常盤平団地의 상설 전시에 힘을 쓰며 당시의 단지 생활을 재현했다. 그 성과를 쉽게 정리한 이 책은 많은 도판·사진을 함께 실으면서 고도성장기의 단지 주거를 생생하게 그려내고 있다.

마지막으로 미래의 주거를 생각하는 단서로서 호리베 야스시의 『주거의 기본을 생각하다』[86]를 들어두자. 공업화·획일화되어 풍토와의 관계를 잃어버린 전후 일본 주거의 한계를 느낀 저자는 자연에 열려있으면서 현대적 라이프 스타일과도 조화를 이루어야 하는 '베이직 하우스'를 설계 시공한다. 주거는 '사람의 오감 전부가 실체로서 집약되어

---

84) 일본민속건축학회(日本民俗建築学会) 편저 『사진으로 보는 민가 대사전(写真でみる民家大事典)』, 가시와쇼보(柏書房), 2005

85) 아오키 도시야(青木俊也) 『단지 2DK 생활-재현·쇼와30년대(団地2DKの暮らし-再現·昭和三〇年代)』, 가와데쇼보신사(河出書房新社), 2001

86) 호리베 야스시(堀部安嗣) 『주거의 기본을 생각하다(住まいの基本を考える)』, 신초사(新潮社), 2019

있으며 사람의 기억을 머물게 하고, 그리고 불러일으키는 능력이 매우 높은' 공간이며 그러므로 더욱 '바꾸어야 할 것'과 '바꾸지 않아도 좋은 것'의 분별이 매우 중요하다고 한다. 저자의 도전이 새로운 '앳홈'을 개척할 것을 기대한다.

칼럼② '지금·여기·나'에서부터 '걷다·보다·듣다'로

현지 조사는 문과에서도 이과에서도 이루어지며, 그 실태는 학문 분야에 따라 천차만별이다. 가령 고전적인 민족학(문화인류학)이라면, 대륙의 오지나 육지에서 멀리 떨어져 있는 바다의 고도孤島로 가서 현지어를 습득한 후에 최소 1년 이상 '이문화' 생활을 차분히 참여 관찰하는 것이 표준이라고 일컬어졌다.

민속학은 어떠한가? '지금·여기·나'로부터 출발할 수 있는 것이 민속학이며 자기 자신의 일상 관찰이 그대로 학문의 첫걸음이 된다. 그렇다고 해도 거기서부터 나 이외, 내 가족 이외, 내가 사는 곳 이외...로 대상을 순차 확대하여 견문을 넓히는 일은 당연히 요구된다. '탐방'이라고 불리는 작업–방문하여 채집하는–이 그것이다. 더욱 알기 쉽게 말해서 '걷다·보다·듣다'라고 해도 좋다.

원래 '걷다·보다·듣다'는 우리들의 하루하루에 불가결한 생활의 실천이기도 하다. 그 일상적 능력을 조금씩 궁리해나가면 보다 고도의 분석과 사색에 도움이 되는 학문적 작법으로 단련할 수 있다. 그러므로 처음에는 일상적 동작에 대한 소소한 축적부터 시작하여 차차 트레이닝의 부담을 증가시켜 가면 좋다. 예를 들어 통근 통학으로 매일 다니는 길도 의식적으로 코스나 시간을 조금 바꿈으로써 보통 때와는 다소 다른 모습을 관찰할 수 있을 것이다. 신선한 발견이 기다리고 있으므로 한눈파는 것도 좋다.

걷기–걸으면서 오감을 총동원하여 공간을 느끼기–는 세상을 알기 위한 첫걸음이면서 비법으로, 주의해야 할 포인트는 무수히 많을 것으로 생각하지만 이 부분은 최소로 두 가지만 들어 두자.

하나는 지도 보기. 자신이 오감으로 체험하고 있는 공간이 어떤 공간인지 그때그때 체감과는 다른 겹겹이 쌓인 정보를 확인해 두면, 경험의 정리와 훗날의 참조에 도움이 된다. 그러므로 지명이라는 꼬리표의 확인이 중요. 근래에는 누구나가 스마트폰으로 GPS 기능을 사용할 수 있으므로 지도의 참조는 극히 간단한 일이 되었지만 수동적 이용에 그치지 말고 애플리케이션 선택을 포함하여 적극적으로 생각해보았으면 한다. 지질도^{地質図}나 역사 지도라고 하는 특수한 영역의 참조도 경험의 입체화에 유효할 것이다('지리원지도^{地理院地図}'나 '곤쟈쿠맵^{今昔マップ}' 등 인터넷에서 열람 가능한 것이 많다).

또 한 가지는 기록하기. 걸으면서 마주친 발견을 사정이 허락하는 범위에서 기록으로 담아 두면 훗날의 참조 비교에 도움이 된다. 사진, 녹음, 메모 등 무엇이라도 좋다. 이것도 스마트폰이 강력한 수단이며 이동 경로와 그 밖의 정보를 기록하는 전용 애플리케이션까지 있지만, 다른 한편 종이와

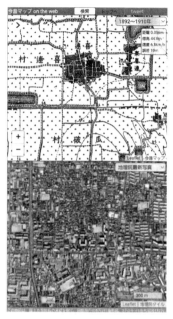

그림 1-22　곤쟈쿠맵. 메이지 시대에는 주변에 호濠가 둘러진 거주지였던 오사카시의 주변이 도시화하였음을 알 수 있다.

필기구에 의한 메모, 스케치 등의 범용성도 얕볼 수 없다. 이러한 기록을 후일에 참조함으로써 걷기의 즐거움은 두 배, 세 배도 될 것이다.

여하튼 지속은 힘이다. 계속해서 걷기가 중요하므로 무리 없이 즐길 수 있는 범위에서 생각해보길 바란다.

제2장

생업 전략

I 일하다 【생산·생업】

1 세상은 '누군가의 일'로 만들어졌다(원론)

'일하다'라는 말을 다시 생각하면 어떤 사실에 몹시 놀란다. 우리는 셀 수 없을 만큼의 '일'에 둘러싸여서 살고 있다. 지금 있는 장소, 몸에 걸친 의복, 오늘의 식사 그 모든 것에 하나부터 열까지 스스로 준비할 수 있는 것은 전혀 없다고 해도 좋다. 반드시 누군가가 만들고, 운반하고, 중개한 물건이고 무한이라고 해도 좋을 연쇄의 결과로서 우리가 지금 사용하고 있는 물건과 서비스가 있다. 외딴 산중이나 외딴 섬에서 홀로 살아가는 것이 아닌 한 우리가 손으로 만지고 눈으로 보는 세상은 무수한 '누군가'의 무수한 '일'로 이어져 있다.

제4회 개정 후생노동성편厚生労働省編 직업분류는 약 1만 7천 가지 직종을 꼽고 있다. 이것만으로도 충분하게 많지만 실태는 더욱 방대할 것이다. 그 직종은 대략 제1차산업(농림수산업)/제2차산업(광공업)/제3차산업(서비스업) 분야로 나뉘며, 수렵채집hunter & gatherer →농경목축agriculture & farming →기계공업industry →정보산업informatics 이라고 하는 산업발전사에 중첩시키는 것도 가능하다.

또한 일하는 주체 쪽에서 보면 본업/부업, 육체노동/두뇌노동, 숙련노동/비숙련노동과 같은 구분도 할 수 있다. 어느 쪽이든 사람은 생계를 유지하기 위해('생업ˢᵘᵇˢⁱˢᵗᵉⁿᶜᵉ'), '자연'에 작용하여 물건이나 서비스를 획득하는 일('생산ᵖʳᵒᵈᵘᶜᵗⁱᵒⁿ')을 피해 갈 수는 없다. 그것이 시간과 품이 드는 행위이기에 '일ʷᵒʳᵏ'이나 '노동ˡᵃᵇᵒʳ'이라고 불리는 것이다.

각각의 직종도 세상 따라 사람 따라 변해간다. 예컨대 여성 잠수어부인 해녀는 예부터 계속된 전통 어법의 하나로 일본보다 북쪽에서는 조업이 불가능한데, 단순한 체력 승부의 육체노동은 아니다. 북방전복이라는 고급 식자재를 포획하기 위해서는 해저 생태에 관한 해박한 지식과 어획물이 상하지 않게 하는 신중한 포획 기술이 불가결하다. 결과적으로 젊고 체력이 있는 것만으로는 불충분하며 해녀는 경험을 쌓은 30~40대에 벌이의 절정을 맞이한다고 한다(개인 어업이므로 자기 방식대로 일이 가능하며 70~80대 해녀도 적지 않다).

이러한 해녀 어업이 잠수복의 보급과 냉동 수송의 발달로 급변하는 것은 당연하지만 그 외에 해녀에게서 흥행적인 가치가 보이면 다른 차원의 일로 전환한다. 쇼와 30년대에 도쿄에서 가까운 태평양 연안에는 해녀를 촬영하려는 사진 애호가가 몰려와서 휴일에는 '급행 카메라 호'가 운행된다. 해녀는 어업은 뒷전으로 하고 피사체로서의 자세를 요구받게 되고 어획기와 관계없는 한겨울에 촬영하는 일도 있었다. 료칸旅館의 연회에 초대되어 노래와 춤을 보여주는

'게이샤芸者 해녀'에 이르게 되면 이미 어업도 뭐도 아니다.

일은 무수하며 각각의 일은 시대와 사회에 대한 대응이 불가피하다. 그 상태를 정확하게 재고하려고 할 때 ①취급하는 것이 생물인가, 사물인가, 사람인가, 정보인가라고 하는 일의 '대상' ②그들을 취급하기 위해 요구되는 '기능' ③함께 작업하는 상대방과 동등한 관계인가, 상하관계인가, 이 둘의 조합인가 하는 일을 둘러싼 '사회관계' ④수확과 임금이라는 '보수' 등 여러 관련성을 감안하는 것이 중요하다.

가령 개인 단위의 조업이 가능하며 매일 다른 어장과 조어법을 시험할 수 있는 어민에게서 혁신적·개인주의적 경향을 볼 수 있는데, 이와 비교해서 모내기, 벼 베기, 물의 이용 등으로 집단 작업을 필수로 하고 1년이라는 기간으로 작업해야만 하는 농민에게서는 보수적·집단주의적 경향을 볼 수 있다고 한다. 세심한 관찰을 하면 다양한 변화가 발견되는 것은 당연하지만 '일하다'라는 행위가 우리의 생활에, 결국은 우리 한 사람 한 사람의 삶에서 큰 비중을 차지하는 것을 인정하지 않을 수 없을 것이다.

세계는 '누군가의 일'로 만들어지고 우리의 생활도 그 안에 있다. 그것은 단순하지만 엄연한 사실이다.

2 속도라는 사명(기능의 획득)

기능을 익히지 않으면 일은 시작되지 않는다. 여기서는 그 원리적 문제를 필자가 '체득'한 다소 기발하지만 그렇다고 해서 그다지 돋보이는 것도 아닌 '기능'-학생 식당의 '접시닦이'-을 중심으로 생각해 본다.

1학년 가을이었다. 입학 이래 반년쯤 학생에게 있어서 가장 효율이 좋은 직종인 가정교사 일을 계속해서 찾고 있었는데 쓸어버릴 만큼 많은 학생이 밀집하는 '대학가' 교토에서 그 일자리가 얻어걸리기 위해서는 친척이나 선배의 소개와 같이 독자적인 연줄을 가져야 한다는 사실을 뒤늦게나마 깨달았다. '몸을 던져 돈을 벌 수밖에 없다'. 그 결의와 함께 중앙식당의 문을 두드렸다.

교토대학 생협 중앙식당은 공학부 8호관(현재 총합연구 8호관) 지하 1층을 차지하는 전국 굴지의 맘모스 학생 식당이다. 판매수는 많은 날은 5천 명분, 점심 피크 시에는 1시간 1천 명분이 신속하게 팔린다고 하는 무시무시함, 스태프의 일도 당연히 장난 아니다. 접시닦이에 관해서 말하면 먹고 난 식기는 반환창구에서 쟁반에 담긴 채로 컨베이어 벨트에 올려져 주방 세척 코너에 도착하며, 거기서 쓰레기와 잔반을 버리고 종류별로 나뉘어 세정기로 세정된다고 써버리면 극히 단순한 듯하지만 이 작업을 더없이 특이한 것으로 만드는 것이 거대 세정기였다.

육상경기의 트랙 모양을 한 코스 위에 식기를 얹은 레일이 회전 초밥처럼 돌고 위아래에서 세제가 섞인 더운물을 분사하여 더러움을 씻어내는 거대 세정기이다. 듣자 하니 일본에서 2대 밖에 없는 귀한 것이라고 한다. 순진했던 필자가 '전국에서 오직 2대라니 굉장하네'라고 감탄하자 오래 근무했던 직원이 '바보야, 전국에서 오직 2대밖에 팔리지 않았다는 거지'라고 즉시 반론했다.

아무튼 이 기묘한 거대 세정기에 식기를 넣는 일이 주방 최대의 주안점이며 그것을 위해 작업은 분담된다. 식기를 분별하는 '맨 앞줄', 식기를 세정기에 넣는 사람, 세정기에서 빼는 사람 그리고 포지션이 정해지지 않고 임기응변으로 움직이는 두 사람 등 작업은 다섯 명이 한 팀을 이루어 진행했다. 그것은 산업 문명을 야유한 영화 『모던 타임즈』(1936)에서의 채플린처럼 컨베이어벨트와 거대 세정기 틈새에서 무섭게 밀려오는 식기와 격투하는 일이었다.

에이스 포지션 '맨 앞줄'의 기능에 대해 말해 보려고 한다. 컨베이어에 실린 쟁반은 오른쪽에서 왼쪽으로 돌아간다. 쟁반을 반환하는 이용자에게 있어서 답답하기 짝이 없는 그 속도도 이를 처리하는 측에서는 결코 만만찮다. 쟁반이 자신의 앞을 통과하는 대략 수 초 사이에 타는 쓰레기는 전방의 휴지통에, 안타는 쓰레기는 컨베이어 바로 앞의 흐

그림 2-1　접시닦이(맨 앞줄)

르는 수조에, 수저·젓가락류는 우측 바구니에, 그 외의 식기는 좌측 쟁반 또는 가동 싱크대에, 더러움이 심한 식기는 우측의 더운물을 담은 가동 싱크대로 각각 분별하는 일이 '맨 앞줄'의 역할이다. 보통 초심자는 쟁반이 5개나 이어지면 속도에 밀려버리지만 피크 시에는 백 개 이상 이어지는 일도 있다.

속도를 이겨내기 위해서는 '동작의 경제성'이 필요하다. 우선 식기의 더러움은 세정기가 씻어 없앨 수 있을 정도면 충분하므로 완벽하게 씻을 필요는 없다. 씻을 필요가 있는 것도 가능한 적은 동작으로 씻어낸다. 또 찻잔이나 젓가락은 하나씩 정해진 위치에 나르기보다도 몇 개씩 모아서 나르는 편이 결과적으로 손을 움직이는 거리는 단축되므로 속도가 올라간다. 아이템 조합을 많이 찾아낼 수 있다면

그림 2-2　접시닦이(받기)

그만큼 시간은 단축된다. 이를 위해 공간적 배치의 감각적
인 파악이 불가결하다. 노 룩 패스^{no look pass}와 같이 일일이
손을 보지 않아도 소정의 물건을 정해진 위치로 나를 수 있
으면 그에 상당하는 만큼 손을 보기 위한 시선이나 자세의
이동을 생략할 수 있다. 요컨대 어떤 아이템을 어떻게 처
치하고 어느 방향으로 나르는가를 빨리 판단할수록 속도도
올라간다.

　이렇게 써버리면 지극히 간단해 보일지도 모르지만 실
제로 제 구실을 할 수 있게 되기까지는 수개월이 걸린다.
그 과정에서 '탈락자'도 적지않게 생긴다. 기능의 획득에
영향을 미치는 요인은 무엇일까? '경험 쌓기'라고 말해버리
면 그만이지만 무리라는 것을 알면서도 언어화를 시도하면

이하의 요인을 지적할 수 있다.

먼저 중요한 것은 주변의 교육적 배려이다. 주방의 세척 담당 구성원의 교육열이 높다. 왜냐하면 구성원 한 명의 기술 부족은 다른 구성원의 일감 늘리기로 이어진다. 그러한 사태를 피하기 위한 신입 교육에 여념이 없다. 그렇기는 하지만 그 방법도 소극적인 것에서부터 적극적인 것까지 다양하다.

소극적 방법으로는 '돕지 않는다'를 들 수 있다. 신입이 패닉에 빠져도 다소간의 일이라면 주변에서는 그것을 묵인하는 경우가 많다. 기능뿐 아니라 '자력으로 어떻게든 한다'라는 기술 획득의 전제가 될 각오를 다질 수 있도록 하기 위함이다. 단기적으로는 신입을 돕는 쪽이 실패의 '뒤처리'라는 작업이 없어지므로 일은 줄지만, 그렇게 해서는 언제까지도 한사람 몫을 할 수 없다. '뒤처리'라는 작업이 늘어나는 것을 참으면서 신입의 성장을 지켜보는 것이다.

적극적 방법으로는 말에 의한 개입을 들 수 있는데 여기에는 몇 가지 종류가 있다. 우선 기능을 구체적으로 설명하기. '젓가락이나 찻잔은 한꺼번에'라든가 '손이 아니고 앞을 봐라'와 같은 유의점을 지시한다. 또 '조급해하며 할 수 있는 일은 조급해하는 일뿐이다'라고 마음가짐을 설명하는 예도 있다. 그리고 중요한 것이 평가하는 말이다. 신입은 무난하게 해내면 '좋아 그렇게!'라고 칭찬받고 어려움이 있으면 '조금만 더 힘내라!'라는 격려를 받는다. 대략을 말하자면 신입은 칭찬해서 끌어올리고 어느 정도 숙달한 사람은 깎아내려 자만심을 미리 단속하는 전략이다. 스스로는 매우 숙달했다고 생각하고 있을 즈음에 선배로부터 '너 느리잖아!'라고 지적당해서 화가 치밀었던 기억이 있지만 결과적으로는 한층 더 연습하게 된 동기가 되었다고 생각한다. 감쪽같이 속았다.

이처럼 이 방법 저 방법을 써서 신입의 교육을 위해 노력하는 셈인데 기능 획득의 여부는 최종적으로 신입 당사자에게 달려있다. 왜냐하면 선배들의 말이나 동작이나 태도에 따라 여러 '시작'이 있으며 그 '시작'을 살리기 위해서는 신입 스스로가 자신의 몸에 맞게 최적화 할 필요가 있기 때문이다. 언어적 설명은 일반화하는 경향이 있어서 개개인의 몸에 맞는 개별적 조건과는 별개이다. 결국 기능이란 주변에 의해 주어진 상황에 당사자가 어떻게 응답하는가에 달려있는 것이다.

여기서 주방 세척 코너의 가장 '비상식'적인 상황에 대해 언급해 두자. 그것은 '식기는 깨도 상관없다'라는 점이다. 생활협동조합 식당의 식기는 강도와 내구성이 높은 합성수지로 만들어진 것으로 겉보기에 싸구려 같아도 그 정도로 싸지는 않다. 일이 바빠지면 떨어트린 정도로는 쉽게 깨지지 않는 이 식기도 가끔은 깨지는 일이 있다. 그럴 때

신입은 '혼날지도'라고 생각하여 일순간 주눅이 들지만 주위에서 비난하지 않고 '다치지 않았니?'라며 신입을 걱정하는 것이다. 상처가 없으면 깨진 식기의 뒤처리도 하는 둥 마는 둥 바로 무섭게 밀려오는 식기와의 격투가 재개된다. 속도가 생명이고 식기 하나둘 깨진다 해도 큰일은 아니다. '속도라는 사명'을 짊어진 이 주방의 세척 코너에서 신입은 거친지는 모르겠으나 속도만큼은 뛰어난 기량을 익혀가는 것이다.

3 일을 유희하다(기능의 혁신)

사실 이제까지의 설명은 기능 획득의 과정을 '비역사적'으로 일반화하고 있는 것이고 실제 주방 세척 코너에서는 필자가 일했던 4년 동안에도 갖가지 '기술 혁신'이 이루어졌다.

요인은 여러 가지 있다. 메뉴의 변화는 식기의 종류와 더러워지는 상태에 변화를 주므로 가장 큰 요소이다. 설비의 악화도 중요해서 보일러 온도 저하나 세정기 성능 약화는 세정 상태에 즉각적인 영향을 주므로 구성원들을 성가시게 했다. 그리고 빠트릴 수 없는 것은 구성원의 변화이다. 세척 코너는 파트타임 아주머니 한 사람에 아르바이트 학생 네 명까지 다섯 명으로 구성되어 있었다. 최장 4년만에 교체되는 아르바이트 학생에 비교해서 파트타임 아주머니의 재직 연수는 압도적으로 길기 때문에 말하자면 '정신적 지주'라고 할 수 있는 존재였다. 그런 아주머니가 퇴직하게 되어 한순간 장래가 불안해졌다. 아르바이트 학생만으로 일을 돌릴 수 있을까? 하지만 한동안 해 보니 별일 없었고 오히려 순조롭게 돌아가는 것이 판명되었다. 아주머니는 태도에 비해 일은 하고 있지 않았던 셈이다!

연장자가 빠진 것은 아르바이트 학생에게 일종의 해방감을 안겨주었다. 그 결과 '놀이'가 생겨났다. 예를 들어 세정기에 식기를 넣는 일과 받는 일. 이들은 컨베이어에서 돌아가는 식기와 대치하는 '맨 앞줄'과 같이 랜덤으로 대응할 필요는 없지만, 그래도 회전 속도에 밀리지 않도록 식기를 세팅하고 그것을 집어 들기 위해서는 상응하는 연습이 필요하다. 넣는 쪽은 왼손으로 식기를 꽉 쥐고 오른손으로 세팅하는 것이 기본이지만, 이때 왼손으로 식기를 꽉 쥐는 것에서 그치지 않고 식기 하나하나를 분류하여 오른손으로 전달하는 일이 속도 향상을 위한 요점이다. 받는 쪽도 역시 속도에 뒤처지지 않도록 식기를 집어 들 필요가 있는데 이는 섬세한 리듬과 균형을 요구하는 기술적인 작업이다.

이러한 작업은 원래 일종의 게임과 같은 성격을 띠고 있지만 아르바이트 학생의 해방감은 이를 더욱 가속시켰다. 식기를 모아 모양을 그리는 둥 전혀 필요 없는 놀이가 시작된 것이다. 정확하게 말해서 필요없을 뿐 아니라 오히려 역효과이다. 놀이를 위해 넣는 측과 받는 측의 쌍방이 쓸

데없는 수고를 들이게 되었다. 그렇다고 하더라도 단순한 '놀이'도 아니다. '놀이'를 더해도 세정기의 속도에 밀리지 않는다고 하는 자신의 기능에 자부심을 지니는 자에게만 허용되는 '놀이'이며 동시에 받는 쪽도 그 정도로는 지장을 초래하지 않는다는 상대의 기능에 대한 신뢰를 전제로 한 '놀이'인 것이다. 마지막에는 일부러 받는 쪽이 곤란해질 배열을 생각하는 정도까지 '놀이'는 심해졌다. 되풀이하지만 이는 받는 쪽이 무엇이 약점인지 기능의 이해 없이는 성립할 수 없는 놀이이다. 그 결과 상대의 기능에 대한 신뢰는 확실하게 깊어진다.

이러한 '놀이'가 '기술 혁신'으로 이어지는 일도 있다. 그때까지 1열당 접시 4장이 표준이었던 데에서 7장으로 늘었다는 점이다. 단순하게 생각하면 속도가 1.75배 빨라졌다. 속도를 경쟁하는 '놀이'가 새로운 기준으로 정착하고 결과적으로 처리 속도가 실제로 향상된 셈이다.

세척 코너 안은 이용자의 눈에 보이지 않으므로 갖가지 '놀이'가 가능해졌다. 그리고 그 '놀이'에 참가하기 위해서 기능은 더욱 연마되어 구성원끼리 기능과 퍼포먼스에 대한 신뢰가 생기게 되었다. 솜씨가 뛰어난 구성원이 모였을 때는 의기양양해져서 실제로 일이 빠르게 돌아간 후에는 독특한 고양감에 휩싸였다.

고작 접시 닦는 일에 왜 그렇게까지나 긴장감이 높아

졌던 것일까하고 이제와서 생각한다. 시급 600엔대 초반. 당시로도 박봉임이 틀림없었던 이 아르바이트를 하면서 무슨 이유로 그만큼 어렵고 동시에 높은 수준의 일을 했던 것일까? 감쪽같이 '자본'에 '길들어졌던' 것뿐만은 아닐까! 그렇지만 그 때 확실히 긴장이 고조되어 있었다. 나와 같이 고조되어 있었던 구성원의 한 명이 다음과 같은 말을 했다. "놀이로 일을 해서는 안 된다. 그래도 일을 놀이로 삼는 것은 상관없다".

추억담은 이 정도로 하고 기능 획득에 대해서 정리해 보자.

처음에 들 수 있는 것은 인간관계의 중요성이다. 곰곰이 생각하면 당연한 말이지만 우리는 단 한 사람이 기능을 창조하고 발전시키는 일은 거의 없다. 기능 획득을 위한 특정한 국면에서 혼자만이 연습에 열중하는 일은 있을 수 있지만, 과정을 전체적으로 바라본다면 반드시 어디에선가 중요한 '타자'의 관여가 있을 터이다. '신체기법techniques du corps'의 개념을 제창한 마르셀 모스(1872~1950)는 '위광모방imitation prestigieuse'이라는 개념으로 기능 획득에서 '타자'의 중요성을 지적하고 있다. 사람은 스스로 '위광威光'이 있는 어떤 중요한 '타자'가 무엇인가 기술에 성공하는 것을 눈으로 보았을 때 처음으로 그 기술 획득의 동기부여가 된다고 하는 것이다[1].

또 말도 중요하다. 기능 획득에서 의도적으로 애매한 비유가 회자되는 경우가 있다. 그 구체적인 지시 내용이 빠진 말은 오히려 학습자의 주체적인 반성을 재촉하고 학습자의 동기를 높이는 기능을 가진다고 교육학자인 이쿠타 구미코는 지적한다(이쿠타의 표현으로는 '기술 언어わざ言語')[2]. 기능과 말을 둘러싼 만만찮은 관계를 생각할 때 주목할 지점이다.

마지막으로 잊어서는 안 되는 것은 환경이다. 보통 '기능'을 생각할 때 실천자의 신체에 내재하는 것이라고 연상하는데 그것이 틀리지는 않지만 사태의 반만 설명하고 있다. 기능이란 '몸으로 익힌 것'이지만 '몸'만으로는 발휘되지 않기 때문이다. 기능은 '몸'과 함께 '환경'에도 속한 것이다.

인지과학을 연구하는 진 라브와 에티엔 벵거는 '실천공동체community of practice'라는 개념을 이용하여 이를 논의하고 있다[3]. 기능이란 학교 교육과 같이 교사로부터 학생에게 일방적으로 전달되는 것이 아니라 오히려 도제제도처럼 특

---

1) 마르셀 모스(Marcel Mauss), 「신체기법(身体技法)」, 『사회학과 인류학 II (社会学と人類学 II)』, 아리치 도오루(有地亨) 외 번역, 고분토(弘文堂), 1976

2) 이쿠타 구미코(生田久美子)『'기술'로 알다(「わざ」から知る)』, 도쿄대학출판회(東京大学出版会), 2007

3) 진 라브(Jean Lave) & 에티엔 벵거(Etienne Wenger), *Situated Learning: Legitimate Peripheral Participation*, 1991 /『상황에 심어진 학습–정통적 주변 참가(状況に埋め込まれた学習–正統的周辺参加)』, 사에키 유타카(佐伯胖) 번역, 산업도서(産業図書), 1993

정 목표를 향한 공동작업을 통해서 상황적으로 획득되는 것이며 그 '장소'에서의 모든 준비와 인간관계라는 환경과 밀접하게 연관되어 있다.

정리하자면 기능이란 실천자의 몸이 주위의 인적·물적 환경에 호응할 때 비로소 성립하는 극히 상황적·문맥적· 상호 작용과 다르지 않다. 그리고 '일하다'라는 말의 '반'은 이러한 기능 획득과 혁신의 연속인 것이다.

4 '블랙'에 맞서기 위해(현재)

'일하다'의 '절반'은 기능 획득과 혁신이라고 말했지만 또 다른 '절반'은 무엇인가 하면 몸으로 익힌 기능이며 적정한 '보수'를 받는 일이다. 이것이 의외로 어렵다. 수렵채집과 농경, 목축이라는 자급 경제라면 생산물을 그대로 생활에 이용할 수 있지만(그렇기는 하지만 모든 것을 만족시키기는 어렵다), 유통 경제가 기본이 되고 임금노동이 일반화하면 스스로 능력을 금전과 교환하는 일이 필수적이다. 일을 시 키는 쪽이자 노동을 사는 쪽에서도 능력을 적확하게 평가 하여 온당한 대가를 지불하기가 상당히 어렵다.

소위 '일본적 고용'도 그것을 위한 하나의 방책이었다[4]. 일단 회사에 들어가면 어지간한 실패가 없는 한 정년까지

---

4) 이와이 가쓰히토(岩井克人)『회사 앞으로 어떻게 될 것인가(会社はこれか らどうなるのか)』, 헤이본사(平凡社), 2003/한국어판 김영철 역, 일빛, 2004

근무할 수 있도록 보장되는 종신고용과 임금과 직위는 느리지만 결국 올라간다고 하는 연공서열의 두 가지 원칙이 전후 일본에서 대기업을 중심으로 채용되어 근무/고용 방법의 기준으로서 널리 이념화하였다. 지금에 와서 돌이켜보면 경제가 점점 좋아지고 향상하는 고도성장기였기에 가능했던 전략이지만, 한 사람 한 사람의 성과를 엄밀하게 평가하는 곤란함을 감안한다면 노동자의 근무를 근속연수에 따라 평균화하는 방법은 일하는 쪽에 안정과 안심을 주고 기업과의 일체감을 끌어내는 데 있어서 어느 정도 장점이 있었던 것은 사실일 것이다.

하지만 '글로벌화'가 그것을 무너뜨린다. 교통·통신 기술의 발달에 따른 시공간의 압축은 여러 가지 국면에서 물건과 서비스를 둘러싼 가격 파괴를 야기하고 고용도 그 예외는 아니었다. 노동시장의 자유화이다. '일본적 고용'을 배경으로 한 '열심히 하면 어떻게든 된다'라는 '모두가 중류' 환상은 맥없이 사라졌다[5].

대신해서 등장한 것이 '블랙'이다[6]. 기업이 고용을 조정할 때 노동자의 '자주적 퇴직(희망퇴직)'을 위장하는 것과

---

5) 겐다 유지(玄田有史)『직장에서의 막연한 불안감–흔들리는 젊은이의 현재(仕事のなかの曖昧な不安–揺れる若年の現在)』, 주코문고(中公文庫), 2005

6) 곤노 하루키(今野晴貴)『블랙 기업–일본을 먹어 치우는 괴물(ブラック企業–日本を食いつぶす妖怪)』, 분슌신서(文春新書), 2012/한국어판 이용택 역, RSG, 2013

같은 법이 허용하는 한계까지 기업 이익을 최대화하는 이런 저런 방법이 '개발'되어 '시행'되었다. 그 추세는 모든 직업에 영향을 미쳐 이미 성역은 어디에도 없다. 자금면에서도 정보면에서도 압도적인 힘을 갖는 기업에 대해 개개의 노동자가 맞서는 일은 보통 어려운 것이 아니다. 노동기준법과 같은 노동법규의 기본지식은 일하는 사람 모두가 배워야 할 기초교양이 되었다고 해도 좋을 것이다.

하여간 일에 의해 양식을 얻는 일을 멈출 수도 없는 것이 대다수 노동자이다. 그래서 어떻게 된 걸까? 처음부터 만능 답은 없다. 우선 자신이 하고 싶은 일, 할 수 있는 일, 그리고 세상이 요구하고 있는 일의 삼자의 교점을 포기하지 말고 찾아가는 방법밖에는 없다. '본체'를 바르게 인식할 수 있다면 교환 상대나 시세를 오인할 위험도 줄어들 것이다.

우리는 능력을 그리고, 능력을 파는 방법을 계속해서 길러 나가야 한다. 그것이 '블랙'에 맞서는 유일한 방도이다.

5 일하다 · 설문 초록 : '마이 베스트 테크닉'

마이 베스트 테크닉－자신이 몸으로 익힌 능력 중에서 가장 고도의 능력은 무엇인가, 그 능력을 어떻게 익힌 것인가－이라는 질문을 하면, 정말로 다양한 답이 돌아온다. 그것이 고도의 능력이라면 유용·무용은 따지지 않겠다고 하자 '오른손으로 오줌, 왼손으로 똥'이라는 식의 참으로 하찮은 답변도 돌아온다. 그 하찮은 답변도 즐겁지만 어찌되었든 사람이 몸으로 익힌 능력의 방대함은 우리의 일상이 무한하다고 할만한 다양한 신체적 기법으로 구성되어 있다는 것을 새삼 상기시켜준다.

우선은 달리거나 날거나 하는 간단한 신체 능력. 이동에 관해서는 시간 단축이나 북적임의 회피와 같은 궁리를 볼 수 있었으며, 또 차 안에서 조는 것도 매우 바쁜 현대인의 유용한 기술로 정착하였다. 다음은 전철에 늦지 않기 위한 노력의 성과.

【전력질주】구두 굽이 높더라도 전력으로 질주할 수 있습니다. 역에서 도보로 5분 거리의 학원에서 아르바이트를 하고 있는데 수업이 끝난 후부터 전철까지의 시간이 7분밖에 없습니다. 수업 후에 바로 교실을 나설 수도 없어서 항상 '남은 시간 2분'의 상태로 학원을 나섭니다. 역까지 달리면 1~2분. 전철을 한 대 놓치면 돌아가는 시간이 크게 바뀌어버리므로 필사적으로 뜁니다. 거의 매일 필사적으로 달리는 사이에 굽이 3센티이든 5센티이든 10센티이든 전력 질주할 수 있게 되었습니다. 뜻밖에 도움이 되고 있습니다. 구두를 신고 달리면 다른 행인들이 굉장하다는 표정으로 쳐다봅니다만.

커뮤니케이션에 관련된 기술도 많다. 커뮤니케이션이 사회생활의 근간임은 새삼스럽게 말할 필요도 없지만, 단순한 정보 전달보다는 상대의 거동을 미세하게 관찰하며 자신의 인상을 부단히 조정하는 것이 중요하다.

【경청】 나의 첫 번째 기술은 타인의 이야기를 열심히 듣고 있는 척을 하는 것입니다. 중고교시절에 흥미 없는 연애 이야기를 일대일로 끝없이 들어주는 사이에 습득했습니다. 처음에는 제삼자로부터 노態 가면과 같은 얼굴로 듣고 있다는 말을 들었지만 지금은 표정을 바꿔 가며 때때로 되묻는 말을 섞어가면서 자신에 관한 생각을 할 수 있게 되었습니다. 이 기술로 별로 흥미가 없는 이야기를 상대에게 들키지 않고 흘려들을 수 있으며 스트레스와 인간관계의 마찰을 경감시킬 수 있습니다. 이와 더불어 내가 생각하는 요령은 때때로 부정적인 대답과 고민하는 모습을 끼워 넣는 것입니다.

물건을 취급하는 데에도 작은 기술이 담겨 있다. 공리적 목적이 있는 일은 물론이고, 공리적 목적이 없는 유희라도, 아니 유희라면 더욱 섬세한 관찰에 기인한 조화로운 동작이 예술적인 아웃풋을 산출하고 있는지도 모른다.

【물수제비】 초등학교 3학년부터 중학교 2학년 때까지 꽤 연습했습니다. 조건이 맞으면 가볍게 30회는 넘습니다. 50미터 정도 강의 폭이면 대개는 건너편 강가에 닿습니다. 나는 논·강·호수 등의 많은 장소에서 물수제비 뜨기를 해왔지만, 가장 좋은 곳은 강입니다. 그저 던지면 된다는 건 아니고 돌의 형상, 던지는 방법, 풍향의 세 가지를 보아야 합니다. 돌은 손바닥 크기 10% 내외 정도로 두께는 1~2센티미터, 가능하다면 동그라미에 가까운 것, 울퉁불퉁하지 않은 것을 고릅니다. 어깨 아래서 위로 치켜 던지는 방

법이 기본. 돌을 던지는 순간에는 스냅을 이용하고 회전을 가해 물을 튕기기 쉽게 합니다. 돌을 내 앞쪽으로 3~5도 기울여 수면과 평행한 궤도로 던지면 좋고 돌을 날리기 위해 가능한 순풍을 탈 수 있도록 합니다. 조건이 갖춰지면 매우 부드럽게 수면을 달려가 줍니다. 건너편 강가에 닿았을 때는 이루 말할 수 없는 만족감에 빠집니다.

일을 둘러싼 기능의 보고도 흥미로운데 다루는 물건이나 사람이나 상황에 따라 여러 가지 기술이 요구된다. 다음은 가업인 농사일의 보고.

【파 비닐에 넣기】 나는 초등학교 때부터 조부모의 농사일을 돕고 있으며 파 수확기에는 매번 대량의 파를 봉투에 넣고 있습니다. 밭에서 따온 파에는 흙이 묻어있어서 그것을 없애기 위해서 물로 씻습니다. 비닐 봉투는 상점에서 팔고 있는 것을 보아도 알 수 있듯이 파가 꼭 맞게 들어가는 크기라서 젖은 파는 정말 넣기 힘들어집니다. 중학생이 되었을 즈음에 할아버지에게 배워서 겨우 순조롭게 할 수 있게 되었습니다. 요령은 파를 위 팔뚝으로 누르고, 뿌리를 봉투 입구에 맞춰서 쉽게 들어가는 부분까지 넣고, 그후에 물기를 빼듯이 봉투를 상하로 움직여서 끝까지 도달시킵니다. 지금은 가족 중에서 누구보다도 빠르게 봉투에 넣을 수 있습니다. 더불어 부추도 같은 방법으로 봉투에 넣습니다만 부추는 파보다 잘아서 난이도가 올라갑니다. 대학생인 동안 숙달시키려고 합니다.

마지막으로 입시 학원 아르바이트에서 받은 소중한 가르침이다.

> 【입시 학원】 나는 오사카 시내에 있는 모 입시 학원에서 튜터 아르바이트를 하고 있다. 일의 대부분은 학생의 질문에 대응하기. 아르바이트를 시작한 직후에는 알기 쉽게 가르치는 일에 심하게 집착하여 질문을 하나 소화하는 데에 시간이 상당히 걸렸다. 그러나 정기 테스트 직전이 되면 하루에 열 명 가까운 질문을 받아야 해서 전혀 따라잡지 못했다. 하지만 최근에는 왜인지 모르게 요령을 알게 되었다. 마지막까지 가르치는 것이 아니라 어느 정도 일반적인 생각과 해답의 대략적인 흐름을 전달하고 나머지는 학생 자신이 한 번 더 스스로 생각하게 한다. 이것이 가장 빠르게 질문에 대응을 해내는 방법이며 또 그뿐만 아니라 이 방법이 학생의 이해력을 높이는 법이라는 것을 깨달았다. 처음에는 하루에 네다섯 명밖에 대응할 수 없었지만 지금은 열 명 가까이 대응할 수 있게 되었다.

'일반적인 사고법'을 전하여 '스스로 생각하게 한다'는 접근은 교육/학습이라는 행위의 왕도이지 않을까. 학습자가 능동적으로 몰두하는 것이 자율적인 시행착오를 촉구하여 기능의 채득을 가능케 한다. 교육자의 역할은 어디까지나 그것을 위한 환경 정비이며 능동성의 여지를 확보하기 위해서도 '도를 넘게 가르치지 않기'는 중요할 것이다. '대충'과 같이 보여도 결코 그렇지 않다. 단지 이것이 생각보다 어려워서 어떻게 '직전에 멈추기'를 할 것인지 고민이 된다. 필자도 시행착오를 계속할 수밖에 없을 것 같다.

6 일하다 · 북가이드

세계가 무수의 '일하다'로 이루어져 있음을 생각하면 할 말이 너무 많아서 어떤 책을 골라야 할지 그저 어찌할 바를 모르겠다. 우선 일의 종류에 대한 소개라면『13세의 헬로 워크』[7]. 평이한 설명과 명랑한 일러스트로 아이들에게 장래의 직업을 소개한 만족스러운 내용의 책.

민속학에서 생업 연구는 전통적인 1차 산업을 중심으로 전개된다. 어로漁撈 연구의 사쿠라다 가쓰노리桜田勝德 (1903~77), 수렵 연구의 지바 도쿠지千葉徳爾(1916~2001), 주부 노동 연구의 세가와 기요코瀬川清子(1895~1984) 등 소중한 선학은 이루 다 들 수 없지만 눈물을 머금고 생략하면서 시노하라 도오루의『자연을 사는 기술』[8]를 소개하기로 한다. 자연과 대치하는 사람들이 관찰하고 전승해 온 경험치의 체계를 '민속자연지'로 인식하는 시노하라는 사냥꾼이나 어부가 길러낸 독특한 생태 인식과 그곳에 기인한

7) 무라카미 류(村上龍) 저·하마노 유카(はまのゆか) 그림『13세의 헬로 워크(一三歳のハローワーク)』, 겐토샤(幻冬舎), 2003[신판2010]/한국어판 강라현 역, 이레, 2004

8) 시노하라 도오루(篠原徹)『자연을 사는 기술–생활의 민속자연지(自然を生きる技術–暮らしの民俗自然誌)』, 요시카와코분칸(吉川弘文館), 2005

기교의 창의성을 착실하게 보충한다. 감정적으로 되기 쉬운 '자연과 함께 사는 사람들'의 이미지와는 분명하게 구분짓는 냉정하고 물질적인 관찰에서 저자의 진가가 드러난다.

2차 산업도 전통적인 장인에서 근현대의 공장 노동까지 여러 직종이 있고 그에 관한 문헌도 있지만 고세키 도모히로의『오모리 일대 장인 왕래』9)를 추천하고 싶다. 작은 공장이 밀집한 도쿄 오타구大田区에서 선반공 일을 했던 저자의 일본 논픽션 대상수상작. 절삭 가공한 부품과 같은 미세한 반사의 차이에서 기능의 우열이 판명되는 선반 기술의 심오함이나 실력 하나로 공장을 넘나드는 직공들의 패기 등 고도성장을 이끌어 온 마을의 작은 공장을 둘러싼 사람들의 희로애락을 생생하게 그려낸다.

3차 산업에서는 모리사키 가즈에의『가라유키상』10)을 추천한다. '가라유키상'이란 '가라유키唐行き', 즉 한반도·중국 등으로 건너간 매춘부로 시마바라반도島原半島나 아마쿠사제도天草諸島 출신자가 많았다고 한다. 일본의 판도 확대와 함께 군대가 주둔하는 마을에는 유곽이 공식 허가를 받아 사실상 인신매매로 모은 여성들을 그 업무에 종사하게 했다. 그녀들의 목소리에 귀를 기울여 때로 동남아시아나

---

9) 고세키 도모히로(小関智弘)『오모리 일대 장인 왕래(大森界隈職人往来)』, 이와나미현대문고(岩波現代文庫), 2002[원저 1981]

10) 모리사키 가즈에(森崎和江)『가라유키상-이국에 팔려 간 소녀들(からゆきさん-異国に売られた少女たち)』, 아사히문고(朝日文庫), 2016[원저 1980]

미국까지 이르는 경로를 차근차근 쫓은 이 책은 근대의 어둠을 좋든 싫든 폭로하고 현재도 이어지는 성 비즈니스의 속박을 비추어 낸다.

마지막으로 모든 업계에서 비대화 하는 번거로운 수속 업무에 대해서 문화인류학자 데이비드 그레이버의 『불쉿 잡』[11]을 보자. 경제적 합리성을 따르자면 도태되어야 할 성과없는 회의나 쓸데없는 서류–어찌 되어도 상관없는 일–가 여전히 존재하는 것은 사실 경제가 아닌 정치의 요청이라고 저자는 말한다. 그것들은 단순히 저임금의 고된 일은 아니고 일견 존경받는 일이지만 실제로 종사하는 본인조차 어떤 도움이 되는지 불안에 사로잡혀 있음에도 불구하고 그것을 남에게 보이지 않도록 강요받는 고용 형태이며, 그것의 확대는 세상의 1%도 안되는 '가진 자'의 지위를 지키기 위해 유효하게 작용하기 때문이라고 한다.

참으로 견딜 수 없는 이야기이지만, '불쉿 잡'은 점점 우리들의 주변에 넘쳐나고 있다. '일'에 대한 자기 결정을 되찾는 것은 정말 어려운 일이다.

---

11) 데이비드 그레이버(David Graeber), *Bullshit Jobs: A Theory*, 2018 /『불쉿 잡–왜 무의미한 일자리가 계속 유지되는가?』, 김병화 역, 민음사, 2021

II 나르다【교통·수송】

1 '나르다'라는 것(원론)

어떤 자취생의 고타쓰ㄱタツ12) 주변처럼 살아가는데 필요한 물건과 서비스가 항상 가까이에 갖춰져 있다면 사람은 이동할 필요가 없을지도 모른다. 안타깝게도 그런 일은 극히 드물고 물건과 서비스를 자신의 근처로 가져오거나 역으로 자신이 가까이 가거나 하는 '나르다transport'라는 행위가 사람의 존재에게는 불가결하다.

여기서 말뜻을 확인해 두면, 사람을 나르는 것이 교통, 물건을 나르는 것이 수송, 정보를 나르는 것이 통신으로 문화재보호제도세칙, 통칭 '애틱·문화청분류アチック·文化庁分類'라고 불리는 민속분류에서는 '교통·수송·통신'으로 일괄된다. 사실상 전기통신기술이 확립되기 이전에 정보가 사람과 물건을 떠나 이동되는 일은 없고(봉화, 깃발, 종 등의 시청각 통신수단도 있었지만 전달 거리도 정보량도 극히 한정적이었다), 교통·수송·통신의 삼자는 실제로 일체였다. 반대로 말하면 통신이 교통·수송으로부터 자립하여 전개하는 것이 통신의 근대이자 현대였다고 말해도 좋다.

하여간 이 '나르다'라는 행위를 재차 생각해보면 사람의

---

12) 테이블 형 난방기구

그림 2-3　타이완의 스쿠터

신체에서 지구 크기까지 여러 규모의 무수한 '나르다'가 복잡하게 연쇄해 있음을 알 수 있다. 그 각각이 어떤 의도와 그에 따른 수단이 있다는 것이며 그 수단은 동력, 도구, 시설, 제도라는 요소로 분해할 수 있다.

　타이완 최대의 도시 타이베이台北의 단수이허淡水河에 걸린 타이베이 대교는 강 왼쪽 기슭의 근교 주택지와 오른쪽의 도심부를 연결하는 간선 루트로 아침 저녁의 혼잡한 시간에는 '타이베이 오토바이 폭포機車瀑布'라 불리는, 도로에 가득 찬 스쿠터의 폭포와 같은 물결을 볼 수 있다. 압권이다. 그런데 이러한 광경을 일본에서 볼 수 없는 것은 왜일까? 동력(가솔린 엔진)도 도구(스쿠터)도 시설(도로)도 그다지 다르지 않은데 말이다. 그 요인은 교통 법규라는 제도에 있다. 자동차 중심주의라고도 할 수 있는 일본의 도로교통법에서는 스쿠터는 차도 좌측을 주행하도록 허가하였고 자동차

폭만큼 옆으로 퍼져 주행하는 것은 위반이기 때문이다.

실제로 일본의 스쿠터에 익숙한 눈으로는 타이완의 그 광경은 경이적이기까지 하다. 두 명 탑승은 당연하고 애완 동물이 동승하거나 어른과 아이를 합쳐 네 명이 타는 경우도 종종 눈에 띈다. 스쿠터는 충분히 패밀리 카라고 할 만한 잠재력을 가지고 있는 셈인데 그것을 일본에서 볼 수 없는 것은 되풀이하자면 제도의 문제이다. 교통 수송은 눈에 보이는 행위이지만 거기에는 눈에 보이지 않는 사회적 제도가 확고하게 작용하고 있다.

우리는 매일 무엇인가가 옮겨지고 스스로를 나르면서 살고 있다. 그 행위의 무한한 연쇄를 생각하면 정신이 아찔해진다.

2 자연의 제약과 그 해소법(전근대)

커뮤니케이션의 발생을 자연사적 시야에서 해독한 프랑스의 민족학자 앙드레 르루아 구랑(1911~86)의 『행위와 말』[13]은 인간의 이동에 대해서도 시사점을 준다. 단세포 생물의 편모와 같이 동물은 이동 능력을 이용해 효율적인 영양 섭취를 실현한 것이지만, 이것이 다세포 생물이 되어

---

13) 앙드레 르루아 구랑(André Leroi-Gourhan)『행위와 말(Le geste et la parole)』, Albin Michel, 1964~65 / 한국어판 공수진, 강형식 역, 연세대학교 출판문화원, 2015

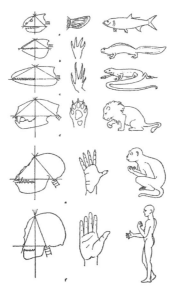

그림 2-4　앙드레 르루아 구랑 '다양한 기능의 유형'

기관의 분화가 진행되자 영양을 섭취하는 입 주변에 감각
기관이 집중하고(머리의 형성), 그 반대쪽에 추진을 위한
기관–물고기의 꼬리지느러미, 깃털, 짐승의 다리 등–이 위
치하게 된다. 이러한 신체가 이족보행을 시작함에 따라 현
생인류로 이어지는 인간의 신체적 조건이 확립된다. 이족보
행에 의해 척추의 바로 위에 위치하게 된 대뇌는 거대해질
수 있었고, 몸통을 지지하는 역할에서 해방된 앞발=손이
복잡한 작업과 도구 사용을 가능하게 하고, 나아가 머리를
지지하는 역할로부터 해방된 목은 섬세한 발음을 가능하게
하는 성대를 획득하여 인간 특유의 언어가 발달하게 되었

다. 이들이 어우러져 인류의 지성과 문화가 개화한 것이며 이족보행이 인간을 인간답게 했다고 해도 과언은 아니다.

이족보행 이동이 기본이 된 결과 사람은 머리·어깨·등·허리·손의 다섯 부위로 물건을 나를 수 있게 되었다. 각각 다음과 같은 특징이 있다.

머리: 역학적으로 합리적인 운반 스타일. 세계 각지에서 행해지며, 여성적이라고 말하는 경우가 많다. 안정적으로 나르기 위해서는 나름의 연습이 필요.

어깨: 무거운 짐을 장시간 나를 수 있는 부위. 멜대나 그 외의 용구를 이용하여 안정한 상태로 만들거나 한 번에 나르는 양을 늘리거나 할 수 있다.

등: 어깨와 같이 무거운 짐을 장시간 나를 수 있는 부위. 이 역시 지게 등의 용구를 이용함으로써 안정한 상태로 만들거나 한 번에 나르는 양을 늘리거나 할 수 있다.

허리: 용구를 이용함으로써 가벼운 짐을 나를 수 있는 부위. 손동작 범위와 가까워서 채집한 것을 우선 놓아두기, 작업용 도구 놓아두기 등등 손작업과 연관하여 사용하는 예가 많다.

손: 다섯 손가락과 손목, 팔꿈치 관절에 의해 한 손으로 여러 미세한 조정이 가능해졌으며, 다양한 형태의 짐을 꼼꼼하게 나를 수 있게 되었다. 그만큼 장시간 무거운 짐을 나르는 일에는 맞지 않는다.

그림 2-5　모래사장에서 썰매를 끄는 해녀(미에현 시마시^{志摩市})

이처럼 인간의 신체는 목적·상황에 따른 다양한 '나르다'를 가능케 한다. 네 발 가진 짐승이라면 입으로 무는 것 외에는 운반법이 없으므로(등에도 스스로 올릴 수 있는 것은 아니다), 이족보행이 가져온 변화는 위대하다. 하지만 인간의 힘에는 당연히 한계가 있다. 중력·마찰력에 저항하여 물건을 보유하고 움직이게 하기에 인간은 종종 힘이 모자란다.

이를 해소하는 하나의 방책이 인간의 것이 아닌 힘의 활용으로 전근대 일본의 육상 교통에서는 소와 말이 주력이었다. 그러나 소와 말은 교통·운반 수단으로써의 성질이 상당히 다르다. 걸음걸이는 느리지만 무거운 짐을 견디고

그림 2-6　구루마이시(시가현 오쓰시 大津市)

먹이도 근처의 잡초로 족한 소는 연비가 좋은 가벼운 트럭과 같은 존재. 이와 비교해 속도는 발군이지만 적절한 여물을 주어야 하고 신경 써서 돌봐야 하는 말은 고급 스포츠카와 같은 존재이다. 소와 말의 이용에 대해서는 시대 차이, 지역 차이, 사회적 격차 등 여러 요인을 고려할 필요가 있지만 굳이 정리하자면 서민에게는 인력 이외에는 소가 가장 가까운 육상 교통수단이었다.

　인력의 제약을 해소하는 또 한 가지 방책이 마찰을 줄이는 '탈 것'의 사용이다. 썰매와 같은 운반 용구는 출토품에서도 확인되고 지역에 따라서는 눈과 얼음 위에서 현재도 사용되고 있다. 또 수레바퀴는 마찰을 현저하게 저감시키는 효과를 지니지만 사용을 위해서는 평평하고 미끄러운 노면

이 필요하다. 일례를 들면 오쓰大津와 교토를 연결하는 도카이도東海道에서는 19세기 초반에 증대하는 운송량에 대처하기 위해 '구루마이시車石'가 설치된다. 구루마이시란 널빤지 모양의 돌에 홈을 새긴 것으로 이를 수레 폭에 맞춰 2열로 이어 놓음으로써 레일의 역할을 하고 수레의 원활한 교통을 가능케 한 것이다. 돌을 새겨서 이어 놓기에는 막대한 자금과 노동력이 필요하며 이를 위해 1만 냥을 투자하였다고 한다. 또 레일 위에서 수레가 맞부딪치지 않도록 시간을 정해서 일방통행을 제정하는 등의 시설관리도 요구된다. 전근대에 육상 대량 수송은 이렇게까지 곤란한 작업이었다.

이러한 사정을 생각하면 육체와 자연의 제약을 받는 교통 수송이 수운에 의존하게 되는 것은 당연하다. 물에 짐을 띄우면 인간이 지탱할 필요는 없고 게다가 이동에 필요한 힘은 극도로 저감된다. 풍력의 이용도 가능하게 되고 물의 흐름에 역행하는 경우라도 사람이나 소와 말이 끄는 예인선에 의해 하천을 거슬러 올라갈 수 있게 된다. 강이 많고 바다로 둘러싸인 일본 열도에서 이를 이용하지 않을 방법은 없으므로 교토가 요도가와 강淀川과 비와호琵琶湖의 수운으로 버틸 수 있게 되었듯이 수운은 전근대의 대량 수송을 담당하는 물류의 기반이 되었다.

이처럼 전근대의 이동은 '성가신 일'이며 재해나 전란과 같은 부득이한 사정이 아닌 한 함부로 처리할 수 있는 것이

그림 2-7 　교토고쇼京都御所를 통행하는 자전거가 자갈을 밀어내서 생긴 길

아니었다. 그 때문에 목재를 구하기 위해 산을 돌아다니는 기지야木地屋, 배를 주거로 하여 고기잡이나 수운에 종사하는 표해민漂海民, 방방곡곡을 돌며 기도하는 종교인, 노래하며 춤추는 예능인 등 여행을 거처로 삼고 살아가는 사람들은 역사상 정주자에게 특별하게 보였으며 환대받기도 차별받기도 했다. '비정주자'에 대한 독특한 사고방식은 현재까지의 열도 사회 역사를 관통하는 것이므로 유념하고자 한다.

　다른 한편 시대와 함께 교통 인프라는 발달하여 근세에는 농민이 농한기에 타지에 돈을 벌러 가는 등 서민의 이동도 착실하게 확대되었다. 전성기에는 당시 인구의 1할 이상이 되는 3백만 명이나 참여한 '이세신궁 참배お伊勢参り'의

서민적 대유행도 교통 역사상 특필할 만한 사건이다. 이동하는 데 있어 진입장벽이 높은 어려움이 오히려 이동하려는 욕망을 키웠다고 해도 좋을지 모르겠다.

3 철로가 가져온 그 밖의 여러 가지(근대)

석탄을 연료로 한 동력기구인 증기기관의 발명은 자연으로 제약된 '나르다'에 비약적인 혁신을 가져왔다. 19세기 초엽에 영국의 스티븐슨에 의해 증기기관차가 실용화하자 고속 대량 수송이 가능해진 철도는 전 세계로 확산하고, 일본에서는 1872년에 신바시新橋–요코하마橫浜 간에 최초의 철도가 개업했다.

화석연료가 가져온 교통 혁신은 'travel에서 tour로'라는 테제로 요약할 수 있다. 여행을 뜻하는 '다비旅'의 어원이 '다베給べ', 곧 '다베모노食べ物(음식)'의 구걸에서 유래하고, 'travel'이 'trouble'과 어근이 같은 것으로 여겨지는 점에서도 짐작되듯이 전근대의 교통 수송은 사람이 스스로 육체적 수고를 동반하여 실행하는 '성가신 일'임에 틀림없었다. 이를 증기기관이 사람의 고생을 요구하지 않는 쾌적한 이동='tour'로 바꾼 것이다('turn'과 어원이 같다고 일컬어지는 tour에는 '고생'의 의미는 포함되지 않는다). 그러한 가운데 현대적 의미의 '관광tourism'도 성립하는 것이며, 세계적으로 유명한 관광 안내책자 《미쉐린 가이드》를 내는 미쉐린이

자동차 타이어 회사라는 점에도 단적으로 나타나고 있다고 말해도 좋을 것이다.

여기서 철도가 초래하는 것을 재차 정리해 보자.

철도라는 근대 교통시스템은 수송능력의 대량화·고속화를 가져왔을 뿐 아니라 이동하는 육체를 대지로부터 끊어내고 그 감각을 빠르게 바뀌는 풍경에 던져넣음으로써 마치 '파노라마' 같다고 칭할 만한 새로운 신체 감각을 발생시켰다[14]. 인류는 달리는 말이나 흐르는 강에서는 체험할 수 없는 맹렬한 속도를 처음으로 경험한 것이다.

이 새로운 감각을 여행자와 대지 사이의 결정적인 괴리로 인식할 수도 있지만 반면에 압축된 풍경을 일순간에 열람하는 체험은 대지와 풍경에 대한 새로운 인식을 가능하게 했다. 지역 간의 차이를 발견하고 그 요인을 탐구하는 민속학도 그러한 근대 고유의 인식능력을 동력으로 삼아 비약했다고 해도 좋다. 야나기타 구니오는 '학동소개学童疎開[15]'를 목적으로 집필한 『마을과 학동』[16]에서 "기차 창문으로 보고 있으면 누구라도 바로 알 수 있듯이 삼각 지붕의 각도는 가는 곳마다 바뀌는데, 그것은 대개 지붕을 잇는 재료의

---

14) 볼프강 쉬벨부쉬(Wolfgang Schivelbusch) *Geschichte der Eisenbahnreise*, 1977 /『철도 여행의 역사–철도는 시간과 공간을 어떻게 변화시켰는가』, 박진희 역, 궁리, 1999

15) 1943년 말경부터 2차대전의 전화(戰禍)를 피해 대도시의 아동들을 지방 도시나 농촌으로 집단/개인적으로 피난시켰던 일

16) 『마을과 학동(村と学童)』, 아사히신문사(朝日新聞社), 1945

차이에 따른 것 …"[17]이라고 아동이 바라볼 차창의 변화를 단서로 향토 연구의 포인트를 설명하고 있다. 차창은 민속학의 첫 번째 수업이 되는 셈이다.

　한편 고속으로 이동하는 밀폐공간에서 승객들이 일정 시간 밀착한다고 하는 새로운 대인관계도 철도가 초래한 사항이다. 가령 전근대의 배 여행이라면 고사성어 '오월동주吳越同舟'와 같이 배를 탄 승객은 운명공동체이며 모르는 상대에게 상응한 시간을 들여서 친교를 맺어가는 일이 가능했다. 그렇지만 철도 승객은 그러한 시간도 없는 채로 목적지에 도착하고 그동안 어쩔 수 없이 밀착하게 되는 곤란한 거리감에 들볶이게 된다. 이를 해소하기 위해 졸거나 독서와 같은 새로운 이동 문화가 발달했다(이는 휴대 가능한 문고판 크기의 출판을 재촉했다). 다른 한편으로 치한과 같은 새로운 범죄도 발생했다. 이름도 모른 채 일시적으로 생겨난 대인관계가 사람들의 행동거지를 여러모로 갱신해 갔다. 또한 철도망이 발달하지 않은 지방 출신 학생은 지금도 만원 전철에서 철도 초기와 같은 당혹감을 다시 체험하고 있는 듯하다. 에히메현愛媛県 출신의 어떤 여학생은 진학할 대학이 소재한 간사이 지역에서 처음으로 만원 전철을 경험하고 눈앞에 모르는 아저씨의 얼굴이 있다는 것에 대한

---

17)『전집』23권, p.416

공포를 진지하게 이야기해주었다.

그뿐만이 아니고 시간 감각도 크게 갱신되었다. 전근대는 여행자나 소, 말은 각자의 속도로 나아가면 되었다. 그러나 철도는 그렇지 않다. 개업 당시 단선이었던 신바시–요코하마 선은 신바시에서 출발하는 하행 열차와 요코하마에서 출발하는 상행 열차가 같은 시간을 공유하지 않으면 충돌 사고를 피할 수 없다. 철도는 모든 열차와 레일이 하나로 연결된 거대한 시스템이며 안전 운행에서 시간의 공유는 필수이다. 때로는 '시계보다 정확'하다고도 칭해지는 일본 열차 운행은 시간의 균질화를 추진하는 하나의 원인이 되었다[18].

공간의 변용도 중요하다. 당초 증기기관차가 뿜는 연기와 불티의 위험성을 이유로 철도는 도시로의 연장이 기피되었지만 수송 능력이 도시를 지탱하는 인프라가 됨에 따라 역은 도시의 현관으로서 도시의 중심에 자리매김하게 되었다. 또한 열차라는 운동체의 성질에 따라 가능한 한 직선으로 부설하는 것이 좋다고 하는 철도는 도회와 시골을 불문하고 경관에 직선적인 구조물을 출현시키게 되었다.

그리고 철로로 맺어진 지역의 네트워크는 국토의 단일성을 더욱 강고하게 실체화시키게 되었다. 개인적인 체험이라

---

18) 미토 유코(三戸祐子)『정각발차–일본 철도는 왜 세계에서 가장 정확한가?(定刻発車–日本の鉄道はなぜ世界で最も正確なのか？)』, 신초문고(新潮文庫), 2005[원저 2001]

죄송하지만 생각나는 것은 1988년 세이칸靑函 터널이 완공되었을 때의 일이다. 이때 처음으로 삿포로역札幌駅에 '우에노上野'나 '오사카'와 같은 역이름이 표시되었다. 실제로 열차를 탈 수 있었던 것은 아니었음에도 이 지역이 그러한 지역과 연결되어 있다는 것에 대해 감개가 깊었다. 철로는 그러한 국토의 상상을 가능하게 만드는 것이기도 하다[19].

미시적 신체로부터 거시적인 국토까지 철도는 우리들의 생활 경험을 다양한 차원에서 쇄신했던 매우 강력한 매체였던 것이다.

4 '편리'에 사로잡히다(현재)

화석연료가 개척한 '나르다'의 혁신은 그 후도 계속된 자동차, 비행기의 발명 개량과 함께 점점 더 고속 대량화하고 교통 네트워크망은 지구 전체를 덮게 되었다. 마음만 먹으면 하루 정도에 지구 반대쪽까지 도달 가능한 수단을 우리는 손에 넣은 것이다. 세계화의 단면이다.

다만 그것이 무엇과 맞바꿔 달성한 것인가를 다시 한번 확인해 두어야 할 것이다.

민속학자 다카토리 마사오는 '중간을 자른 교통 형태'를

---

19) 하라 다케시(原武史)『'민도' 오사카 대 '제도' 도쿄–사상으로서의 간사이 사철(「民都」大阪対「帝都」東京–思想としての関西私鉄)』, 고단샤선서메티에(講談社選書メチエ), 1998

지적했다. 교통기관이 고속화하는 것과 반비례해서 '도중途中'에 대한 우리의 인식은 점점 희박해진 것이다. 특급이 정차하지 않는 역이나 신칸센新幹線이 서지 않는 지역에 대한 인식의 모호함을 생각하면 우리 머릿속은 확실히 '중간이 잘려'버렸다.

그 이상으로 고민스러운 점은 현대의 거대 교통 시스템이 실제로 우리를 어디까지 자유롭게 했는가이다. 다카토리는 다음과 같이 말한다.

> 현대의 드라이브는 무리에서 벗어난 한 마리 늑대와 같이 단독행동을 즐기는 사람이라고 자인하고 여행에 나섰어도 말을 타고 산과 들을 돌아다닐 수는 없다. 지나갈 수 있는 길은 한정되어 있고, 고속도로로 들어가면 일정한 속도로 도로 표식이 지시하는 대로 다음 인터체인지까지 오로지 달려야 한다. 자동차를 탄다는 것은 일견 자유로운 선택과 같으면서도 결과적으로는 근대의 기계문명의 일환으로 오히려 강하게 연결되어 있음을 의미한다. 마찬가지로 우리는 메이지明治 이후 외압에 저항해서 스스로 근대를 만들어내고, 혹은 만들려고 항상 노력해왔다고 자부한다. 하지만, 우리들중에는 근대 이전에서 넘어온 것이 가득한 데다가 자신이 만들었다고 생각하는 '근대'에 사육당해서 길러지는데 익숙한 것도 솔직히 인정해야만 한다. [20]

고속, 대량, 안전, 쾌적한 이동을 실현한 현대의 교통

---

20) 다카토리 마사오(高取正男)『민속의 마음(民俗のこころ)』, p.39

시스템은 확실히 편리한 것이다. 그런데도 우리는 획득한 편리성에 의해 오히려 거대한 시스템에 강하게 구속되기도 한다. 그리고 그 시스템은 자연재해와 같은 요인에 의해 갑작스레 대규모로 정지할지도 모른다. 이는 최근의 동일본대지진東日本大震災으로 증명되었다.

여기서 '에스키모가 된 일본인'이라고 불리는 오시마 이쿠오(1947~)의 필드 이동을 소개하고자 한다[21]. 탐험가였던 오시마는 그린란드에 사는 수렵채집민족 이누이트(에스키모)에게 감명받아 개썰매를 다루어 바다표범을 포획하게 된다. 스노모빌과 같은 현대적인 이동 수단도 있지만 그는 그것을 신뢰하지 않는다. 땅끝 극도의 추위에서 한 번 고장 나면 목숨이 위태롭기 때문이다. 반대로 개썰매는 적절한 속도로 휴식을 취하며 사냥한 물고기를 먹이는 한 무한하게 달릴 수 있는 매우 안정된 이동 수단이 된다. 극한의 자연환경 속에서는 사람과 개가 일체가 된 개썰매 쪽이 압도적으로 안전한 것이다.

편리하지만 취약한 거대 교통 시스템을 손에 넣은 우리는 스스로가 이족보행의 생물임을 새삼스레 재고해보아도 좋을지 모른다.

---

21) 오시마 이쿠오(大島育雄)『에스키모가 된 일본인(エスキモーになった日本人)』, 문예춘추(文藝春秋), 1989

5   나르다·설문 초록 : '나의 통학 체험'

매일 정해진 시간에 정해진 목적지에 도달해야 하는 통근·통학은 장거리, 장시간이 됨에 따라 기술과 체력을 요하는 고도로 전략적인 행위가 된다. 이하 수강생 설문 '나의 통학 체험'에서 전철 통학을 중심으로 그 단면을 소개한다.

도보나 자전거로도 적절한 루트를 선택하거나 신호가 적절한 순간을 탐색하거나 하는 일이 필요하며 추위와 더위나 바람과 눈과 같은 자연조건에 맞서는 인내도 요구된다. 버스나 전철이라는 공공 교통에서는 추진력을 기계가 떠맡는 한편 이동자가 자기 결정을 할 수 없는 루트나 운행 예정에 대한 대응이 요구된다. 때로는 1분 1초를 다투는 환승은 꽤 긴장감이 있다.

> 【환승】고등학교에서 가장 가까운 역은 난카이 본선南海本線의 기타스케마쓰北助松라는 작은 역으로 급행이 정차하지 않아서 보통열차로 환승할 필요가 있었습니다. 항상 지각을 면하기에 빠듯한 전철을 탔으므로 그 전철로는 전 정거장에서 갈아타는 것보다 기타스케마쓰를 지나쳐서 이즈미오쓰역泉大津駅으로 돌아가는 편이 빠릅니다. 그러나 이즈미오쓰역에 도착한 1~2분 후에는 보통열차가 출발하기 때문에 전력 질주로 계단을 오르내리며 반대편 플랫폼으로 향해야 합니다. 같은 학교의 학생들이 대거 전력 질주하는 모습은 마치 영양 무리가 강을 건너는 듯한 놀라운 장면입니다. 지각인가 아닌가의 갈림길이고 '이즈미오쓰 공격'이라고 불리고 있습니다.

공공 교통에서는 전철에서의 적절한 위치 전략도 과제이다. 다음은 여학생이 만나게 될 이동전략에 대해서이다.

【자리 차지】요코하마시 야마테山手에 있는 중고일관中高一貫제 사립여자학교에 다니고 있었기 때문에 6년간 JR게이힌토호쿠선京浜東北線으로 오후나바시역大船橋駅에서 이시카와초역石川町駅까지 통학했습니다. 자택에서 가장 가까운 역이었던 오후나바시역이 종점이므로 아침이라도 꼭 앉을 수 있었고 혼잡해도 쾌적하게 지낼 수 있었습니다. 더욱더 재미있는 건 이사카와초역에서 몇 정거장 더 가야하는 요코하마역을 목적지로 한 샐러리맨 중에서 어떻게 해서든 앉고 싶은 사람들이 이시카와초에서 내릴 것이 확실한 특정 여학교의 교복을 입은 여학생 앞에 모입니다. 문이 열린 순간 여자 중고생을 목표로 앞다투어 달려오는 중년 샐러리맨의 모습이 볼만합니다.

이러한 종류의 보고는 적지 않지만 이론상 가능할 터인 남자 중고생의 교복을 표적으로 한 보고는 거의 없다. 통근 샐러리맨들의 취향일까.

자리싸움의 표적이 되는 정도는 우스운 이야기로 끝나지만 여성 자체를 표적으로 하는 치한 행위가 되면 웃어넘길 수 없다. 안타깝게도 목격이나 피해담은 적지 않고 피해를 면하기 위한 방법을 습득하는 것은 혼잡 지역을 통근 통학하는 여성의 필수 테크닉인 것 같다. 이러한 와중에 게이오전철京王電鉄의 시험 도입(2000년)을 시작으로 여성 전용 차량이 대도시권에 보급되면서 결과적으로 특색있는 이동 공간을 출현시켰다.

【여성 전용 차량】 대학 통학을 위해 게이한전차京阪電車의 특급을 이용하고 있다. 1교시 수업에 맞춘 이른 아침의 특급은 일부가 여성 전용 차량으로 정해져 있으며 나는 항상 그 차량에 타고 있다. 이른 아침의 여성 전용 차량은 다른 차량이나 다른 시간대의 여성 전용 차량과는 달리 승객 여성들이 거리낌 없이 매우 노골적이다. 보통은 타인의 눈을 의식하는 여성들도 화장을 하거나 아침을 먹거나 다리를 벌리거나 입을 벌리고 자거나 상당히 자유롭다. 나도 개방적인 기분이 된다.

이동은 공간을 발견하는 기회이기도 하다. 차창은 그때 그때 모습을 바꾸는 마을과 동네의 모습을 알려주고 도보나 자전거라면 사계의 추이를 피부로 느낄 수 있을 것이다. 귀갓길에는 다른 곳에 들릴 수도 있으므로 인식과 행동의 범위는 더욱 확대된다. 이동이 가져오는 공간 인식의 심화는 이동자에게 있어서도 공간=지역에 있어서도 중요한 의미가 있는 것이다. 다음은 전철 통학에 따른 언어지리학적 발견의 보고이다.

【지역성】 재수생 시절 미에현三重県에 살고 있어서 나고야시名古屋市 지쿠사구千種区에 있는 가와이주쿠河合塾 지쿠사 분원까지 전철로 통학했다. 미에현부터 입시학원에서 가장 가까운 역까지는 전철로 1시간 반이 걸리는 통학 거리였다. 미에현과 아이치현愛知

県 경계에 있는 역 하나로 간사이関西 방언이 딱 표준어로 바뀌며 지역성의 차이를 느낄 수 있었던 것이 인상 깊었다.

고향 사투리를 들으러 우에노역上野駅에 갔던 이시카와 다쿠보쿠石川啄木는 아니지만 철도는 지역의 특색을 집약하고 가시화하는 미디어이기도 한 것 같다.

마지막으로 이동은 새로운 인간관계의 계기라는 점도 확인해 두자. 이동하는 도중에서 미지의 타자와 조우하는 일도 있고 이름도 모르는 동행자에게 친근감을 느끼는 일이나 이름을 아는 동행자와의 관계가 한 단계 앞으로 나아가는 일도 있다(때때로 '청춘의 한순간'이라고 밖에 부를 수 없는 남녀 교제에 관련된 보고가 있다). 다음은 마이너한 루트로 통학하는 학생들의 연대감에 대해서이다.

【JRer】 내가 다니던 현립나라고등학교県立奈良高校에서는 JR로 통학하는 사람을 '제아라JRer'라고 부른다. 나도 그 한 사람이었다. 소문에 의하면 JR 통학은 전 학년 8분의 1밖에 없어서 자연히 소수파가 되어 버린다. 다수파는 긴테쓰近鉄를 이용한다. 내가 소속해 있던 관악부에는 더욱 적어서 31명 중 '제아라'가 3명밖에 없었기 때문에 보통 긴테쓰 중심으로 이야기가 진행된다. 동아리 회의는 주로 긴테쓰 신오미야역新大宮駅 근처에 있는 맥도날드에서 모였기 때문에 신오미야역에서 JR 나라역奈良駅까지 매일 저녁 15분 정도 혼자서 걸었다. 그러한 조금 주눅이 드는 생활을 하고 있던 사이에 '제아라'는 자연히 모두 사이가

좋아져서 어느 새인가 모두가 아는 사이가 되고 단
단한 정으로 맺어지게 되었다.

이동은 전략의 실행이며, 공간의 발견이며, 관계의 구축
이다. 극단적으로 말해 인생의 전부가 거기에 있다. 그래서
옛 사람도 인생은 여행이라고 말했던 것이다.

6 나르다·북가이드

우선 『나르다』[22]를 개관하자. 도보 이동부터 고속도로까지
동서고금의 '나르다'에 얽힌 시각을 자유자재로 골라낸 이
책은 짐을 머리에 이고 나르는 기묘한 운반에서 거대 군사
운송의 적재물자와 같은 의외의 이미지까지 '나르다'라는
행위의 다양성을 부각시킨다.

일본의 전통적인 교통·수송에 대해서는 『길의 발달과
우리들의 생활』[23]이 뛰어나다. 강·바다·산·철도·가도街
道라는 다섯 종류의 '길'마다 물리적 제약과 그에 대응하는
이동 방법이 간결한 문장과 일러스트에 의해 소개되고 세
상의 진보가 교통의 발전과 함께임을 새삼스레 실감할 수
있다. 사진 기록으로는 『사진으로 보는 일본생활 색인2–집

---

22) 이마이 게사하루(今井今朝春) 편저 『나르다–A지점부터 B지점가지(運ぶ–A
地点からB地点まで)』, 월드포토프레스(ワールドフォトプレス), 2007
23) 간자키 노리타케(神崎宣武) 『길의 발달과 우리들의 생활(道の発達とわた
したちのくらし)』, 전5권, 사에라쇼보(さ·え·ら書房), 1988

다·나르다』[24]도 유용하다.

철도를 기점으로 한 '나르다'의 근대화에 대해서는 거론하고 싶은 작품이 무수하게 많아 머리가 아프지만 그중에서도 한 권을 꼽자면 미야와키 슌조의『시각표 쇼와 역사』[25]를 추천한다. 주코신서中公新書를 키운 명 편집자이면서 일본을 대표하는 철도 작가인 저자는 유소년기부터의 승차 체험에 근거하여 철도에 새겨진 세상을 표현한다. 소개疏開 지역에서 패전한 날의 철도를 그려낸 마지막 장은 특히 인상적인 명 편집이다. 철도와 함께 발전한 근대 투어리즘에 대해서는『여행 추천』[26]을 제안한다.

자동차의 대중화도 잊을 수는 없다. 『택시/모던 도쿄 민속지』[27]는 익명 도시생활자의 이동을 지탱해주는 택시가 도시를 흐르는 혈액처럼 그 생태를 반영하고 있다는 점에 주목하여 지진으로 생긴 재해 이후 전쟁 시기에 이르는 '모던 도쿄'의 성쇠를 그려낸다. 『도쿄 노선버스 여행』[28]은

---

24) 스토 이사오(須藤功) 편저『사진으로 보는 일본생활 색인2–집다·나르다(写真でみる日本生活図引 2 とる·はこぶ)』, 고분도(弘文堂), 1988
25) 미야와키 슌조(宮脇俊三)『시각표 쇼와 역사(時刻表昭和史)』증보판, 가도가와소피아문고(角川ソフィア文庫), 제2장 생업 전략, 2015
26) 시라하타 요자부로(白幡洋三郎)『여행 추천–쇼와를 낳은 서민의 '신문화'(旅行ノススメ–昭和が生んだ庶民の「新文化」)』, 주코신서(中公新書), 1996
27) 시게노부 유키히코(重信幸彦)의『택시/모던 도쿄 민속지(タクシー／モダン東京民俗誌)』, 일본에디터스쿨출판부(日本エディタースクール出版部), 1999
28) 트래블저널출판사업부(トラベルジャーナル出版事業部) 편저『도쿄 노선버스 여행(東京路線バスの旅)』, 트래블저널(トラベルジャーナル), 1994

통근·통학부터 쇼핑까지 지역에 밀착한 노선버스를 각 방면의 문필가가 직접 타보고 적은 버스 수필집이다. 속편으로 교토편과 오사카편도 있으며 양쪽 다 재미있다.

마지막으로 멈출 줄 모르는 글로벌 경제가 교통 수송의 고속 대량화를 실현하는 한편 자연환경과 사회생활에 심각한 피해를 주고 있다는 점도 잊어서는 안 된다. 『물류 위기는 끝나지 않는다』[29)는 사고 다발 등으로 표면화한 운송 노동자의 가혹한 노동환경이 제도의 맹점이 쌓이고 쌓인 장기적·구조적 문제이며 시스템 다운의 위험이 날로 증가하고 있음을 가르쳐 준다. '나르다'에 의존해서 사는 우리는 '나르다'가 공정한 것인지 다시 한번 확인해야 한다.

---

29) 스토 와카나(首藤若菜)『물류 위기는 끝나지 않는다–생활을 지탱하는 노동의 행방(物流危機は終わらない–暮らしを支える労働のゆくえ)』, 이와나미 서점(岩波新書), 2018

III 바꾸다【교환 · 교역】

1 증여의 '부채'와 4종 교환(원론)

'구조주의'로 저명한 프랑스 민족학자 클로드 레비스트로스[Claude Lévi-Strauss](1908~2009)는 외국을 방문했을 때, 시간이 없을 때라도 시장만은 보도록 추천하고 있다. 시장은 그곳에서 '가치가 있다고 여겨지는 물건'이 교환되고 있는 장소이며 그 토지의 문화를 알기 위해서 불가결한 참조 사항이기 때문일 것이다. '교환[exchange]'을 사회의 근원으로 보기 시작한 그만의 탁견이다.

실제로 인간의 생활에 필요한 물건과 서비스('재화')를 자신의 힘만으로 만들어내는 것은 거의 불가능하며 어떠한 방법으로든 교환이 필수가 된다. 게다가 생산물과 생산 시기, 그리고 생산성의 차이를 이용해서 이익을 산출하는 일도 가능하며 교환 행위는 이윤을 올리는 '교역[trade]'도 일로서의 '상업[commerce]'도 될 수 있다.

동서고금의 교환 관행으로 관심을 돌려보면 상대와 말을 주고받지 않는 '무언 교역[silent barter]', 목숨을 건 원양 항해로 팔찌와 목걸이를 교환하는 서태평양 트로브리안드 군도의 '쿨라[kula]', 보다 많은 것을 증여하기 위해 경쟁하는 북태평양 연안 북미 원주민의 '포틀래치[potlatch]' 등 색다른 사례가 넘친다. 이러한 사례를 여러 문헌에서 찾아 교환의 원리를 탐구한 한 사람이 프랑스의 민족학자 마르셀 모스의 『증여론』 (1925)이다. 동서고금의 교환을 일관하는 원리란 재화의 이동과 '부채debt'의 관계라고 모스는 말한다.

> 그들 사회 전체에서 사람과 사람을 연결하는 물건의 교환과 증여는 공통의 관념 기반에 근거를 두고 시행된다. (중략)선물을 받는다는 것 혹은 무엇이라도 물건을 받는다는 것은 주술적, 종교적으로나 윤리적, 법적으로도 물건을 보내는 쪽과 받는 쪽과의 사이에 어떤 속박을 부과하고 양자를 결부시킨다. 물건은 한쪽 편에서 유래하며 그 사람 스스로 만들거나 손에 넣거나 한 것으로 그 사람의 소유물이다. 물건이 그러한 것이기 때문에 그 사람은 그것을 받는 사람에 대해 어떠한 역능力能을 얻게된다. 금품을 주었는데 그에 대한 답례가 사전에 규정된 방식(법적 방식이든 경제적 방식이든, 혹은 의례적 방식이든)에 따라 이루어지지 않는다면 금품을 준 쪽은 다른 한쪽 편에 대해 우위에 서게 되는 것이다.[30]

정리하자면 선물은 받지 않으면 안 되고 받은 이상에는 상대에게 '부채'를 느껴야 하며, 그 '부채'는 답례, 결국 새로운 증여에 의해서밖에 해소되지 않는다는 말이 된다. 어지간히 얼굴 가죽이 두껍거나 심장에 털이 자라거나 하지 않은 한 이 원리에 따르지 않을 수 없다. 여기서 선물을 보내온 상대에게 마찬가지로 증여하게 되고, 상대는 그것을

---

30) 마르셀 모스Marcel Mauss, *Essai sur le don: forme et raison de l'échange dans les sociétés archaïques*, 1925 / 한국어판 이상률 역, 한길사, 2002

받고 재차 '부채'를 느끼고 답례를 하게 된다. 이렇게 증여는 끝없이 주고받게 되고 '부채'는 무한히 계속된다. 그것이 사람과 사람이 굳게 맺어지는 사회적 유대의 근원이 되는 셈이다.

이는 나아가 세 종류의 유형을 파생시킨다.『구조인류학의 필드』[31]에 따라 개설하자면 인류사회에는 증여·분배·재분배·시장이라는 네 가지 원리적인 교환 유형을 찾을 수 있다고 한다.

'증여gift'는 '부채'를 지속시키는 것으로 농경을 생업으로 하는 부족제 사회에서 주요한 교환 원리로 이용된다.

'분배sharing'는 누군가가 손에 넣은 재화를 다 함께 배분하는 것으로 최초로 손에 넣은 사람이 누구이든지 전원에게 재화가 건네지므로 특정의 누군가에게 부채를 느낄 필요가 없어진다. 부채의 '애매함'이다. 분배는 수렵채집사회에서 주요한 교환 원리로 이용된다. 사냥감과의 조우를 우연에 맡기는 수렵에서 그렇게 함으로써 재화의 획득이 가장 안정되기 때문일 것이다. 일본에서도 사냥이나 고기잡이에 참여한 전원에게 사냥감이 분배된다고 하는 습속은 각지에서 볼 수 있다. 문화인류학자이면서 작가인 우에하시 나호코는 본디 수렵채집민족이었던 오스트레일리아의 원주민 아이들은

---

31) 오다 마코토(小田亮)『구조인류학의 필드(構造人類学のフィールド)』, 세계사상사(世界思想社), 1994

학교 시험에서 친구에게 답을 알려줘 버리는 일이 많다고 보고한다. 자신이 손에 넣은 지식을 자신만 독점하는 것을 좋은 걸로 보지 않는 것이다[32]. 수렵채집 속에서 길러진 '분배 지향'을 엿볼 수 있다.

'재분배redistribution'는 분배와 비슷해 보이지만 전혀 다른 것으로, 일단 누군가에게 재화를 집약하고 거기서 다시 재화가 분배된다고 하는 것이다. 여기서 중요한 것은 사용할 수 있는 재화는 항상 분배된 재화이며 그 결과 그것을 내주는 사람이자 재화를 집약한 사람에게 '무한'한 부채를 느끼게 된다는 점이다. 배분된 재화가 집약된 그것보다 항상 적음에도 불구하고. 이 유형이 중요해진 것은 왕권사회로 무한한 부채는 왕을 설명하는 개념으로 적합하다고 할 수 있을 것이다.

마지막으로 이러한 부채를 '불식'시킴으로써 번거로운 관계를 끊고 원활한 교환을 실현하는 유형이 있으며 이를 '시장market'이라 한다. '화폐'가 매개하여 시장 교환은 한층 가속된다. 이를 주요 유형으로 하는 것이 근대 자본주의사회임은 말할 것도 없다.

주의해야 할 것은 이 네 종류의 원리적 유형은 실제로는 각각의 사회에 병존하고 있는 것으로, 가령 시장경제가 기

---

32) 우에하시 나호코(上橋菜穂子)『이야기하기, 살아가기(物語ること、生きること)』, 고단샤파랑새문고(講談社青い鳥文庫), 2016

본이 되는 현대사회에서도 국가의 세제에 기초를 둔 재분배도 있고 증여와 분배가 시행되는 일도 있다. 이른바 '오스소와케おすそ分け[33]'가 분배인지 증여인지 판단하기 어렵듯이 어떤 유형인지 분명하지 않은 경우도 있을 것이다.

하여간 재화의 이동은 반대 방향의 부채를 발생시키는 것이며 이 원리를 변환함으로써 현실의 다양한 교환이 이루어지고 있다. 그것은 동시에 사람과 사람과의 관계성을 상정하는 것이고 레비스트로스가 말하듯이 사회의 근원은 교환이다.

2 상업의 발생과 전개(전근대)

일본에서의 상업 발생과 전개를 개관한다.

우선 '임시에서 상시로'라는 흐름이 있다. 다시 생각하면 교환이란 자신이 필요로 하지 않는 것을 필요로 하고 자신이 필요로 하는 것을 필요로 하지 않는 상대, 즉 자신과는 정반대인 '타자'와의 교섭이다. 그러한 타자와의 교섭을 지탱하는 존재로서 신불神佛의 가호를 구했던 것은 당연한 결과이며 예로부터 시장의 대부분은 마쓰리祭り와 함께 임시로 설치되었다. 『고사기古事記』와 『일본서기日本書紀』에 등장하는 쓰바이치海柘榴市는 나라현奈良県 사쿠라이시桜井市

---

33) 얻은 물건을 남에게 나누어 줌

그림 2-8　니치요이치(고치시)

에 소재했던 고대의 시장인데 이곳이 우타가키^{歌垣34)}가 열리는 남녀의 만남의 장소가 된 것도 그것이 마쓰리를 여는 장소였기 때문이다. 교토 도지^{東寺} 절의 '고보상^{弘法さん}'이나 기타노텐만구^{北野天満宮}의 '텐진상^{天神さん}'과 같은 신사·사원의 엔니치^{縁日35)} 때 개최되는 장을 각지에서 볼 수 있는 것도 그 영향이라고 생각해도 좋다. 이러한 시장을 가호하는 신불을 믿고 나아가 에비스^{恵比寿}와 같은 상업의 수호신인 '이치가미^{市神36)}'를 신앙하게 된다.

　이러한 임시 장은 머지않아 월 3회가 되고 월 6회가 되

---

34) 고대에 구애를 위해 남녀가 모여 노래를 주고받으며 춤추던 행사

35) 신불의 강림, 시현, 구원과 같이 특별히 유서 깊은 날

36) 시장을 관장하는 신

그림 2-9 니치요이치의 과일 매대(고치시)

다가 결국에는 상설 시장이 되었다. 한편 정기적으로 서는 장이 지금도 각지에서 개최되고 있다. 니시무라 시게오의 그림책『니치요이치』[37]에서도 유명한 고치시高知市의 니치요이치日曜市(일요 시장)의 기원은 겐로쿠元禄 3년(1690년)까지 거슬러 올라간다고 한다('니치요이치'라는 호칭은 근대 이후일 것이다). 도사土佐의 신선한 야채, 과일, 화훼, 생선과 같은 1차 산품에서 가마보코かまぼこ나 튀김 같은 가공품, 농기구, 낡은 가재도구까지 갖가지 노점이 대략 1km에 걸쳐 늘어서고 많은 손님으로 북적거린다. 관광객도 대호평으로 고치시 홈페이지에는 "니치요이치는 매주 일요일

37) 니시무라 시게오(西村繁男)『니치요이치(日曜市)』, 동심사(童心社), 1979

그림 2-10　불화를 팔러 다니는 시라카와메(교토시)

에만 개최합니다. 연간 일요일 이외의 날에 개최하는 일은 없습니다"라는 희한한 주의사항이 적혀있다.

또 '이설移設에서 상설常設로'라는 흐름도 알 수 있다. 시장이 임시라면 어디에서인가 날라서 들여놓게 되는 것은 당연하다. '나르다'와 '바꾸다'는 밀접한 관계가 있다. 이동하면서 장사하는 행상은 오래전부터 있었고 '이타다키イタダキ' '보테후리ボテフリ'와 같은 행상인을 가리키는 호칭은 각각 머리, 멜대와 같은 운반 방법에 기인한 명칭이다. 상품의 도착을 알리기 위한 독특한 소리와 음악도 고안되었다(그 후예가 '사오다케야さおだけ屋'일까)[38]. 장작과 숯을 팔러 오

---

38) 사오다케야는 빨래를 너는 대나무 장대를 트럭에 싣고 팔러다니는 행상인으로, 보통 '사오다케야'라고 외치며 이동함

는 오하라메^{大原女}, 민물고기를 팔러 오는 가쓰라메^{桂女} 등 근교 농어촌으로부터의 물자공급이 교토를 지탱하고 있었던 셈이며, 시중의 사원 불단에 올리기 위한 꽃을 팔러 오는 시라카와메^{白川女}는 21세기 초반까지도 대형 짐수레를 끄는 모습을 볼 수 있었다(지금에야 소형 트럭을 사용하겠지만). 도야마^{富山}의 약장수가 가정 상비약을 두고 가면서 사용한 만큼의 대금은 차후 수금하러 오기로 하는 '오키구스리^{置き薬}' 방식으로 전국적으로 판매망을 늘렸던 것은 잘 알려진 일이다.

예전에는 서비스도 이동판매가 주류로 '데쇼쿠^{出職}'라고 불렸다. 현장에서 작업하는 석공, 목수, 지붕 잇는 일 등의 장인은 당연히 그렇게 되고 목기를 만드는 갈이장이나 주물을 만드는 주물공, 철기를 가공 수리하는 대장장이 등도 각 재료를 구하기 위해 전국을 돌아다니게 된다. 시가현^{滋賀県} 히가시오미시^{東近江市}의 기미가하타^{君ヶ畑}와 히루타니^{蛭谷}가 발생지라고 하는 갈이장이는 몬토쿠천황^{文徳天皇}의 첫째 아들인 고레타카친왕^{惟喬親王}의 기술을 전수했다고 하는 전승이 있으며 황실이 내주었다고 하는 전국 통행과 목재 벌채 허가증(위조문서이지만)을 가지고 각지에서 목공에 종사했다. 이러한 유랑하는 사람들이 때로는 특별하게 때로는 차별적으로 받아들여지면서 지역 간 교류에 관여하며 열도 사회를 형성해갔다는 것은 '나르다' 절^節에서도 지적한 대로이다.

그리고 '겸업에서 전업으로'라는 흐름을 알 수 있다. 임시로 이설하는 상업에서는 어부가 물고기를 팔고 농가가 야채를 파는 등 생산자가 판매자를 겸하는 일은 매우 일반적이었다. 그러나 유통이 확대되면서 상업의 프로이자 장사를 업으로 하는 집안이 탄생하게 된다. '미세店(상점)'라는 말은 '미세다나見 せ棚(진열대)' 즉 상품을 늘어놓고 보여주는 선반에서 유래한다고 하며 전업으로 장사를 하는 집안이 상설 가게를 차리고 경영하는 형태가 표준이 되어갔다. 보여주고/매료시켜서 파는 일에 최적화한 전시가 창의적으로 고안되었다. 항구 마을, 역참 마을, 사원·신사 주변 마을, 성 주변 마을 등 사람들이 모이는 마을에 상인 집안이 집중하여 상점가가 탄생하고 도시 특유의 번화함을 만들어갔다.

또한 상인 집안의 발생은 동업자 집단으로도 확장한다. 중세에 이미 술집과 전당포 등의 동업자 집단이 형성되어 있었다고 하며 품질 유지에 힘쓰는 동시에 상업 관행을 정하여 가격을 통제함으로써 동업자의 이익 유지를 위해 노력했다. 이렇게 만들어진 상업 관행은 외부에서는 짐작할 수 없는 것이 되었다. 시대는 내려오지만 1935년에 개설되어 2018년에 영업 종료한 도쿄 주오구中央区의 쓰키지시장築地市場은 전국 각지의 어패류가 모이는 것으로 알려졌고 그중에서도 새벽의 참치 도매는 색다른 활기를 띠었다. 운반되온 참치

그림 2-11　쓰키지시장의 참치 도매

를 늘어놓고 중개상들이 품질을 민첩하고 꼼꼼하게 체크한 후에 단상에 올라간 판매자가 경매한다. 노래 부르는 듯 춤추는 듯한 목소리와 몸짓으로 불과 수 초 사이에 중개인 과의 거래 교섭이 성립하지만 무엇이 어떻게 팔린 것인지는 비전문가로서는 전혀 이해가 불가능하다.

　이러한 상업 관행은 시대와 상황의 필요에 따라 생겨난 것이며 상응하는 역할을 가지는 것이지만 그중에는 복잡 함과 세분화가 심하고 기능 부전을 초래하는 듯이 보이는 것도 있다. 그리고 그 극복을 위한 노력이 상업의 근대화 여정이 된다[39].

---

39) 나카무라 마사루(中村勝)『시장이 이야기하는 일본의 근대(市場の語る日本 の近代)』, 소시에테문고(そしえて文庫), 1989

3 백화점, 슈퍼마켓, 편의점(근대)

점포 형태의 변천부터 상업의 근대를 개관한다.

근대적 상업 공간의 우두머리라고 말할만한 백화점은 1852년 프랑스 파리에서 개업한 봉 마르셰Le Bon Marché 가 효시로 여겨지고 있다[40]. 백화점은 소비자가 자유롭게 들어가서 정가로 구입할 수 있는 것이 특징이다. 역으로 말하면 그 이전의 상점은 누구나가 들어갈 수 없었고 거래 대상에 따라 가격이 바뀌었던 것이다. 19세기 서구는 제국주의, 산업혁명, 그리고 대중사회가 발흥勃興한 시대이며 그것을 상징하는 행사가 1851년의 런던을 시작으로 각지에서 개최된 만국박람회였다. 해외 수입품과 대중을 대상으로 한 공업제품이 늘어선 박람회는 백화점과 매우 유사한 성격을 가진다. 상설된 박람회가 백화점이며 임시 백화점이 박람회라고 해도 좋은 정도이다. 백화점(그리고 박람회)은 상품의 쇼케이스이므로 제국주의, 산업혁명, 대중사회의 쇼케이스가 되기도 했다[41].

일본 최초의 백화점은 1940년 도쿄 니혼바시日本橋에 개업한 미쓰코시고후쿠점三越吳服店이라고 알려져 있다. 잘 알려진 바와 같이 미쓰코시는 원래 에도江戸 시대에 창업

---

40) 가시마 시게루(鹿島茂)『백화점을 발명한 부부(デパートを発明した夫婦)』, 고단샤현대신서(講談社現代新書), 1991

41) 요시미 순야(吉見俊哉)『박람회-근대의 시선(博覧会の政治学-まなざしの近代)』, 주코신서(中公新書), 1992/한국어판 이태문 역, 논형, 2004

한 포목점이며 그 외에도 이세탄伊勢丹・오마루大丸・마쓰자카야松坂屋 등 포목점을 전신으로 한 백화점은 적지 않다. 한편 오다큐小田急・긴테쓰近鉄・세이부西武・도큐東急・한신阪神과 같은 철도회사가 개업한 백화점도 많은데 그 모델을 만든 것이 한큐阪急이다. 1910년에 개업한 미노아리마전기궤도箕面有馬電気軌道(훗날의 한큐전철阪急電鉄)는 사장 고바야시 이치조小林一三의 구상으로 '연선 주택지沿線住宅地' 개발, 종점인 다카라즈카宝塚에 유원지를 개업하는 등(1914년에 훗날의 다카라즈카가극단宝塚歌劇団을 창시) 철도 이용자를 적극적으로 만들어내는 독특한 사업을 내세워 갔다. 백화점도 그 일환으로 1929년에 터미널이 될 우메다역梅田駅에 한큐백화점阪急百貨店을 개업하였고, 최상층에 만든 모던한 식당은 서민에게 동경의 대상이 되었다. 이렇듯 철도 터미널에 백화점을 출점하는 방식은 전국으로 파급되어 오늘에 이르고 있다[42].

전쟁 전 정착한 백화점에 비해 슈퍼마켓의 보급은 전후가 된다. 아시아태평양전쟁의 완전한 패배로부터 부흥을 노리던 일본에서는 모든 분야에서 전승국이면서 점령국인 미국을 모범으로 삼아 따라잡기 위해 노력했으며 유통 면에서도 미국류의 셀프서비스 방식에 의한 양판점이 도입된

---

42) 쓰가네사와 도시히로(津金澤聰廣)『다카라즈카 전략–고바야시 이치조의 생활문화론(宝塚戦略–小林一三の生活文化論)』, 고단샤현대신서(講談社現代新書), 1991

다. 1957년 오사카 센바야시千林에 개점한 다이에ダイエー나 1958년 도쿄 기타센쥬北千住에 설립된 요카도ヨーカ堂(후에 이토요카도イトーヨーカ堂)는 각각 점포망을 전국 규모로 확대하고 슈퍼마켓은 주부 쇼핑의 정석으로 정착했다. 싼값의 상품으로 소비자의 지지를 얻고 그것을 무기로 제조회사에 압력을 가해 더욱 싼 가격에 상품을 사들이는 양판점의 경영 전략은 생산자로부터 복수의 도매를 거쳐 소매에 이르는 종래의 상업 관행에 과감한 변혁을 재촉하는 힘이 되었다[43].

반발이 일어나는 것도 당연한 결과이다. 슈퍼마켓의 진출에 따라 고객을 잃은 종래의 상가, 상점가가 결탁하여 슈퍼마켓 출점에 저항하게 된 것이다. 이를 중재하기 위해 성립한 것이 '대점법大店法'이라 불리던 '대규모 소매점포의 소매업 사업활동 조정에 관한 법률'(1973년 제정, 2000년 폐지)이며 이에 따라 슈퍼마켓이 출점할 때는 기존의 상점가와의 사전 협의 의무가 생겼다. 상점가가 슈퍼마켓에 '기다려'라는 제지를 할 수 있게 된 것이다.

이러한 상황에서 새롭게 등장한 것이 편의점이다. 이미 미국에서 전개하고 있었던 동종의 스타일을 배우면서 '대점법' 대상 밖에 있는 소규모 점포에 갖가지 상품과 서비스를 응축한 다기능 상업 공간을 실현시켰다. 1973년에 시작한

---

43) 사노 신이치(佐野眞一)『카리스마–나카우치 이사오와 다이에의 '전후'(カリスマ–中内功とダイエーの「戦後」)』, 신초문고(新潮文庫), 2001

세븐일레븐이 이토요카도 자본이었고 1975년에 시작한 로손이 다이에 자본이었던 것은 편의점이 슈퍼마켓의 진화형이었음을 단적으로 설명하고 있다.

지금 편의점은 전국을 석권하고 이미 지역의 인프라가 되었다고 해도 좋다. 전국으로 확산된 점포에서 모인 소비자 동향의 축적은 요구에 부응한 적확한 신상품 개발을 가능케 하고 소비 트랜드를 선도하는 존재로까지 진화했다. 소비자에 직접 접근 가능하다는 편의점의 지위는 다른 오프라인 매장이 따라가지 못하는 강점이라고 할 수 있겠다.

백화점, 슈퍼마켓, 편의점이라는 점포 형태의 변천에서 상업의 근현대사를 개관할 수 있다. 그리고 전자 상거래가 그 동향을 크게 바꾸는 '게임 체인저'로 등장한다.

4 '인격적 교환'의 소실과 재생(현재)

자주 언급한 대로 세계화란 교통·통신 기술의 혁신이 가져온 시간적·공간적 제약의 해소에 의해 발생한 정치·경제·사회·문화 …의 과감한 혁신을 가리키며 이에 따라 비약적으로 확대된 것이 전자 상거래이다. 아마존닷컴은 1995년에 라쿠텐樂天은 1997년에 시작했으며 당시 전자 상거래에 대한 회의는 적지 않았지만 그러한 시선을 뒤로하고 시장 규모는 어느새 확대되어 일본에서는 2019년에 소비자 대상 시장 규모가 19조 엔円을 넘어섰고 그 기세는 여전히 멈추지 않는다.

전자 상거래의 급성장을 떠받치는 요인으로 이른바 '롱테일' 시장이 있다. 상품은 무수한데 오프라인 점포에 늘어놓고 판매할 수 있는 종류에는 물리적 한계가 있으므로 그 결과 잘 팔리는 상품만을 점포에 두고 그 이외의 상품은 제외하게 된다. 잘 팔리지 않아 제외된 상품이지만 수요가 없는 것은 아닌 무수의 상품–그래프로 표현하면 긴 꼬리와 같이 보이므로 '롱테일'이라고 한다–을 늘어놓을 수 있게 한 것이 오프라인 점포의 물리적 크기에 제약받지 않는 전자 상거래였다.

단적으로 이 혜택을 받은 것이 책이며 작은 서점에는 진열할 수 없었던 특정 독자를 위한 제목의 책을 온라인 서점에서 간단하게 입수할 수 있게 되었다. 어디에 살든지 모든 제목의 책들이 손에 들어온다는 것은 독자로서는 복음이었지만 다른 한편으로는 상품을 골고루 갖춘 무한함이 자랑인 거대 온라인 서점에 대해 약소한 오프라인 서점이 대항할 수 있는 여지도 없어졌다. 서점의 폐업이 이어지고 서점이 없는 마을이 급속하게 많아진 것도 어쩔 수 없는 전개였다.

이렇게 아마존닷컴과 같이 극히 일부의 온라인 플랫폼 기업이 상품 유통의 정점에 군림하게 되었다. 실제로 소비자의 구매 이력을 집적하여 그 방대한 데이터를 AI로 분석하고 개개의 소비자에게 최적화된 적확한 광고를 내보내게 한 것은 훌륭하다고 할 수밖에 없다. 온라인 숍이 나에게 보내온 광고를 보고 '정말로 이게 갖고 싶었어!'라고 생각한 경우는 적지 않다. 어느 순간 갑자기 아기용품 광고가 들어와서 의아스러웠는데 얼마 후에 아이를 가졌다는 지인까지 있었다. 우리의 구매 이력은 우리가 전혀 모르는 논리로 철저하게 분석되어 스스로는 알아차리지도 못하는 미래까지 정확하게 파악되고 있는 것이다.

극히 일부의 상품/콘텐츠만이 폭발적으로 히트하는 '몬스터 헤드モンスターヘッド'44)는 '바즈루バズる45)'라는 SNS 환경을 전제로 한 현상이며 '롱테일'의 반대쪽에 있으면서 동일하게 인터넷이 초래한 현실이다. 그리고 GAFA(구글, 애플, 페이스북, 아마존)로 총칭되는 온라인 플랫폼 자체도 '몬스터 헤드'라고 해도 좋을지 모른다. 편리하고 쾌적한 서비스를 제공하는 플랫폼 기업은 결코 자선사업가가 아니며 검색·열람 데이터와 같은 기업 측에 축적된 방대한 개인 정보는 악용하려 들면 얼마든지 가능하다. 임의의 자원은 '활용'하는 데 있어서 그 근거가 될 일정한 정보 축적/데이터베이스를 필요로 하지만 그것이 시민의 감시를 벗어나 극히 일부 영리 기업에서 불투명하게 대리 관리되는 현 상황은 매우 위험하다고 할 수 있다.

---

44) monster head, 히트 상품이 더욱 거대화하는 현상
45) 웹상에서 화제가 되어 주목받는 일

그림 2-12　지온지 절의 데즈쿠리이치(교토시 사쿄구)

　　벼룩시장의 꾸준한 확산은 그러한 위기를 무의식적으로 느꼈기 때문일지도 모른다. 교토시 사쿄구左京区 햐쿠만벤百万遍의 지온지知恩寺 절 경내에서 1987년부터 시작된 '데즈쿠리이치手づくり市'는 음식도 잡화도 만든 사람이 직접 판매하는 임시 시장이다. 판매자도 구매자도 서서히 늘어서 근래에는 추첨으로 400명가량의 생산자가 출점하며 매월 15일에는 경내가 쇼핑객으로 붐빈다. 가장 가까운 데마치야나기역出町柳駅에서 경내로 향하는 도로변에도 노점이 나오거나 보통 때는 밤에만 여는 가게가 낮에도 영업하거나 일반 민가에서 필요 없는 물건을 늘어놓고 무인 판매를 하는 식으로 갖가지 장사가 늘어 가고 있다. 이 같은 시도는 전국 각지로 확산하고 있으며, 얼굴을 마주하는 매매에 꿋꿋한 수요가 있음을 엿볼 수 있다.

모스가 『증여론』에서 지적했듯이 증여는 '부채'를 동반하는 인격적 교환이며 그리고 상업의 역사는 그 인격을 소실시키는 방향으로 계속해서 나아갔다. 그렇지만 극한이라고도 할 전자 상거래에 대한 반동에서인지 인격적 교환의 '재생'이라고도 할 현상이 서서히 발흥하고 있다. 우리들의 생활은 당분간 비인격화되고 합리화된 교환에 의해 유지되어 갈 것이다. 그러나 리스크도 무시할 수 있는 것은 아니게 되었다. 그 리스크가 인격적 교환의 '확보'로 사람들을 향하도록 하는 것일지도 모른다.

교환은 사회의 근간이며 생존의 근간이다. 우리는 교환을 '길들이는' 일이 가능할까?

5 바꾸다 · 설문 초록 : '내가 좋아하는 가게'

상설/가설, 오프라인/온라인과 관계없이 '내가 좋아하는 가게'를 들도록 했다. 백화점, 슈퍼마켓, 편의점부터 음식점 · 전문점까지 실로 다양한 가게가 소개되고 우리의 생활이 무수한 상거래에 의해 유지되고 있음을 새삼스레 실감했다 (여기서 든 것은 최종 소비자용 거래만이며 그 저편에는 더욱 방대한 기업 간 거래가 있다). 흥미로운 사례를 골라 보자.

우선 숫자는 적지만 무인 점포(영어로 honesty box라니

좋은 이름이다)나 행상의 보고가 있다. 비전업자에 의한
임시 상거래는 증여의 연장이라는 취지가 있으며 상업의
원점을 느끼게 한다.

> 【행상】 우리 집은 역 근처의 거리에 있는데 일주일에
> 수차례 농가의 아주머니가 야채를 팔러 온다. 조모
> 는 이 아주머니에게서 자주 야채를 사서 저녁을 만
> 든다. 신선해서 매우 맛있고 내가 오랜만에 본가에
> 돌아가서 먹었을 때는 교토의 슈퍼마켓에서 사는 야
> 채와의 맛 차이를 느끼고 새삼 놀랐다. "맛있었다"
> 고 전하면 기뻐해 주는 것도 이 판매 방식의 장점이
> 다. 예전에 우리 집은 여관을 하였고 식사도 만들어
> 제공하고 있었으므로 그즈음부터 할머니와 가깝게
> 지냈던 모양이다. 당시는 쓰케모노漬物(저장식품)
> 도 직접 절였으므로 할머니가 팔러 왔을 때 오이가
> 팔리지 않아 산처럼 남아있거나 하면 "그거 전부 살
> 테니 놓고 가요"라고 했다고 한다. (니가타현新潟県
> 나가오카시長岡市)

　일상생활에 필요한 가재도구도 구입해야 하지만, 많은
선택지가 있어서 비전문가로서 고민스러운 일도 종종 있다.
그러한 때에 점원의 상품설명은 중요한 포인트가 된다.

> 【가전 양판점】 집에서 도보 5분 거리에 한신阪神이
> 추천하는 모 가전 양판점이 있다. 생활가전만을 산
> 다면 아마존으로 충분하지만 이곳에는 약간 유명한
> 점원이 있다. 그 점원은 장삿속이 전혀 없고 상품
> 의 장점뿐 아니라 단점도 숨기지 않고 가르쳐 준다.
> "일본제품이 좋을까요?"라고 물으면 "아 그게 마지

막 조립을 일본에서 한 것뿐이니까요, 별로 다르지 않아요"라는 식이다. 그러나 상품지식은 확실해서 설명도 조리있고 자기 생각을 강요해서 상품을 억지로 파는 일은 절대 하지 않는다. 우리 어머니와 할머니처럼 가전제품에 어두운 사람으로부터의 평가는 최상급이고 나 자신도 어디의 누가 썼는지 모르는 인터넷의 리뷰보다 그에게 전폭적인 신뢰를 보내고 있다.

이른바 '정보의 비대칭성'이라고 일컬어지는 상황이다. 상거래의 경우 판매자에게 상품정보가 많은 상황은 일반적으로 이 비대칭성을 어떻게 메꾸고 구매자가 납득할 수 있을지가 거래 성립의 열쇠가 된다. 그런데 구매자가 알고 싶은 정보를 알고 싶은 타이밍에 과부족 없이 제공하기란 의외로 어렵다. '점원의 안내 없이 천천히 상품을 보고 싶다'는 바람은 패션 관계 업종에서 특히 눈에 띈다. 이 명물 점원과 같은 '적당한 거리감'은 확실한 니즈가 있으므로 결과적으로 매상에도 공헌하고 있는 것으로 보인다.

스포츠나 취미와 관련된 가게에서는 판매자와 구매자의 관계에 머물지 않고 구매자끼리의 교류 접촉점으로 만들어진 커뮤니티 기능이 가게의 매력이 되기도 한다. 다음의 낚시 가게도 그 한 예이다.

【중고 낚시 가게】 내가 거주하는 히가시히로시마시東広島市에는 소수의 낚시꾼만이 아는 중고 낚시 가게 '가에루야かえるや'가 있다. 10년 전쯤 개점한 이래

나와 낚시 동료들은 단골손님이다. 뒷골목의 낡은 아파트 모퉁이에 지어진 가게에서는 개그맨 조슈 고리키長州小力를 꼭 닮은 점장이 담배를 태우면서 낚시 도구를 판매·정비하고 있다. '가에루야'는 어떠한 낚시 도구도 염가로 판매하고 그 염가를 훨씬 넘는 초염가로 낚시 도구를 사들이고 있다. 나와 같은 애송이가 낚시 도구를 팔아도 싸구려조차도 못 되고 점장에게 냉랭한 목소리로 "기껏해야 100엔 정도야"라며 가벼운 취급을 당하는 것이 결말이지만 돈이 없는 애송이에게는 헐값에 사주는 것만으로도 충분히 고마웠다. 담배 연기 가득한 가게 안에서 낚시 도구를 고르고 점장과 다른 낚시꾼들과 이야기 나누며 바로 낚시하러 나갔던 날들은 교토에서는 맛볼 수 없는 최고의 체험이었다.

서점은 학생·연구자에게는 기반이 되는 인프라의 하나이지만 근래에는 환경 변화가 현저하다. 디지털 서점에 의해 모든 책을 전국 어디에서도 살 수 있게 된 것은 복음이지만 다른 한편으로는 긴 세월에 걸친 출판 불황으로 오프라인 서점의 감소는 제동이 걸리지 않고 요즘은 서점이 없는 마을이 드물지 않다. 읽지 않으면 내용을 알 수 없는 책은 '정보 비대칭성'의 극치라고도 할 수 있는 상품이므로 이따금 표지에 끌린다고 하는 우연한 만남이 중요한 의미를 가진다. 새책 헌책을 불문하고 만남의 장으로서의 오프라인 서점에는 중요한 역할이 있는 셈이다.

【후루혼이치古本市(헌책 마쓰리)】내가 좋아하는 것

은 교토에서는 매년 세 번 열리는 후루혼이치. 교토, 오사카에서 2~30곳의 고서점이 출점하고 보통 때는 꽤 가기 힘든 서점의 상품을 찾을 수 있습니다. 비교적 저렴한 '특가품' 코너가 있는 것도 매력적이지요. 이와 같은 대규모 후루혼이치에는 '지식 세계의 확산'을 눈으로 보고 느낄 수 있다는 효능이 있습니다. 도서관이라면 분류에 따라 책을 서가에 배열하기 때문에 어떤 의미에서는 예상 범위 내에 있습니다. 그러나 후루혼이치에서는 서점 단위로 코너가 마련되고 가게마다 독특하게 배열되어 있으므로 끝에서부터 순서대로 보아가면 일종의 혼돈 속에 서게 됩니다. 그러나 그 혼돈이야말로 '확산'을 느끼게 해주는 것입니다.

마지막으로 디지털이 '바꾸다'에 초래한 영향이 반드시 하나의 의미만을 갖는 것이 아님을 다음 보고를 통해 확인해 두자.

【벼룩시장 어플】최근에 벼룩시장 어플을 이용하기 시작했습니다. 인터넷에서의 쇼핑을 좋아하지는 않았지만 불필요한 물건을 팔고 싶은 마음에 친구에게 소개받은 것이 그 어플입니다. 처음에는 불안하기도 하고 약간 무서웠지만 시작해보니 보이지 않는 상대와 문자를 주고받으면서 쇼핑을 할 수 있고 나도 팔고 싶은 물건을 팔 수 있는 순환이 몹시 편하게 느껴졌습니다. 오프라인 점포에 가서 스텝과 수다 떠는 일도 좋지만 자신이 다른 일을 하면서도 쇼핑을 할 수 있고 착용감과 같은 감상을 들을 수 있는 굉장한 어플에 감동하여 지금은 가장 좋아하는 가게가 되었습니다.

전자 상거래의 확대는 GAFA로 총칭되는 거대 플랫폼 기업을 압도적인 지위로 밀어 올렸지만, 그 한편으로는 디지털을 매개로 한 최종 소비자끼리의 새로운 교환인 공유 경제도 점차 존재감을 높이고 있다. 이러한 구조가 머지않아 집권적 플랫폼으로 변용해 갈 것인지 혹은 분권적 네트워크로서 집권적 교환에 대한 대안이 될 수 있을지 앞으로 주시할 필요가 있을 것이다.

사람은 살기 위해 교환하는 것이다. 교환에 휘둘리며 살아서는 안 된다.

6 바꾸다 · 북가이드

상업의 역사는 임시·가설·비전업에 의해 시작되지만 그 분위기를 자아내는 정기적으로 열리는 시장은 지금도 각지에서 계속되고 있다. 이케다 신이치의 『도호쿠 아사이치 기행』[46]은 사진가인 저자가 얼마 안 되는 정보를 단서로 각지의 아사이치朝市(아침에 서는 장)를 찾아다니며 촬영한 역작. 그 지역 밖으로 유통되는 일 없는 진귀한 산나물과 생선이 매매되며 지역의 생활을 지탱해 온 상황이 정감 넘치는 시선을 통해 드러난다.

엔니치 때 마쓰리와 함께 열리는 장도 일종의 정기 시

---

46) 이케다 신이치(池田進一)『도호쿠 아사이치 기행(東北朝市紀行)』, 고부시 쇼보(こぶし書房), 2014

장이라고 할 수 있고 『데키야는 어디에서 오는 걸까?』[47]는 그 주역인 데키야テキヤ[48]의 생업에 다가간다. 어디의 누군지도 모르는 노천상인들은 뜻밖에도 근방에 살고 있으며, 제례 일정에 맞춰 근처를 이동하며 노천상을 운영하고 있다는 사실을 꼼꼼한 조사를 통해 밝혀낸다.

데키야도 그렇지만 '나르다'와 '바꾸다'는 밀접한 관계에 있다. 『행상 열차』[49]는 야채, 생선, 과자, 잡화 등 갖가지 상품을 가득 채운 깡통을 짊어지고 기차에 타는 행상인들–통칭 '칸칸부대カンカン部隊'–을 그려낸 한 권. 만든 이와 사는 이가 여자의 가녀린 팔이 아닌 등 위에서 맺어지고 있다는 사실에 놀란다.

상업은 항시·상설·전업이 됨으로써 독특한 상업인 문화를 만들어낸다. 『쓰키지』[50]는 세계 최대규모 어시장인 쓰키지 시장을 필드 워크한 성과. 방대하고 다종다양한 생선을 신속하고 안전하게 운송해 오기 위해 '어류의 프로'인 중개인들의 풍부한 지식과 확실한 기술이 절묘하게 연계되

47) 하라 가나에(原香苗)『데키야는 어디에서 오는 걸까?–노점 상업의 근대화를 찾아가다(テキヤはどこからやってくるのか？–露店商いの近現代を辿る)』, 고분샤신서(光文社新書), 2014

48) 마쓰리 때에 수레형 매대인 야타이(屋台)를 설치하는 단체

49) 야마모토 시노(山本志乃)『행상 열차–〈칸칸부대〉를 쫓아서(行商列車–〈カンカン部隊〉を追いかけて)』, 소겐사(創元社), 2015

50) 시어도어 베스터(Theodore C. Bestor), *Tsukiji - The Fish Market at the Center of the World*, 2004 /『쓰키지(築地)』, 와나미 마사코(和波雅子) 외 번역, 기라쿠샤(木楽舎), 2007

어 시장을 지탱하고 있다는 것을 밝히고 있다.

그런데 쇼핑을 하려면 우선 필요한 것이 있다. 경제역사연구자 고지마 요헤이의『사라킨의 역사』[51)는 월부, 전당포 등 서민의 가계를 지탱한 금융의 내력을 명확히 한다. '삼종 신기'라고 불리던 가전제품을 적잖이 빚으로 구입했고 '일본적 고용'하에 마작이나 골프와 같은 '교제'에 투자하지 않을 수 없었던 샐러리맨들이 사라킨サラ金[52)의 고객이 되었던 사실 등 전후 서민 생활의 변화를 금융을 중심으로 파헤치는 통쾌한 저서이다.

마지막으로 자본주의의 제한 없는 팽창에 항거하여 인격적 교환으로의 회귀를 탐색하는 힌트를『위 제너레이션』[53)에서 살펴보자. 빈 방이 있는 사람과 그곳을 빌리고 싶은 사람을 온라인 중개하는 일로 급성장한 에어비엔비Airbnb와 같이 인터넷에는 말단 이용자가 주체적으로 관여하는 교환을 디자인할 가능성이 있다. 디지털이기에 가능한 '공유'에 포커스를 둔 이 책은 GAFA와 같은 몬스터 플랫폼만이 인터넷 경제의 미래가 아님을 가르쳐 준다.

---

51) 고지마 요헤이(小島庸平)『사라킨의 역사–소비자금융과 일본사회(サラ金の歴史–消費者金融と日本社会)』, 주코신서(中公新書), 2021

52) 샐러리맨 금융의 약칭으로 회사원·주부 등 개인 상대의 소액 고리대금업

53) 레이첼 보츠먼(Rachel Botsman) & 루 로저스(Roo Rogers), *What's Mine Is Yours: The Rise of Collaborative Consumption*, 2010 /『위 제너레이션–다음 10년을 지배할 머니 코드』, 이은진 역, 모멘텀, 2011

칼럼③ 보는 눈을 기르다

"눈은 탐방 처음부터 움직이고 있어서 멀리서도 활동할 수 있다. 촌락·집·의복, 그 외 우리의 연구 자료에서 눈으로 채집되는 것은 매우 많다"[54]. 야나기타 구니오도 말하고 있는 대로 최초의 탐방은 '보기'다. 앞의 칼럼에서도 언급했지만 '보기'는 일상적 동작과 연속해 있으므로 거기에서 서서히 앞으로 나아가는 것을 목표로 하면 된다. 근처를 산책하거나 통학 통근길에서도 주의해서 보면 의외로 발견이 있을 것이다[55].

하지만 '보인다'가 '알고 있다'와 같지 않다는 것을 잊어서는 안 된다. 항상 보고 있었을 건물이 개축된 순간에 기억나지 않는 일이 있듯이 보이는데 알아채지 못하거나 알지 못하는 일은 예상외로 많다. 그러므로 보는 눈을 기르는 훈련이 필요하다.

예컨대 보이는 것의 이름을 가능한 한 열거하기. 민속학 후원자로 유명한 시부사와 게이조는 미야모토 쓰네이치宮本常一를 비롯한 동지와 함께 에마키모노絵巻物[56]에 그려진 것들의 이름을 적는 '에비키絵引き[57]' 만들기를 시도하였는

---

54)『민간전승론(民間伝承論)』, 교리쓰사(共立社), 1934 /『전집』28권
55) 아카세가와 겐페이(赤瀬川原平) 외 저『노상관찰학 입문(路上観察学入門)』, 지쿠마문고(ちくま文庫), 1993
56) 두루마리에 그림을 그리고 문장을 곁들인 회화작품
57) 민속학자 시부사와 게이조(渋沢敬三)가 만든 조어로 사전과 비슷한 개념의

데[58] 이는 현실 풍경에서도 가능하다. 눈앞의 물건을 '집'이라고 부를지 '민가'라고 부를지 '마치야町家 풍의 상점'이라고 부를지 그 해상도는 보는 눈을 기르는 방법에 의해 달라진다. 보이는 것의 목록을 만들어가는 일은 사막이나 설원이 아니면 상당히 번거로운 작업이 되어 버리지만 여유가 있을 때 도전해 보면 재미있다.

또 한 가지 유효한 것이 '테마'를 정하는 일이다. 창문, 간판, 가로수 등 자신만의 테마를 가지고 보면서 걸으면 풍경의 해석력은 현격히 높아진다. 공장과 단지를 모티브로 한 작품으로 유명한 사진가 오야마 겐大山顕은 특정 테마의 채집을 되풀이하라고 권한다. 같은 일을 계속해서 반복하는 것이다. 필자는 처마 밑의 부적이나 골목의 고토리이小鳥居(소변 금지 대책 아이템)나 길모퉁이의 지장보살을 모신 사당 등의 채집을 시도하고 있는데, 횟수를 거듭할수록 출현하는 포인트를 예측할 수 있게 되고 마을 걷기의 정밀함이 올라가는 것을 실감한 경험이 있다. 두루 퍼져 있으면서 변화가 있는 테마를 설정하려면 약간의 공부가 필요하지만 테마가 생기면 대개의 장소는 즐겁게 걸을 수 있으므로 추천한다.

그림 색인

58) 시부사와 게이조(渋沢敬三) 편저『에마키모노에 의한 일본 상민생활 에비키(絵巻物による日本常民生活絵引)』전5권, 가도가와서점(角川書店), 1964~1968

그림 2-13　교토 마을 걷기 빙고

　끝으로 필자가 작성한 '교토 마을 걷기 빙고京都まちあるき
ビンゴ'를 실어 둔다. 교토에 특화한 아이템 배열이라 죄송
하지만 노상 관찰 중급 정도의 관찰력이 필요할 것이다. 꼭
완성에 도전해 보기 바란다.

┃ 회합1 혈연

1 가족–자연과 문화를 잇는 것(원론)

제3장에서는 '사회 조직^{social organization}' 쉽게 말해서 '사람과 사람의 관계'에 대해서 고찰해 가지만, 사람이 최초로 경험한 관계는 '피의 연결' 곧 '혈연'이리라(엄밀하게 말해서 연결된 것은 피가 아닌 DNA이지만). 사람이 양성의 결합으로 만들어진 이상 혈연과 무관하게는 끝나지 않는다. '혼외자' 마저도 혼인이라는 혈연관계와의 관련으로 정의되는 이상 혈연의 '외부'는 아니다. 이는 사람이 '혈연'을 생각할 때 왜 그런지 '내 혈연'에 제약되어 버리는 함정의 원인이 된다. 혈연을 제대로 생각하는 것은 오히려 어려운 것이다.

혈연관계를 생각하는 일은 사회과학에서는 '친족^{kinship} 연구'라고 해서 흔히 '동그라미와 삼각형'이라고 한다. 친

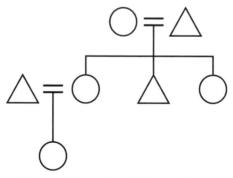

그림 3-1　친족도(동그라미와 삼각형)의 예

족 연구에서 불가결한 친족 관계도가 여성을 나타내는 동그라미(○)와 남성을 나타내는 삼각형(△)에 의해 표현되기 때문이다. 이 동그라미와 삼각형을 연결하는 관계는 친자관계, 혼인관계, 형제자매관계의 세 종류밖에 없다. 이 동그라미와 삼각형이 삼종 관계로 맺어지는 연계는 실제로 무한하게 찾을 수 있지만 보통 우리는 그렇게 인식하지 않는다. 선조와의 관계(부계·모계·단계·쌍계), 임의의 개인(ego라고 한다)으로 본 관계(부계·모계·쌍계), 거주 방법(부계·모계·독립)과 같은 지표로 특정한 범위를 '혈연'으로 간주한다. 그러므로 혈연은 생물학적 사실을 토대로 하면서도 그 상황은 시대, 지역, 사회 계층 등에서 흔들리게 된다. '이럴 것이다'라는 인식이 선행하여 실태를 오인하는 일도 자주 있으니 반복하는 것 같지만 혈연은 성가신 문제이다.

혈연에 의해 맺어진 관계의 중심에 위치하는 것이 '가족'이며 한 쌍의 부부와 미혼의 자식만으로 구성된 것을 '핵가족nuclear family', 복수의 혼인 관계를 포함한 것을 '확대가족extended family'이라고 한다. 이 핵가족 개념을 제창한 사람이 미국의 인류학자 조지 머독George Peter Murdock(1897~1985)이었다. 제2차 세계대전 중에 머독은 군사정보 연구라는 명목으로 해군에 지원하여 'HRAFHuman Relations Area Files'라는 데이터베이스를 구축했다. 이것으로 세계 각지의 친족 조직을 비교 연구했더니 가족의 형태는 천차만별이지만 그

핵심이라고 할 단위=‘핵가족’의 존재가 보편적으로 인정되며, 그 단위에서 영위되는 ①성과 생식 ②사회화(교육) ③경제(기본적 소비)가 기능이라고 그는 생각했다. 한 쌍의 커플에게서 생식 행위가 이루어지고, 그 결과로 태어나는 아이를 교육하고, 이를 위해서 필요한 의식주 등의 소비가 일어나는 셈이다.

핵가족의 보편성에 대해서는 비판도 있지만 적어도 ‘가족’이라는 사회조직의 보편성은 인정해도 된다. 그렇다고 한다면 이를 필요로 하는 보편적 이유가 있을 터이다. 결론부터 말하자면 ‘사회’와 ‘개인’을 매개하고 ‘자연’과 ‘문화’를 매개하는 기능이 그것이다. ‘사회’와 ‘개인’에 대해 말하면 사람은 응애하고 울음을 터뜨리는 순간부터 사회의 일원으로서 행동할 수 있는 것은 아니다. 혼자서는 아무것도 할 수 없는 무력한 존재인 사람의 신생아는 주위의 협력 없이 존재하고 성장할 수 없다. 연약한 신생아를 사회의 일원으로서 길러내기 위해 ‘가족’이라는 완충재가 불가결하다.

이를 다른 시각에서 보면 ‘자연’과 ‘문화’의 매개라고 할 수 있다. 다시 생각해보면, 가족은 사람의 ‘생물’로서의 측면에 보다 깊이 관여하고 있다. 예를 들면 타인 앞에서 방귀를 뀌면 부끄럽지만 가족 앞이라면 그렇지도 않다. 지적당하면 오히려 화를 내는 경우조차 있으리라. 또 우리 자신이 철들기 전의 일은 완전히 잊고 있지만 아기는 울고,

아우성치고, 열 나고 토하며 오줌까지 싸니, 육아란 똥오줌 투성이 '생물'로서의 신생아를 받아들이는 것이라고 해도 좋다. 이를 책임지고 맡아준 사람은 아마도 가족의 누군가였을 터이다. 본디 커플의 성행위부터가 그렇지만 생식도 배설도 생물에게 불가결한 행동이면서 타인 앞에서는 꺼려지는 일이다. 그렇게 해서는 '사회'가 성립하지 않는다. 한편으로 '생물'인 사람은 그것을 멈출 수 없다. 그것을 매개하는 것이 '가족'이며 사람의 '생물'로서의 측면을 '가족'의 영역에 붙잡아둠으로써 그것을 '사회' 쪽으로 가지고 들어가지 않고 '사회'가 '사회'로 있을 수 있게 한다. 사람의 '자연'을 안전하게 감싸서 '사회'를 가능하게 하는 피난처 내지 안전장치, 그것이 '가족'이라는 사회조직의 근원적인 역할이다.

2 이에(집)라고 하는 전체(전근대)

일본의 가족은 '이에家'라고 불리지만 정확히 말하면 '이에'는 더욱 다의적인 개념이다. 건물로서의 '가옥house', 혈연으로서의 '가족family', 경제적 실체로서의 '세대household', 생활의 장으로서의 '가정home', 이 모두가 이에라는 한 단어로 표현된다. 이에는 이 모두를 포함하는 포괄적인 존재이고 '이에라고 하는 전체'인 것이다.

다의적이며 포괄적인 '이에'이지만 ①가산家産 ②계보

관계 ③선조 제사의 3요소로 구성되어 있다는 것이 통설이다. 가족이 생활하기 위해서는 가산이 필요하며 그 가산은 부모로부터 자식, 자식으로부터 손자에게로 계보 관계에 따라 상속되고, 상속받은 자손은 가산을 물려준 선조를 제사 지내게 된다는 도식이다. 야나기타 구니오는 "선조가 간난신고艱難辛苦하여 마련한 기름진 논과 밭은 그대로 자손 대대로 전해져 천지의 은혜를 받게 하는 일이 되기도 했다./ 이 관계는 자손에게 선조의 은혜에 감사의 마음을 갖게 하고 인간과 자연의 근원을 찾는 뜻과 함께 이어져 옛날부터 조상숭배의 유풍을 낳았던 것이었다"라고 말하고 3요소의 관련은 벼농사라는 생업이 그러한 결과에 이르게 한 것이라고 설명했다[1].

이에는 안정된 것으로 생각하기 쉽지만 실제로는 변동이 끊이질 않는다. 가족의 출생과 사망은 물론 혼인과 양자 결연에 의한 새로운 구성원의 가입, 상속, 분가, 은퇴 후 생활에 의한 재산과 구성원의 분할 등 이에는 여러 요인으로 변용한다. 가령 부모, 자식, 손자의 3세대가 동거하는 대가족을 좋다고 생각하는 가정이라도 손자 세대가 혼인으로 출가하거나 부모 세대가 사망하면 일시적으로 핵가족이 되기도 한다. 전근대에서는 재해나 기근으로 일가가 뿔뿔이

---

1) 「농촌가족제도와 관습(農村家族制度と慣習)」『농정강좌(農政講座)』2~4, 1927~28 /『전집』12권, pp.479~480

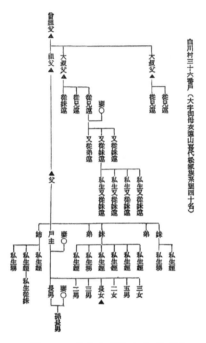

그림 3-2 시라카와무라의 대가족

흩어지는 괴로운 일을 당하는 일도 적지 않았다. 이에는
변화하고, 때로는 단절한다. 그렇기에 오히려 이에가 영속
하기를 바라는 심리상태도 중요하다.

전통적인 이에라고 하면 '대가족'이 떠오를지도 모른다.
그중에서도 유명한 것이 히다시라카와飛驒白川의 대가족이
다. 이는 1911년 아직 법학부 학생이었던 경제역사가 혼
조 에이지로本庄栄治郎(1888~1973)가 『교토법학회잡지京都法
学会雑誌』(6권 3호, 1911)에 소개하여 학계의 주목을 받은

것이다(옛날 학생은 훌륭했었다). 시라카와무라^{白川村} 미보로^{御母衣}·도야마가^{遠山家}의 족보는 일본 가족 연구에서 가장 유명한 족보라고 해도 좋은데 이를 보고 바로 생각나는 것은 '사생^{私生}'이라고 표기된 구성원이 이상하게 많다는 점이다. 이것이 무엇을 의미하는가 하면 남녀 관계가 문란했다는 건 결코 아니다. 족보를 잘 보면 적통 이외 곧 호주의 처 이외의 여성이 낳은 아이가 '사생'이라 적혀 있음을 알 수 있다. 다시 말해 호주 부부 이외에 '정식 결혼'이 인정되지 않았던—실태로서의 '허혼^{許婚}관계가 공인되고 태어난 아이가 여성 쪽 생가의 성원이 된다—결과이다. 여성 민속학자의 황무지를 개척한 한 사람인 에마 미에코(1903~83)는 이러한 '정식 혼인'을 하지 않은 부부가 많이 있는 대가족의 육아를 다음과 같이 묘사하고 있다.

> 그러면 여자들이 낳은 아이들은 어떻게 되는가? 여자들은 가정은 갖지 않지만 각각 남편은 있으니까 계속해서 아이가 태어난다. 세 명, 다섯 명은 말할 것도 없고 그중에는 거리 낌 없이 한 사람이 열 명 정도 낳는 일도 드물지 않다. 여름 바쁠 때는 툇마루에 아기를 눕힌 짚으로 만든 소쿠리가 예닐곱 개나 늘어서 있는 것은 꽤 재미있는 광경이었던 듯하다. 그곳에 어머니들이 농사일에서 돌아와 젖을 주는데 수유 방법이 특이하다. 누구든지 돌아온 어머니는 우선 울고 있는 아기에게 젖을 물린다. 누구의 아기여도 상관없다. 아기가 배가 불러 울음을 멈추고 젖이 더 나올 것 같으면 자기 아기에게 수유한다. 그

러나 앞의 아기에게 충분히 수유한 탓에 자신의 아기에게는 젖이 부족할 때가 있다. 그러면 다음에 온 어머니에게 자기 아기를 건네고 다시 일하러 나가는 식이다[2].

그런데 시라카와에서 대가족이 형성된 것은 산간부 원격지에서 노동력을 확보하기 위함이었다고 생각되고 있다. 이뿐 아니라 전근대에 노동력의 확보는 중대한 과제이며 주요한 수단은 본가와 분가 관계를 매개로 한 동족 조직이나 '이에 연합'의 형성 등 친족 조직을 확장하는 일이었다.

여기서 흥미로운 것이 연구사상 매우 유명한 이와테현岩手県 하치만시八幡市 이시가미石神의 사이토가斎藤家이다. 19.5겐間(약35.5m)×8.5겐(약15.5m)이라는 거대한 저택 앞에 사이토 일가 구성원 삼십 명이 모인 사진이 남아있는데 거기에는 호주의 아들, 손자와 같은 친족뿐 아니라 친족이 아닌 머슴과 그 아이까지 포함되어 있다. 이 사람들이 호주의 지휘하에 가업 경영에 임하고 있으며, 사회학자 아루가 기자에몬(1897~1979)은 『일본 가족제도와 소작제도』[3]에 이르는 일련의 저작에서 사이토 가문을 집중적으로 검토하고 비친족까지도 포함할 수 있는 생활 조직이라는 점에 일본의

---

2) 에마 미에코(江馬三枝子)『히다의 여인들(飛騨の女たち)』, 산고쿠쇼보(三國書房), 1942, pp.165~166
3) 아루가 기자에몬(有賀喜左衛門)『일본 가족제도와 소작제도(日本家族制度と小作制度)』, 1943

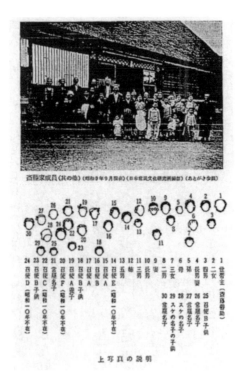

그림 3-3　사이토 젠스케斎藤善助 일가

'이에'의 특질이 있음을 발견했다. 두꺼운 자료를 토대로 한 아루가의 논의는 일본의 가족, 촌락연구에 큰 족적을 남기는 것이었다.

　한편 아루가 설의 모순을 지적한 사람은 역시 이 분야에 크게 공헌한 사회학자 기타노 세이이치(1900~82)이다[4].

---

4) 기타노 세이이치(喜多野清一)『이에와 가족의 기초이론(家と同族の基礎理論)』, 미라이사(未来社), 1976

가족이 실제 상태의 비친족까지도 포함하는 생활 조직일 수 있음을 인정한다고 해도 성원의 귀속 양상이 다 같지는 않고, 직계·방계·고용·대를 이은 고용인과 같이 관계성에 의해 규정된다. 예를 들어 됨됨이가 변변하지 못한 골칫거리 아들에게 집안을 잇게 해서 일가가 길거리를 헤매게 하느니 견실한 고용인의 우두머리를 후계자로 삼아 가업과 가족을 지킨다고 하는 이야기가 희비가 엇갈리는 드라마가 될 수 있었던 것은 '직계가 후계자여야 한다'라는 규범 의식이 있기 때문이며 결국 그러한 의식을 유지하는 계보 관계야말로 '이에'의 '이에'다운 특질이라는 것이 기타노의 주장이다. 이것이 유명한 '아루가·기타노 논쟁'이다. 이에 연구를 선도한 두 사람의 대가에 의한 논쟁은 실증적으로도 이론적으로 다방면에 걸쳐있어 안이한 요약은 허용되지 않지만, 굳이 거칠게나마 정리하면 이에의 특질을 '세대'로 보는 아루가와 '계보 관계'로 보는 기타노와의 대립이었다고 말할 수 있을 것이다.

　　일본의 이에는 시대와 지역과 사회 계층에 의해 이념으로서도 실태로서도 다양한 모습을 보이고, 게다가 대응 관계가 복잡하게 얽혀있다. 각각의 이에에 있어서조차도 세대 경영과 계보 관계의 어느 쪽이 중요시되는가는 그때그때의 사정에 따라 흔들린다. 이에는 가족의 수만큼 다양하며 그런데도 '이에' 라는 한 마디로 관념된다. 일반적인 방법으로 처리할 수 없는 것은 당연하다.

3 산업사회를 위한 가족(근대)

근대는 이에를 변모시킨다. 한마디로 말하면 이에는 '근대 가족modern family'이 된다. 그 과정은 당연하지만 지역과 직업, 사회 계층에 의한 지속이 있으며 또 일직선으로는 나아가지 않는다. 그렇지만 대국적으로 보면 이에는 근대 가족으로 바뀐다고 생각해도 큰 오류는 없다.

재차 '근대 가족'의 특징을 확인하면5) 우선 공공영역 (생산)과 가정 내 영역(소비)의 분리를 들 수 있다. 일이 가정의 밖에서 이루어지고 식사나 휴식과 같은 소비 행동만이 가정 안에서 이루어지게 된다는 것이다. 평일은 출근하고 휴일은 가정에서 뒹굴뒹굴하는 아버지가 탄생하게 된다.

다음으로 남자는 공공영역/여자는 집안 영역이라는 성별 역할(젠더)의 확립을 들 수 있다. 남편이 회사나 공장에 일하러 가고 부인이 가정에서 가사를 돌보게 된다. 이때 남편의 노동이 임금으로 가시화되는 데 반해 아내의 가사노동에 임금은 없고 가시화되지 않는다. 오스트리아의 사상가 이반 일리치Ivan Illich(1926~2002)는 이를 '그림자 노동shadow work'이라 부르고 자본주의 체제 특유의 착취 형태

---

5) 오치아이 에미코(落合恵美子)『근대 가족과 페미니즘(近代家族とフェミニズム)』, 게이소쇼보(勁草書房), 1989

로서 비판했다.

　마지막으로 아이를 중심으로 한 정서적 관계의 강화를 들 수 있다. 전근대의 이에가 가업을 위해 비친족도 허용하는 대가족이었던 것에 비하여 비친족을 배제한 핵가족인 근대 가족에서는 애정을 가지고 아이를 키우는 일을 최우선 사명으로 삼게 되었다.

　여기서 '살다'의 절에서도 언급한 '기능분화'로서의 근대─다른 기능을 다른 시공간으로 분담하지 않고는 둘 수 없는 것이 근대라는 앤서니 기든스의 주장─를 지금 다시 한번 확인해 두자. 전근대 시대에 이에는 '전부'였다. 함께 일하고(생산), 그 성과를 서로 나누어 가지고(소비), 아이를 다음 세대의 인력으로 키워내는(교육), 이에에 소속해서 이에에 공헌하는 일이 생존의 대전제라고 하는 것이 전근대이다.

　'이에라는 전체'를 허용하지 않는 것이 근대로 생산은 회사나 공장에서 일하는 남편의, 교육은 학교에서 배우는 아이의 역할이 되고, 가정에서 남편을 내조하며 아이를 보살피는 '현모양처'라는 사명이 아내에게 할당되게 되었다. 성별·세대별 역할이 명확하게 규정되었던 것이다.

　이러한 근대 가족이 자본주의 산업사회에 적합한 가정 형태라는 점은 말할 것도 없다. 생산에 특화한 회사나 공장에서 남편은 근면한 산업 전사가 되고 교육에 특화한 학교에서 아이는 산업 전사 예비군이 되며 그것을 떠받치는 아내는 그림자 노동으로 노동력의 재생산에 공헌한다. 생산의 측면만은 아니다. 마이홈은 마이카와 가전제품을 비롯한 내구 소비재로 꽉 채워지고 외출하면 쇼핑과 각종 레저로 실컷 낭비한다. 한 가족이 식탁에 둘러앉고, 거실에서 텔레비전을 보고, 휴일에는 백화점으로 외출하고, 여름방학에는 여행을 간다. 이러한 광경이 각각의 가정에서 추억으로 남는 소중한 일이었을지도 모르지만 조금 거리를 두고 관찰하면 기업 입장에서 가정을 모범적 소비자로 기대하고 있었음은 의심할 수 없다.

근대 가족은 마케팅의 한복판에 자리하고 있었던 것이다.

4 이에의 반격에 맞서기 위해(현재)

가족이란 자연과 문화=사회의 매개항이며 근대 가족은 인간의 자연을 근대자본주의사회와 접합시키는 인터페이스였다. 그렇다는 것은 그 사회가 변질하면 근대 가족도 필연적으로 변용하게 된다.

근래 일본뿐 아니라 선진국들에 공통되는 인구문제가 이른바 저출산 고령화이다. 원인은 만혼화·비혼화이며, 더나아가 그 원인은 극단적으로 말하면 글로벌화가 일으키는 산업구조의 전환이다. 노동시장이 글로벌화에 노출된 결과 노동자에게 요구되는 기술의 제한이 사라지고 자신의 기술로 안정되게 벌어먹을 수 있다는 예측을 하기가 곤란해졌다. 전통적인 이에는 성원의 노동과 맞바꾸어 생계를 보장하고 근대 가족도 '일본적 고용'과 결부됨에 따라 정년까지의 인생 설계가 가능해졌지만, 지금처럼 유동적이고 비정규화한 노동시장은 그러한 '안정'을 보장하지 않는다. 이런 가운데 결혼과 육아는 생활의 안정 요인에서 잠재적 리스크로 반전했다. 이것이 만혼화·비혼화의 근본적 원인이며 전통적인 이에는 물론 근대적인 핵가족조차 존립 기반이 무너진 것이 현재이다.

그런데도 아니 그렇기에 이에의 부활을 말하는 반격도 등장하게 된다. 보수파에 의한 '옛날의 좋았던 이에'로의 회귀 소망은 각 방면에서 나타나고 있는데, 단적인 것은 '부부 별성夫婦別姓'을 둘러싼 혼란이다. 이른바 '부부 별성 선택제도'는 법안이 작성된 후 이미 20년 이상 지났지만 아직 시행되고 있지 않다. 법안의 의도는 '부부가 희망하면 각자의 성을 사용해도 좋다'라는 것이며 희망하지 않는 부부는 지금처럼 지내도 된다. 그런데도 법안에 반대하는 것은 자신 이외의 누군가가 부부 별성이 되는 것을 인정하고 싶지 않다는 것이다. '쓸데없는 참견'이라고 밖에 할 수 없다. 반대파의 논거는 '일본의 전통에 반한다'라거나 '각자의 성을 사용하면 가족의 일체감이 사라진다'와 같은 내용인듯하지만, 원래 일본의 서민이 성을 가지게 된 것은 그다지 전통적은 아니며 부부 별성과 가족의 일체감은 별로 관계가 없다('동성 불혼同姓不婚'을 원칙으로 하는 한국, 중국 등에서는 결혼해도 부부의 성이 다른 것이 보통이지만 그것이 가부장제를 방해하지는 않는다). 이와 같은 사실관계에 근거한 반론이 가능하다. 하지만 반대파는 애초 사실이 아니라 감정에 기인하고 있으므로 논의는 암초에 부딪혀 버렸다.

한편 가족의 새로운 형태를 바라는 움직임은 착실하게 확산을 보이고 있다. 『아사다의 집』[6]은 사진가 아사다 마사시가 자신과 형과 부모를 피사체로 가족끼리 소방관과 라면집 사장, 일본 축구 대표로 꾸민 코스프레 사진을 제작하여 '가족사진'의 이미지를 뒤집은 문제작이다. 아사다의 사진에 의한 『가족신문』[7]에는 다양한 가족의 '지금'이 보고되었다. 전업주부 남편이 가사를 돌보는 가족, 양자로서 혈연관계가 아닌 가족, 동거할 수 없지만 SNS로 이어진 가족 등등. 젠더가 역전해도 동거할 수 없어도 혈연이 아니라도 LGBT라도 가족은 하나로 있을 수 있다. 가족에 대한 최적의 해답은 하나는 아닌 것이다.

실은 오야코親子(부모와 자식)라는 일본어의 원뜻에 생

---

6) 아사다 마사시(浅田政志)『아사다의 집(浅田家)』, 아카아카샤(赤々舎), 2008
7) 글·교도통신사(共同通信社)『가족신문(家族新聞)』, 겐토샤(幻冬舎), 2010

물학적 관계라는 의미는 없다. 야나기타 구니오는「오야와 노동」[8]에서 '오야オヤ는 노동지휘권의 소재'이고 '코コ는 평등한 많은 노동자'라고 설명하고 있다. 다시 말해 노동할 때 개개의 노동 단위가 되는 것이 '코'이며, 이를 통솔하는 것이 '오야'였다. 이 관계가 비친족도 포함하기 때문에 오야카타코카타親方子方, 오야분코분親分子分과 같이 오야코는 비친족의 노동관계로도 확장되지만, 실제로는 혈연에 기초를 둔 오야코에 의한 노동이 일반적이었기 때문에 오야코가 친부모와 그 아이의 혈연관계로 한정되게 되었다고 한다. 흥미로운 이야기이다.

포스트 근대 가족에 직면한 우리는 전통적인 이에의 계보적 차별과 근대 가족의 젠더 차별이 정말로 필요할지 어떨지 재차 생각해보는 편이 좋다. 오야코의 원뜻도 하나의 힌트이다.

5 혈연·설문 초록 : '우리 집의 가족 이벤트'

가족은 어떤 때 모이고 무엇을 하는가? 평일부터 침식과 노동을 함께 하고 있던 전근대의 가족이라면 어떨지 모르지만 근대 이후 통근·통학 등의 사정부터 어린이의 성장에 따라서 가족이 함께 지내는 시간이 감소하여 특별한 기회로

---

8)「오야와 노동(オヤと労働)」,『농업경제연구(農業経済研究)』, 1929 /『전집』 12권

의식하게 되었다. 이제는 그 기회가 전혀 없는 가족도 드물지 않다.

우선 가족이 함께 일하는 경우가 이제는 드물다. 농가에서 모심기, 벼 베기 때 모이고 장사하는 집에서 대량 판매하는 날 등에 총동원되는 식의 사례도 없지는 않지만 그러한 협동을 경험하는 가족은 매우 적다. 연말연시의 떡방아는 비교적 눈에 띄지만 그것도 부모의 본가가 농가인 경우로 한정되는 듯하다. 다음은 한국의 김치 담그기 보고.

> 【김치 담그기】예전에는 집에서 많은 양의 김치를 담가서 먹었지만 최근에는 거의 가게에서 사서 먹는다. 그러나 어머니의 친정에서는 입동 전후에 친척 모두가 모여 김치를 담근다. 그것을 김장이라고 한다. 옛날에는 겨울이 되면 야채가 거의 없어서 겨울이 되기 전에 김치를 포함하여 저장식품과 보존식품을 만드는 습관이 있었던 것 같다. 지금은 그렇지 않은 듯하다. 1년간 먹을 김치를 재료(배추, 무, 고추가 대표적)가 가장 저렴할 때 대량으로 사서 만든다고 하는 경제적 이유도 아직 있는지 모르겠지만 그 이상으로 가족 전원이 모인다는 의미에서 소중한 문화라고 생각한다.

일상적으로 모이는 기회가 줄어 가면 비일상적 연중행사나 인생 의례가 가족의 모임이 되어 간다. 마쓰리가 번성한 지역에서는 마쓰리의 식탁이 친족 간에 얼굴을 마주하는 장소가 되고 결혼식과 장례식은 친인척이 한자리에 모이는 다시없는 기회가 된다(그 이외에 만난 일이 없는 친인척도 적지 않다). 그리고 성묘나 재齋와 같은 조상의 제사는 서로 가족의 근원을 확인하는 중요한 행사이다. 다음은 중국의 청명절清明節(춘분부터 15일째에 해당하는 제례일)에 관한 보고. 오키나와에서도 이날에 성묘한다. 일본 본토에서 백중 날에 성묘하는 풍습과 유사하다.

> 【청명절】 매년 청명절에는 할아버지 산소에 성묘하러 간다. 우리 집뿐 아니라 아버지의 형제자매와 그 가족 전부 합쳐 십여 명의 대가족이 함께 간다. 할아버지의 묘는 인적이 드문 산에 있으므로 낫과 괭이 등을 가지고 가서 요사이 1년간 묘 주변에 자라난 잡초를 제거한다. 중국어로 '소묘掃墓'라고 한다. 그 후에 제사를 모시기 위해 노잣돈을 태운다. 이상이 끝난 뒤에 모두 아름다운 산으로 야유회를 하러 간다. 이를 '들놀이踏青'라고 하고 청명절을 지내는 예부터의 전통이다.

지금은 믿기 어렵지만 예전에는 형제가 네다섯 명 있는 것이 당연하고(전쟁 전 마지막 공표치인 1940년의 출생률은 4.12), 그것이 2~3대 계속되면 사촌·팔촌을 다 기억할 수 없는 경우도 드물지 않았다. 그와 같은 가족 집단은 현재 압도적으로 소수이지만 전무하지는 않다.

> 【사촌 모임】 외가 쪽 친척에 '사촌 모임'이라고 하는 모임이 있습니다. 1년에 한 번 호텔 등을 빌려서 외가 친척이 한자리에 모이는 이벤트입니다. 나의 증

조모에 해당하는 분의 자손이 총출동하는 자리이므로 모임 인원은 엄청나서 '이 사람 한 번도 만난 적이 없는데 누구지'하고 생각하는 친척도 많이 옵니다. 그러나 혈연이라는 게 희한한 것으로 그 모임에서는 일가족(양친과 아이)이 장기자랑을 한 가지씩 해야 하는데 장기자랑을 하는 사이에 오랜 시간 상대를 알고 있었던 듯한 기분이 들어서 모임이 끝나는 것이 섭섭해질 정도입니다. 보통 때는 거의 만날 수 없는 팔촌들과 이야기를 나누는 일이 정말로 즐겁습니다. 잘 모르는 상대일 터인데 묘한 친근감을 느끼는 것이 혈연의 매직이라고 생각합니다.

산업자본주의 하에 성립한 근대 가족에서는 아이가 가족의 중심이 되고 아이의 건전한 성장이 최대의 관심사로 나타난다. 가계의 분배와 거주지가 아이의 통학 사정으로 결정되는 한편 아이를 향한 관심이 가열되어 성적이나 입시나 진로가 분쟁의 원인이 되는 일도 자주 있다. 다음도 그러한 긴장감 넘치는 한 예이다.

【시험 대책】우리 집의 가족 이벤트는 내 성적이 나쁠 때 가족 전원이 모여서 하는 가족회의이다. 고교 시절까지는 내가 최악의 성적을 받아서 돌아올 때마다 식탁에 아버지와 어머니와 나 셋이 앉고, 내 성적표가 테이블 한가운데에 놓여 과목 하나하나에 대해서 왜 이러한 점수밖에 받지 못했는지 앞으로 어떠한 대책을 세우면 점수가 올라갈지 끝없이 설명해야 했다. 아버지는 퇴근이 늦었기 때문에 성적이 나빴던 날은 어머니와 말없이 저녁을 먹고 아버지가 일에서 돌아오면 회의가 시작된다. 아버지와 어머니

는 성적이 나쁜 나에게 격노해 있으므로 열을 내며
"다음에 이 점수까지 받지 못하면 대학에 안 보낸다.
고등학교를 그만두게 할 테니 일해라"라고 까지 들
은 적도 있었으니 지옥과 같은 괴로운 시간이었다.
지금은 귀성할 때마다 "그렇게 심한 말을 하다니"
라고 얘깃거리로 삼기 좋은 우스운 이야기이다.

전근대에도 농작업의 휴식기 등 가족의 레크리에이션
이 없었던 것은 아니지만 그것이 의식화되고 상업화되는
것은 근대 가족 특유의 전개일 것이다. 일요일에 외식이나
쇼핑을 하거나 유원지에 가고 여름방학에는 산과 바다로
가족여행을 가는 것은 미디어와 기업에 의해 매개된 극히
모던한 행위이다. 단지 그 체험이 획일적인지 아닌지는 자
세한 조사를 요하는 문제로 선전이나 콘텐츠도 다음의 보고
에서처럼 각각의 가족 고유의 이야기로 변환될 수 있다고
말할 수 있다.

【한신과 코난】 두 가지 반드시 가족 전원이 모여서
하는 일이 있습니다. 하나는 한신阪神이 리그 우승
했을 때나 일본에서 1위를 했을 때 아버지가 사기로
하고 난카이그릴南海グリル이라는 스테이크 가게에 가
족 전원이 먹으러 가는 일. 모든 건 한신의 성적에
달려있기 때문에 최근에는 한동안 갈 수 없었습니다.
다른 하나는『명탐정 코난』영화를 보러 가는 일. 코
난 영화만은 절대 가족이 함께 보러 가게 되어 있고
친구가 같이 보자고 해도 거절하고 있습니다.

오늘날 근대 가족이 기로에 서 있는 것은 의심할 여지가 없다. 산업구조의 전환에 따른 라이프 코스 재편이 좋든 싫든 가족 모임의 허들을 높이고 있다. 포스트 근대 가족이 어떠한 가족을 꾸리고 만들어 갈 것인가 그 행방을 주시하지 않을 수 없다. 누구나가 누군가와 가족이기 때문에.

6 혈연·북가이드

혈연/가족의 모습을 그려낸 작품은 방대하다. 야나기타 구니오, 아루가 기자에몬, 기타노 세이이치, 나카노 다카시中野卓, 다케다 조슈竹田聽洲와 같은(아직 더 들 수 있다) 대선배 학자들의 저작이 중요한 것은 당연하지만 원래 소설이든 영화든 세상 이야기의 반은 어떤 형태로든 '가족'을 그리고 있다(게다가 때때로 깊은 통찰을 나타낸다). 가족을 그리지 않은 작품이 떠오르지 않을 정도로 가족은 우리에게 불가분의 테마이다. 어쩔 수 없으므로 여느 때처럼 독단과 편견으로 고른다.

『증조할머니 집에 또 오세요』[9]는 아키타현秋田県 센보쿠군仙北郡에 실재하는 농가 사토佐藤 가족의 백중 행사盆行事를 취재한 그림책. 증조부모의 집에 모인 일족 11명이 조상에

---

9) 아키야마 도모코(秋山とも子)『증조할머니 집에 또 오세요(おおばっちゃんちにまたきてたんせ)』,「고도모노토모(こどものとも)」, 2012.8, 후쿠인 칸서점(福音館書店)

게 바칠 공물을 조리하고, 본다나盆棚10)를 설치하고 성묘하며, 그리고 맞이했던 조상님이 돌아가시는 길을 오쿠리비送り火11)를 피워 지켜보고 나서 각자의 집으로 간다고 하는 예전부터 일반적으로 볼 수 있었던 백중날의 가족 풍경을 명랑하게 그려내고 있다.

야나기타 구니오의『족제어휘』12)는 이에의 전통적인 모습을 개관하기에 편리하다. 기간행된 지지地誌와 잡지에서 민속어휘를 수집하여 해설한 '분류 어휘' 시리즈의 한 권으로 동족부터 친척까지/본가·분가/사촌·부모와 자식/부모 자식 관계를 맺음/가장 및 상속자/가족/가족의 사재私財까지 7장으로 구성되어 있다.

나미히라 에미코의『생활 속의 문화인류학』13)은『니시닛폰신문西日本新聞』의 연재를 쉽게 정리한 읽을거리이면서 전통적 가족과 그 현대적 변용을 간결하게 담은 한 권이다. 혼인, 육아, 생업, 가사, 돌봄介護 등 일상의 여러 사건이 가족 구조와 그 변화로부터 규정된다. 젊은 시절 시골 노인에게 요바이よばい14) 당할 뻔했다는 일화까지 있는 저자의 정력적인 조사 체험이 뒷받침된 시각이 귀중하다.

---

10) 백중 때 제물을 얹는 선반
11) 조상의 영을 배웅하기 위해 피우는 불
12)『족제어휘(族制語彙)』, 일본법리연구회(日本法理研究会), 1943
13) 나미히라 에미코(波平恵美子)『생활 속의 문화인류학[헤이세이판](暮らしの中の文化人類学[平成版])』, 데마도사(出窓社), 1999
14) 밤에 남자가 여성의 침소에 몰래 들어와 동침하는 일

가족의 '붕괴'를 한탄하며 옛날의 좋았던 '일본적인 가족'의 복권을 호소하는 반격에 대해서는『환상의 '일본적인 가족'』[15])이 상세하다. 부부 동성을 굳게 지지하거나 3세대 동거를 우대하는 등 '일본적인 가족'을 위한 정책이 순조롭게 진행되지만, 그 전제가 되는 가족상이 시대와 지역과 계층에 따라 편차가 현저한 가족의 모습을 적절하게 연결한 속임수 같은 '환상'이며, 신자유주의화한 정부가 잘라버린 복지의 마무리를 '가족의 자조'라고 떠맡기려 하기때문에 허상이라고 갈파했다. 신물이 난다고 할 수밖에 없다.

　　다양화하는 가족에 대해서는 만화가 요시나가 후미의 『어제 뭐 먹었어?』[16])가 뛰어나다. 변호사 시로와 미용사 겐지라는 중년 게이 커플의 일상으로 두 사람이 만나는 여러 가족의 인생이 교차하고 더욱이 거의 매회 등장하는 식사 준비의 치밀한 묘사가 이야기에 독특한 안정감을 준다. 등장인물 각각의 고민과 기쁨이 뒤섞여 다양한 가족상을 부각시키고 그 '이상'은 단일할 수 없다는 점을 그려내고 있다.

---

15) 하야카와 다다노리(早川タダノリ) 편저『환상의 '일본적인 가족'(まぼろしの「日本的家族」)』, 세이큐사(青弓社), 2018
16) 요시나가 후미(よしながふみ)『어제 뭐 먹었어?(きのう何食べた？)』, 고단샤(講談社), 2007~ / 한국어판 삼양출판사, 2008~

끝으로 클로드 레비스트로스의『친족의 기본구조』[17)는 초보자에게는 추천할 수 없는 어려운 책이지만, 친족을 논함에 있어 피해 가는 건 허락되지 않는다.　사회란 '말과 물건과 여자의 교환체계'라고 분명히 말하는 저자는 세계 각지의 친족 조직 비교분석에서 교차 종형제(부모끼리가 형제, 혹은 자매가 되는 사촌) 혼인의 우위를 구조적으로 밝히고 있으며 그 방법은 '구조주의structuralism'라 불리며 20세기 후반의 사상계에 대대적인 영향을 미친다. 그 안일한 요약을 허락하지 않는 중후한 사고에 독자가 도전하기를 기대한다.

---

17) 클로드 레비스트로스(Claude Lévi-Strauss), *Les Structures élémentaires de la parenté*, 1947 /『친족의 기본구조』, 후쿠이가즈미(福井和美) 역, 세이큐사 (靑弓社), 2000

II 회합2 지연

1 생물의 규칙과 인간의 규칙(원론)

생활 공간의 근접성에 토대를 둔 사회관계인 지연도 중요
하다. 단 이것은 인간 고유라고 할 수 없다. 많은 동물에게
동종 개체의 공간적 접근은 음식물이나 안전의 확보, 짝의
획득 등으로 분쟁을 일으킬지도 모르므로 이를 회피하는
규칙이라고 해도 좋을 것이 존재한다. 몽골, 히말라야, 아
프리카의 학술탐험에 기초를 둔 독자적인 진화론으로 알
려진 생태학자 이마니시 긴지今西錦司(1902~92)는 졸업 연
구로 수행한 교토 가모가와賀茂川의 수생곤충 분포조사에서
하루살이목이 유속이 다른 수역에 나뉘어 생식하고 있음을
확인했다. 이를 '스미와케棲み分け'[18]라 명명하고 동종 개체
의 분쟁을 억지하는 사회적 행동이라고 평가했다. 이러한
사회성은 여러 가지 종에서 관찰되며 인간 규칙의 시초도
생물의 이러한 행동이 근원이라고 상상된다.

그렇지만 인간의 규칙에는 결정적인 차이가 있다. 그것
은 규칙이 언어와 함께 있다는 것이다. 이 문제를 고찰한 영
국의 법철학자 허버트 하트(1907~92)의 『법의 개념』[19]은

---

18) 생활 양식이 대등한 이종(異種)의 생물군이 생활 공간과 시간, 시기를 나누어
경쟁을 회피하면서 공존하는 현상

19) 허버트 하트(Herbert L. A. Hart), *The Concept of Law*, 1961 / 『법의 개념』,
오병선 역, 아카넷, 2001

현상을 규제하는 법인 '1차 규칙'과 법을 규제하는 법인 '2차 규칙'을 구분함으로써 언어행동으로써의 법 본연의 모습을 전망했다. 이를 거듭 부연한 사회학자 미야다이 신지(1959~)의 주장에 따르면 법의 진화를 원시/전근대/근대의 3단계로 정리할 수 있다고 한다[20].

역사시대 이전의 법은 '범인칭적汎人称的'이며 초자연적인 금기 형식을 취했다. 다시 말해서 누구나가 집행할 수 있지만 시대의 추세에 따라서 변경할 수 없는 난점이 있다. 이를 극복한 것이 왕의 명령이라고 하는 '인칭적'인 형식을 취하는 전근대의 법으로 변경할 수 있지만 왕의 무법을 억제할 수 없는 난점을 갖는다. 이를 극복한 것이 근대의 '탈인칭적'인 법으로 의회제와 같이 법의 결정법을 입법화함으로써(2차 규칙의 도입) 시대의 추세에 따른 변경과 무법적인 법의 억제가 동시에 가능하게 된다. 이렇게 해서 법은 그것을 발화하는 주체의 '인칭성'을 갱신시키고 진화해 왔다.

이야기를 지연으로 되돌리자. 지연에 근거한 사회관계는 지역 생활이 원활하도록 여러 가지 결정을 하고 그 결정을 실천하며 위반이 있는 경우에는 제재를 가할 필요가 있다. 말하자면 지연은 거버넌스(관리체제)이다. 그 일본적 형태가 '무라村'와 '마치町'였다.

---

20) 미야다이 신지 (宮台真司) 「M식 사회학 입문(M式社会学入門)20·21 '법 시스템'이란 무엇인가(法システム' とは何か) 상·하」『Kei』39·40, 2005

그림 3-4　무라 주민이 총출동한 불놓기 작업(야마구치시山口市)

2　무라의 역할과 의사 결정(전근대**1**)

무라의 어원은 '무레^{群れ}(떼, 무리)'라고 알려져 있다. 무라
는 이에의 무리이며 한 채의 이에로는 지탱할 수 없는 작업
을 떠맡고 한 채의 이에를 넘어서는 문제를 조정하기 위해
복수의 이에가 연대한 것이 '무라'인 것이다.

　무라의 역할은 여러 가지 있지만 크게 나누면 물의 이
용, 도로 정비, 공유지 관리, 환경 정비, 방범·방재 등의
치안 유지, 혼례와 장례식과 같은 관혼상제를 들 수 있다.
그 각각이 독자적인 조직 운영과 경제 기반을 필요로 하며
풍토와 역사를 반영한 독특한 관행을 동반하고 있다. 이 부
분은 민속학이 방대한 축적을 자랑하는 분야이지만 지면도
제한적이므로 대략 요점만을 전달하려고 한다.

물의 이용은 무라의 역할 중에서도 벼농사에서 결정적으로 중요하며 지대한 노동력과 엄정한 관리를 필요로 하는 무라의 소중한 사업이었다. 나가노현長野県 스와諏訪지방에서 태어난 건축가 후지모리 데루노부(1946~)는 유소년기에 보았던 무라의 치수治水를 다음과 같이 묘사하고 있다.

> 니시자와西沢는 다카베高部 진구지神宮寺21)의 경계에 있는 강으로 이쪽은 이쪽 사람들이 저쪽은 저쪽 사람들이 늘어서서 그때그때 발밑의 물가에 걸리는 유목 따위를 막대로 들쑤셔서 흘러가게 한다....아이들과는 달리 평상시는 말을 주고받는 다카베와 진구지의 어른들인데, 험악한 표정으로 마주 보며 말을 안 한다. 왜일까?...어른이 된 후에 알게 된 건 아이 때는 생각지도 못한 사정이었다. 목적은 물론 둑의 붕괴를 막기 위해서였는데 안색을 바꾸고 손에 손에 긴 막대를 들고 있던 것은 흘러 내려오는 나무가 걸리는 것을 막는 이상으로 막대가 마을을 지키는 마지막 수단이었기 때문이다....탁류의 수위가 서서히 올라와 마침내 둑을 넘어 홍수를 일으키게 되므로 바로 넘치려고 할 때 건너편 강 둔덕을 막대로 한 번 찌른다. 둑은 물을 빨아들여 물러진 상태이므로 한 번 찌르기로 작은 금이라도 가면 거기서 물이 새기 시작하여 둑은 무너진다....상대가 찌르는 것을 막고 최후의 순간에는 상대의 물러진 둑을 찌르기 위한 막대였다.22)

---

21) 신사에 부속되어 지어진 사원

22) 후지모리 데루노부(藤森照信)『민들레의 솜털(タンポポの綿毛)』, 아사히 신문사(朝日新聞社), 2000, p.156

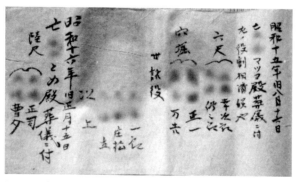

그림 3-5 장례식 역할 분담을 적은 장부(일부 고쳐 씀, 미야기현 다가죠시多賀城市)

수해로부터 전답을 지키는 마을 사람들의 기백이 느껴지지만 뭐니 뭐니 해도 놀라운 것은 이웃 마을의 강기슭을 무너트리는 일이 자신의 무라를 지키는 마지막 수단이라는 점이다. 무라는 마을 사람의 생활과 생명을 지키는 운명공동체이지만 그 때문에 우리 마을 이외는 돌아보지 않는 외부에 대한 폭력성까지도 잠재해 있는 것이다.

여러 역할을 해내기 위해서는 무라 독자의 자산이 필요하다. 회비 징수가 일반적이지만 그 밖에도 무라가 소유한 토지와 가옥에서 나오는 부동산 수입이나 무라가 공유한 도구(관혼상제에 사용하는 밥상 등)의 임대 수입과 같은 방법도 있다.

또한 무라는 각각 특징적인 조직을 형성해 왔다. 단순한 전원 참가도 있고 당번제도 있다. 무라를 소단위로 구분해서 작업을 분담하거나 서로 돕는 경우도 있다. 그 외에도 연령계제제^{年齡階梯制}로 불리는 연령집단에 의한 구분도 있고 제례 시에 아이가 음악 반주 소리를 내고 청년집단이 미코시를 메고 장년과 장로가 의식을 집행하는 식의 역할을 분담하는 예는 널리 볼 수 있다. 무라 전체에 대해서도 상하관계를 기본으로 한 '동족 결합'과 수평의 평등한 '고구미결합^{講組結合}'이라는 유형이 있으며, 동일본에서는 전자가 서일본에서는 후자가 주류를 차지한다고 하는 설이 있다[23]. 여기에는 비판도 있으며 그러한 유형의 유효성에 대한 의문도 있지만 어느 쪽이든 무라가 그 역할을 다할 수 있도록 각각의 형식을 키워간 것은 확인해 두자[24].

그런데, 갖가지 역할을 책임지는 무라의 질서는 어떻게 유지되고 있는 것일까? 무라는 요리아이^{寄合}[25]와 같은 의사 결정 기관이 있고, 이를 위한 규칙을 가지며(성문화되었다고는 한정할 수 없지만), 규칙과 결정에 대한 위반에는 제재(이른바 '무라하치부^{ムラ八分}[26]' 등)를 행사하는 경우가 있다.

여기서 미야모토 쓰네이치가 조우한 무라의 의사 결정

---

23) 후쿠타케 다다시(福武直)『일본농촌의 사회적 성격(日本農村の社会的性格)』도쿄대학협동조합출판부(東京大学協同組合出版部), 1949

24) 후쿠다 아지오(福田アジオ)『반과 슈−일본 사회의 동과 서(番と衆−日本社会の東と西)』, 요시카와코분칸(吉川弘文館), 1997. 반(番)은 순번제 개인을 슈(衆)는 집단을 의미한다.

25) 농민이 자치적으로 여는 집회

26) 무라하치부란 마을의 법도를 따르지 않은 자가 있을 때 마을 사람 전체가 합의하여 그 집안과 교류하지 않는 제재행위

그림 3-6 불교식 장례를 위해 주민자치회에 기탁한 기부금이 게시되어 있다(일부 고쳐 씀, 오사카시 스미요시구住吉区)

상황을 소개한다. 1950년 여름, 8개 연합학회 쓰시마対馬 공동조사에 참여했던 미야모토는 섬을 돌며 어촌 조사를 이어가고 있었다. 쓰시마시 가미아가타초上県町 이나伊奈를 방문했을 때 고문서가 남아있다는 것을 알고 열람을 신청한다. 그러자 고문서를 담아 놓은 상자에는 자물쇠가 채워져 있고 열쇠는 마을 대표가 보관하고 있는데 마을 간부의 입회가 없으면 열 수 없다고 한다. 간부 입회하에 상자를 열자 오래전 시대의 어촌에 대해 알 수 있는 귀중한 고문서임이 판명되었는데 양이 많아서 간단하게는 필사할 수 없었다. 다시 한번 보여주시길 부탁드리자 "회합에서 협의를 통해 모두의 의견을 물어야 한다"고 해서 상의 결과를 기다리게 된다. 그런데 시간이 아무리 흘러도 답이 오지 않는다. 속을 끓이던 미야모토는 회의장으로 향했다.

> 가보니 회의장 안 마루방에 이십 명 정도가 앉아있고, 밖의 나무 아래에 삼삼오오 짝을 지어 쭈그리고 앉은 채로 이야기를 나누고 있다. 잡담하는 듯이 보였지만 그렇지는 않았다. 사정을 들어보니 마을에서 결정을 내리는 경우에는 모두가 납득할 때까지 며칠이라도 이야기를 나눈다는 것이다.[27]

시간이 걸리는 이유에 수긍하고 나니, 의제는 고문서로 옮겨가고 있다.

> 그중에 옛일을 잘 알고 있는 노인이 "옛날에 이 마을에서 여러 대를 이어온 집안이면서 신분도 높았던 집의 주인이 죽고 아직 어린아이가 뒤를 이었다. 그러자 그 친척에 해당하는 노인이 와서 이 집안에 전해 내려온 고한모쓰御判物[28]를 보여달라고 해서 가져갔다. 그리고 아무리 돌려달라고 부탁해도 노인은 돌려주지 않고 이윽고 자기 집안을 마을 제일의 유서 있는 집인 것처럼 만들어 버렸다"라는 이야기를 했다. ...잠시 후 다시 고문서 이야기로 돌아가서 "마을 상자 안에 오래된 문서가 들어있다는 이야기는 들었지만 우리가 내용물을 본 것은 이번이 처음이며 이 문서가 있어서 좋은 일을 했다는 말도 듣지 못했다. 그런 물건을 타인에게 보여서 도움이 된다면 보여주면 어떤가"라는 말이 있었다. 그랬더니 집에 넣어 둔

---

27) 미야모토 쓰네이치(宮本常一) 『잊혀진 일본인(忘れられた日本人)』, 이와나미문고(岩波文庫), 1984[원저 1960], p.13

28) 영주나 막부가 사인하여 하달한 공문서

것을 보는 눈이 있는 사람에게 보였더니 매우 좋은
일이 있었다고 하는 갖가지 잡담이 한동안 계속되어
또 다른 이야기가 되었다. [29]

이러한 논의가 끊이지 않고 이어진 후에 어떤 노인이
"보니까 이 사람은 나쁜 사람도 아닐 듯하니 이야기를 끝내
지"라고 목소리를 높였고 이를 계기로 전원의 찬성을 얻어
서 무사히 고문서를 빌려올 수 있었다는 것이 한 건의 결말
이다.

회원 전체 일치라는 직접민주제가 놀랍지만 주목해야
할 것은 단순한 다수결이 아닐뿐더러 마지막 결의에 도달할
때까지는 참가자가 찬성이라고도 반대라고도 말하지 않는
점이다. 참가자는 '고문서를 빌려줘서 곤란한 일이 있었다',
'고문서를 보여서 좋은 일이 있었다'고 하는 사실관계의 보
고로 일관하고 있으며, 쉽게 찬반을 표명하지 않는다. 물론
'곤란한 일이 있었다'는 반대, '좋은 일이 있었다'는 찬성의
소극적인 표현이지만 어디까지나 정보 공유라는 체재를 무
너뜨리고 있지는 않다.

다카토리 마사오는 이를 '고토요세事寄せ(핑계·구실)' 논
리라고 평했다[30]. 의견을 직접적으로 표명하는 것이 아닌

---

29) 미야모토 쓰네이치(宮本常一)『잊혀진 일본인(忘れられた日本人)』, 이와
나미문고(岩波文庫), 1984[원저 1960], pp.14~15

30) 다카토리 마사오(高取正男)『일본적 사고의 원형–민속학의 시각(日本的思
考の原型–民俗学の視角)』, 고단샤현대신서(講談社現代新書), 1975

정보제공의 형식을 취해서 완곡하게 표명함으로써 의견의 대립을 가시화시키지 않으려고 한다. 그것이 대대로 이어지는 집안끼리의 관계이며 영위되어 온 마을의 질서를 유지하는 생활의 지혜였던 것이다. 다카토리는 그렇게 갈파했다. 탁월한 견해다.

미야모토는 이 마을은 극단일지도 모르지만 집 격차가 작은 서일본의 마을에서는 이러한 '민주적'이라고도 할만한 의사 운영은 드물지 않았다고 설명한다. 그것은 서구에서 시작된 데모크라시와 같지 않았을지도 모르지만 '민주'의 씨앗이 열도 사회에 싹트고 있었다는 사실은 기억해 두면 좋을 듯하다. 논증을 날려버리고 결론만 말하면 이렇게 내부에서 생긴 '민주'와 외래의 데모크라시를 제대로 링크시키지 못했던 점에 근대 이후 일본의 문제점이 내포되어 있다고 생각된다.

3   결절점으로서의 '마치'의 확산(전근대2)

세상이 진보하고 교통이 활발해지면 그 결절점結節点으로서의 마치町가 나타난다. 시市가 마치가 되고, 항구와 역참驛站이 마치가 되며, 신사·사원 앞의 시가와 성곽 주변이 마치가 된다. 마치는 식량과 연료 등 주변 마을들로부터 공급되는 물자에 의존하여 성립하지만 무라는 마치에 생산물을 출하함으로써 수입을 얻고 마치에 모인 재산과 교환하는 것으로 생활을 풍족하게 하려고 한다. 마치와 무라는 상호 연결된 네트워크로서 존재한다.

야나기타 구니오는 마치는 무라에서 생겨난 것으로 그 차이는 상대적인 것에 지나지 않는다고 생각했다. 일본의 도시화가 본격화하는 쇼와 초기에 쓰여진『도시와 농촌』은 다음과 같이 설명하고 있다.

> 시민이란 말은 단지 도시의 주인이라는 의미로 우리들 사이에서 사용되고 있다. 그러나 이러한 고립한 도시 이해利害의 중심이라고도 할 수 있는 것이 과연 우리나라에 있었을지 어떨지. 그것이 우선 문제가 된다. ...시민의 일부분이 불과 2~3대 전 이주자의 자식이며 그 밖의 다수는 실은 촌민村民 동네에 있는 사람에 불과했다. 그러므로 그들과 그 출생지와의 관계를 생각할 때 만일 외국 도시의 예를 들려고 하는 사람이 있다면 말릴 필요 없지만 반드시 경계해야 한다. [31]

이러한 야나기타의 생각은 '도비연속설都鄙連続説[32]'이라 불린다('비鄙'는 시골을 말함). 그 옳고 그름에 대해서는 논의의 여지가 있지만 무라에서 마치가 탄생했고 양자 간에 유사점이 있다는 점은 확인해 두자.

그러면 마치는 무라와 무엇이 다른가 하면 ①약한 생업

---

[31]『도시와 농촌(都市と農村)』, 아사히신문사(朝日新聞社), 1929 /『전집』29권, p.339

[32] 도시와 무라를 연속체로서 파악하는 방법

관계 ②높은 인구밀도라는 두 가지 점에서 큰 차이가 난다. 생업에 대해서 말하면 가령 상점이라면 상품에 따라 매입처와 매수자가 달라서 상점끼리라도 취급하는 상품이 상이하면 거래상 관계가 없는 일도 종종 있다. 어떤 작업장에서 나는 악취나 소음 따위가 다른 작업장의 방해가 될 수도 있다. 무라가 물의 이용을 비롯한 생업 상의 협력을 첫째로 치는 것과는 전제부터 다른 것이다.

한편 인가의 밀집은 생활환경 유지에 대한 협력을 불가결로 한다. 위생 면에서의 배려는 무라와는 비교가 안 될 만큼 절실하다. 인구밀도가 높은 것은 '면식이 없는 사람'의 증가로도 이어지므로 방범도 빠트릴 수 없다. 더욱이 한 차례 화재가 발생했을 때의 마치의 피해는 막대하므로 방화는 사활이 걸린 문제이다. 이러한 문제를 조정하기 위해서 마치는 생업 상의 자유도를 확보하면서 생활 측면에서의 연계를 꾀하지 않으면 안 된다. 교토에서는 이웃집의 피아노가 시끄러울 때 "자제분 피아노를 잘 치네요"라고 에둘러 표현한다는 소문이 그럴듯하게 회자되고 있지만 그런 작은 배려에 의한 적당한 거리감이 마치에서는 요구되는 것이다.

기온마쓰리祇園祭도 그러한 환경에서 탄생했다[33]. 일본을 대표하는 기온마쓰리에 대해서 할 이야기는 무수하지만

---

33) 교토문화박물관(京都文化博物館) 기획·편집『교토 기온마쓰리-마치슈의 정열·야마보코의 풍류(京都祇園祭-町衆の情熱·山鉾の風流)』, 시분카쿠 출판(思文閣出版), 2020

그림 3-7　기온마쓰리의 야마보코순행(교토시)

최소한만 언급하면 우선 마쓰리의 기원이 도시 특유의 위생
상태로 인해 여름철 유행하는 역병을 원령에 의한 탈이라
고 인식하고 달래려고 하는 데서 비롯되었다. 역병 치유를
위해 도시 주민이 연대한 것이 기온마쓰리였던 셈이다. 그
하이라이트라고 해야 할 야마보코순행山鉾巡行34)은 각각의
호코鉾(축제용 수레)를 준비하는 호코마치鉾町35)와 호코마
치를 후원하는 요리초寄町를 중심으로 담당하고 있다. 이
'마치'는 긴 시간 속에서 길러진 독자적인 지연 조직으로
헤이안 천도平安遷都 시에는 조방제条坊制에 의해 정방형으로
구획되어 있던 행정 단위가 이윽고 길 한 편으로만 집들이
모인 '가타가와마치片側町'가 되고 그 위에 길을 사이에 두고

---

34) 마쓰리용 화려한 수레를 끌고 교토 시내를 대열을 지어 걸어가는 것으로, 미
코시 행차에 앞서 길을 정화시키는 의미를 가짐

35) 기온마쓰리에서 사용하는 야마와 호코로 불리는 수레를 보존·운영하는 동네

두 개의 가타가와라마치가 서로 연결된 료가와라초両側町가 되었다. 길을 사이에 둔 집들이 생활 협동 조직이 되고 제사 조직이 된 것이다. 호코마치는 각각 경제력과 문화적 센스를 결집하여 야마보코를 마련하고 온갖 사치를 다한 직물과 쇠장식으로 화려하게 꾸며진 그 모습은 '움직이는 미술관'이라 불리고 있다. 순행 당일에 호코마치의 상점은 길에 접한 2층에 손님이나 친척을 초대하여 술과 음식을 나누면서 기온바야시祇園囃子36)를 연주하는 야마보코가 창밖을 지나가는 것을 감상한다(에도 시대와 도로 폭이 변함없는 신마치도리新町通에서는 지금도 이러한 상점을 볼 수 있다). 마치 특유의 경제자본, 사회자본, 문화자본이 결집한 것이 기온마쓰리이다.

마치의 '이키粋'37)를 응축한 기온마쓰리는 전국 각지에서 계승되어 갔다. 이뿐만 아니라 교토는 다양한 문화의 발신지이며 '작은 교토小京都'라고 불리는 마치가 각지에 새로 생기고 각기 지역의 중심이 되어 갔다. 경제, 사회, 문화의 결절점으로서의 마치가 열도 사회 전역으로 퍼져 그 마을들을 잇는 광범위한 네트워크가 생겨난 것은 일본문화의 형성에 커다란 역할을 했다고 말해도 좋을 것이다.

---

36) 기온마쓰리에 동반되는 음악
37) 에도 시대에 발생한 미의식으로 산뜻함, 세련됨을 뜻함

4 네이티브와 뉴커머와(근대·현재)

무라/마치의 근대는 '국가의 침투'라고 할 수 있다[38]. 전근대라 해도 무라나 마치는 독립 국가가 아니므로 영주나 막부의 지배를 받고 있었는데 통제의 실태는 천차만별이며 그것이 지역의 독자성을 키우는 요인이 되기도 했다. 하지만 근대 국가는 세금·학교·군대 등의 국가적 통일을 '다테마에建前[39])'로 제도를 정비했다. 그 결과 학교, 청년단, 조나이카이町内会[40]), 재향군인회, 부인회 등 전국적으로 균질화된 조직이 무라/마치에 침투하였고 지역의 독자성이나 자립성은 서서히 파괴되어 가게 된다.

　나아가 도시화가 박차를 가한다. 고도성장기인 1960년 전후에 농촌인구와 도시인구가 역전되었고 그 후도 도시는 계속해서 지방의 인재를 흡수하여 도쿄, 오사카, 나고야의 3대 도시권에 전체 인구의 반이 집중하기에 이르렀다. 그 결과 도시 근교의 마을들은 택지화가 진행되고 네이티브(구旧주민)와 뉴커머(신新주민)이 혼재한 형태의 거주가 확대되게 되었다. 뒤집어보면 도시 근교의 대부분은 원래 무라였던 셈이 된다.

---

38) 요네야마 도시나오(米山俊直)『일본 무라의 백년-그 문화인류학적 소묘(日本のむらの百年-その文化人類学的素描)』, NHK북스(NHKブックス), 1967
39) 표면상의 의견·방침
40) 마치 중심의 주민자치조직

그림 3-8 『기타시라카와 어린이 풍토기』

　기타시라카와北白川(교토시 사쿄구)도 그 하나. 히에이
잔比叡山을 발원지로 하는 시라카와白川가 산골짜기를 빠져
나와 교토 분지의 북동으로 흘러나오는 선상지에 위치하
는 기타시라카와는 석기시대 유적이 출토되는 등 일찍부터
인간이 정주했던 지역이다. 헤이안 천도 후에는 교토에서
오쓰 사카모토大津坂本로 빠지는 주요 경로인 시라카와 고에
미치越道를 따라 근교 농촌으로 발전하였고, 도시의 사원에
불화仏花를 팔러 다니는 '시라카와메白川女'로 알려지게 되
었다. 1897년 인접한 요시다무라吉田村에 교토제국대학이
설립되자 서서히 대학관계자가 이주하고 택지개발이 추진
되게 된다. 이러한 네이티브와 뉴커머의 혼합 거주 상황
을 민족학자 우메사오 다다오梅棹忠夫(1920~2010)는 '꽃장

사족과 대학족'이라고 평했다. 그 전통과 근대가 대치하는 모습을 그린 『기타시라카와 어린이 풍토기』[41]라는 작품이 있다. 이것은 1946년생인 '전후의 아이'들이 소학교小学校 (초등학교) 야외 학습으로 지역을 꼼꼼히 조사한 것으로 세상의 이목을 끌어 영화화까지 된다. 이 작품을 다시 읽어보니 혼합 거주로 뒤섞인 지역에서 네이티브와 뉴커머(의 자제)가 서로 협력하며 지역 커뮤니티를 재발견하려고 한 시도였다고 말할 수 있다. 그리고 그것은 정도의 차이는 있다고 해도 근대화하는 무라/마치의 대부분이 직면하는 과제이기도 했다[42].

그 후에도 무라/마치의 곤경은 계속된다. 고도성장기 이후에 무라의 공동화와 마치의 과밀화는 모두 예로부터 내려온 지역 운영에 곤란을 초래하고 있었지만 90년대 이후 저출산 고령화의 진전은 그 경향을 한층 빠르게 만들었다. 주민의 과반이 고령자가 되어 지역 운영을 꾸려나갈 수 없게 된 '한계 취락'의 위기가 전국으로 퍼지고 이 같은 문제는 상업지구화, 오피스거리화에 의해 텅 비어버린 마치와 고도성장기에 개발된 단지 그리고 뉴타운 등에서까지 볼 수

---

41) 『기타시라카와 어린이 풍토기(北白川こども風土記)』, 야마구치서점(山口書店), 1959

42) 기쿠치 아키라(菊地暁)·사토 모리히로(佐藤守弘) 편저 『학교에서 지역을 하나로 연결하다-〈기타시라카와 어린이 풍토기〉에서(学校で地域を紡ぐ-〈北白川こども風土記〉から)』, 지이사코샤(小さ子社), 2020

있게 되었다. 2040년에는 일본 지자체의 반수가 소멸한다는 놀라운 예측까지 제기되고 있다(씽크탱크「일본창생회의日本創生会議」에 의함).

물론 정부도 그저 손을 놓고 있었던 것은 아니다. 2006년까지 시정촌市町村 합병에 따른 행정 슬림화를 목표로 한 '헤이세이平成의 대합병'이 추진되었던 것은 기억에 생생하다. 그렇지만 그 과정도 만만치 않았다. 물의 이용이나 공유지 등 각 시정촌을 구성하는 무라/마치가 갖는 권리관계의 복잡한 역사적 사정이 합병이라는 과제를 앞에 두고 재차 표면화했던 것이다. 그 조정은 각지에서 대혼란을 빚어 합병이 파국으로 끝난 경우도 있었고 합병이 이루어진 경우에도 찬성과 반대로 나뉜 지역의 응어리는 계속 남아서 현재에 이르고 있다. 도시화 과정에서 매몰된 듯 보였던 무라/마치도 결코 사라진 것은 아니고 어떤 순간에 드러난다. 무라/마치와 같은 공동체는–뉴커머는 눈치채지 못했을지도 모르지만–실제로는 다양한 형태로 지속하고 지금도 은근한 영향력을 가지고 있다.

사람이 사람과 함께 생활해야만 하는 이상 일상의 쓰레기 배출부터 재해 시의 피난에 이르기까지 생활 공간의 안정이라는 지연地緣적 과제는 반드시 존재한다. 그 역할을 어떻게 정하고 코스트를 어떤 식으로 부담해 갈까? 네이티브든 뉴커머든 그 과제를 다시 마주할 필요가 있다. 역사

속에서 자아낸 커뮤니티로부터 무엇을 계승하고 어떻게 키워갈 것인가를.

5   지연 · 설문 초록 : '나의 지연 집단'

사람은 모두 어딘가에서 살아가야 하므로 지연은 혈연과 다름없이 불가피한 사회관계이다. 하지만 그 실태는 당연히 천차만별이고 덧붙여 세대 상황에 따라서도 관계나 인식이 다르다. 예를 들어 토지나 가옥을 매입하면 지연 집단과의 관계는 강해지고 아이가 지역의 학교에 다니면 행사에 좋든 싫든 말려들게 된다. 수강생 대부분은 세대주도 아니고 아이가 있지도 않으니 지연을 의식할 기회는 많지 않다. 그래서 양친이나 조부모로부터의 정보를 근거로 '나의 지연 집단'을 리포트하게 했다.

지연 집단의 활동에 대해서 보고가 많은 것은 쓰레기 처리나 청소와 같은 환경 유지 관련이다. 소방단 등의 방재 활동은 도시지역보다 주변지역 쪽이 활발한 인상을 준다. 생업 상의 협동은 지금은 거의 볼 수 없지만 농촌지역의 수로 관리는 옛날의 모습을 남기고 있는 듯하다.

> 【용수 관리】내가 사는 곳에서는 연 2회 봄과 가을에 '야벳치やべっち'와 '이데자라이いでざらい'라 불리는 하천 청소를 합니다. 봄에는 일부 사람만이지만 가을에는 각 세대에서 한 사람 이상 출석해야 합니다. 봄에는 논밭으로 끌어오는 물의 양과 질을 확보하고,

가을에는 태풍에 대비해 하천의 범람을 막는 것이 목적입니다. 하천 바닥의 무익한 수초를 제거한 뒤에는 도로 가장자리에 그대로 늘어놓고 말리며 다시 모아서 쓰레기차가 가져가는 구조입니다. (가가와현 香川県 간온지시観音寺市)

관혼상제에 지연 집단이 관여하는 일도 지금은 상당히 줄었다. 리포트 전체의 1퍼센트 전후라고 할까. 다음은 지금도 지역에서 장례를 지원하는 희소 리포트이다.

【장례식】아버지의 본가는 나가사키현長崎県 히라도平戸 섬 남단의 어촌 마을. 마을 사람 전원이 아는 사이이며 그 대부분이 어째서인지 내 족보와 연관되어 있고 2대 정도 거슬러 올라가면 어떤 식으로든 혈연관계가 인정됩니다. 이 관계가 가장 의식되는 것이 장례식 때. 거의 전부를 사비로 부담하며 여성은 모두 부엌에서 쇼진요리精進料理(사찰음식)를 만들고, 남성은 제단을 조립하거나 나무나 대나무로 장식과 도구를 만듭니다. 집에서 진행하는 장례가 한차례 끝나면 친족뿐 아니라 친분이 있던 사람이 모두 옷 위로 가미시모裃(남성 전통복장의 정장)를 덧입고, 머리에는 장례용 삼각 두건을 쓰고, 흰색 깃발이 달린 기를 선두로 영정·장식·꽃을 들고서 술잔을 깨거나 징을 울리거나 하면서 길게 줄지어 천천히 마을 안을 돌았습니다. 길에 접한 집 앞에 사람이 밖으로 나와서 합장하며 고인을 부르는 사람도 있었습니다.

마쓰리가 결집의 기회가 되는 지역은 현재도 많다. 오사

카 센난泉南의 '단지리だんじり43)', 효고兵庫 하리마播磨의 '겐
카미코시ケンカ神興44)' 등 지역의 모두가 마쓰리에 동원되어
'파시즘적' 열광이 일어나는 제례도 적지 않다. 그러한 열
광의 이면에서 자금조달, 역할분담과 같은 행사가 무사히
실시될 수 있도록 힘을 다하는 지역 간부가 존재한다는 사
실을 유념하자.

> 【지조본】 어머니는 자치회의 회계를 맡은 간부로 지
> 조본地藏盆45)과 같은 행사에서 사용한 회비를 계산
> 하며 관리하고 있다. 어머니는 우리 세 자매를 키우
> 면서 마을에 있는 집집의 우편함에 이번에 열릴 마
> 을 불꽃놀이 전단을 나눠주러 다니거나 한다. 가끔
> 나도 돕지만 자잘한 작업이 많아서 꽤 힘들다. 간부
> 는 가사와 자치회 일을 병행하는 주부뿐이다. 어릴
> 때 지조본을 좋아했으므로 그 뒤에서 어머니와 같은
> 간부분들이 열심히 일해 주었다는 점에 감사드린다.
> (교토)

무라나 마치에서는 전통적인 관행에 근거한 지역 운영
이 이루어지고 있는 것에 비해 단지나 뉴타운에서는 관리
조합을 설립하는 등의 관행이 부족한 까닭에 의식적으로
디자인된 지역 운영이 이루어진다. 전통을 이어가지 않는
탓에 자유와 구속력이 약한 것은 말하자면 동전의 양면으로

---

43) 단지리라고 불리는 수레를 끄는 마쓰리
44) 하리마를 대표하는 마쓰리로 미코시 끼리 세차게 맞부딪치는 의례
45) 어린이의 건강을 기원하는 지장보살 마쓰리

다음의 보고와 같은 지역 운영의 부담을 회피하는 '프리라이더'를 만들어내기 쉬운 것도 새로운 지연 단체의 어려움 중 하나이다.

> 【집합 주택】 내가 사는 곳은 3년 전에 입주를 시작한 새로운 집합 주택集合住宅(공동주택)으로 400세대 가까이가 살고 있다. 각 동과 층마다 간부 1명을 선출해서 2년간 임기를 맡아야 하며 순번은 복도의 끝에서부터 돌아가는 것이 기본이지만, 부친에 따르면 '건강할 때 맡겠다'고 입후보해서 먼저 책임을 마치는 세대도 있고 '이 순서대로 가면 자기 집에 돌아올 때쯤에는 죽었을 거야'라고 생각하는 세대도 있다고 하니 매우 흥미롭다. (오사카 시마모토초島本町)

사람의 이동은 네이티브와 뉴커머라는 대치 관계를 창출한다. 그것이 어느 정도 엄격한 것이 될지는 유입 시기, 양자의 규모, 생활 양식의 차이 등에 의해 다르지만 잠재적인 대치 관계가 어떤 계기에 따라 현재화하는 일도 적지 않으며 안타깝게도 '무라하치부'도 과거의 일이라고는 단정할 수 없다. 신·구 주민의 대치 관계를 어떻게 '무해'하게 할지는 많은 지역 사회가 직면하는 일반적인 과제라고 할 수 있다.

> 【신·구 주민】 내가 사는 곳은 소위 고급주택지로서 예전부터 알려져 있으며 수 대에 걸쳐 계속 살아온 자산가들이 지켜온 장소입니다. 그러나 근래에 오래되어 가치 있는 대저택을 내놓는 사람이 늘어서 토지가

매물로 나오고, 그때마다 구획이 좁아져서 부호가 아니어도 살 수 있게 되었습니다. 이렇게 말하는 우리 집도 분할된 작은 구획에 3년 전부터 살기 시작한 '신참'. 역시 옛날부터 살고있는 층이 지역의 모든 것을 장악하여 처리하고 있어서 이사해 오자마자 이웃집 사람에게 "이쪽에 인연이 있는 친척이 계시나?"라고 질문당하는 형편. 게다가 우리 형제는 사립학교에 다니고 있어 지역 아이들과의 교류도 없기에 항상 활기찬 지역 아동 모임이나 주민 자치조직의 행사에 참여한 적도 없습니다. 지연의 은혜를 입은 경험이 없어서 재해 같은 때에 서로 협력할 수 있을지조차 불안합니다. (오사카시 아베노구阿倍野区)

지역 사회는 각각 다르다. 그것은 풍토와 역사가 그렇게 만든 것이다. 그렇지만 환경 유지나 방범·방재 등 지역에서 생활하는 사람이 마주 바라보는 과제는 적잖이 공통된다. 공통의 과제를 해결하면서 고유의 역사와 풍토를 유지해 가는 일은 중요하며 지역 사회의 활력과 매력은 그 절묘한 균형 앞에 있는 것으로 생각된다.

6 지연·북가이드

『노치노카리코토바노키後狩詞記』(1909)의 시바무라椎葉村(미야자키현宮崎県)도『도노모노가타리遠野物語』(1910)의 도노遠野(이와테현岩手県)도 민속학은 무라에서 시작되어 무라와 함께 했으므로 추천할 책은 그야말로 무수하다. 아루가

기자에몬有賀喜左衛門, 기타노 세이이치喜多野清一, 스즈키 에이타로鈴木栄太郎와 같은 이에/무라 연구의 선학을 간과할 수 없음은 물론 기다 미노루きだみのる의 도쿄 온가타무라恩方村, 엠브리Embree 부부의 구마모토현 스에무라須恵村 등 걸출한 촌락 저술은 너무 많아서 일일이 셀 수가 없다. 무엇을 추천할지 몹시 고민이다.

기초지식의 확인에는 『이에와 무라의 사회학』[46]이 추천할만하다. 전국 각지에서 필드워크를 거듭하며 '생활환경주의'를 주창한 저자가 써낸 간결한 입문서. 무라의 구조와 기능을 둘러싼 기본 개념부터 아루가·기타노 논쟁과 같은 학설의 역사까지 꼼꼼하게 해설한다.

『선거 민속지』[47]도 화제작. 1880년의 구정촌회법区町村会法 이래 민선의원에 의한 지방자치의 역사는 백 년이 지났지만 예부터의 혈연·지연에 기인한 사회관계의 영향은 적지 않다. 그 모습은 지방선거에서 크게 드러나며 '근대적 시민사회'와 걸맞지 않은 실태를 이 책은 남김없이 그려내고 있다.

---

46) 도리고에 히로유키(鳥越晧之)『이에와 무라의 사회학(家と村の社会学)』, 세계사상사(世界思想社), 1985[증보판1993]

47) 스기모토 히토시(杉本仁)『선거 민속지-일본적 정치풍토의 기층(選挙の民俗誌-日本的政治風土の基層)』, 후쿠로샤(梟社), 2007

마치의 생태도 흥미롭다. 『공공재로서의 도시 제례』[48]는 도시 제례를 하레부타이晴れ舞台[49]로 생각하는 마치의 사람들을 가까이서 조사한 좋은 작품. 비와호琵琶湖 북쪽 기슭에 위치하는 나가하마長浜는 근세 이후의 상업 도시이며 그 부를 쏟아부은 히키야마마쓰리曳山祭는 다시山車[50]를 무대로 어린이가부키子供歌舞伎를 공연하는 웅장하고 화려한 행사이다. 이 마쓰리의 '역할'에는 제각기 '위신'이 담겨 있으며, 역할 분담을 둘러싼 교섭과 갈등이 마치의 사회관계를 활기 있게 만들어내는 과정을 저자 스스로가 마쓰리를 이끌어 가는 일원인 와카슈若衆(젊은이)에 속했던 경험으로 생생하게 그린다.

수많은 무라 연구의 축적에 비해 단지나 뉴타운과 같은 새로운 지연을 다루는 연구는 그다지 많지는 않다. 『다키야마 코뮌 1974』[51]는 1968년에 입주를 시작한 도쿄 히가시쿠루메시東久留米市 다키야마단지滝山団地에서 자란 저자가 자신의 체험과 객관적 자료를 오가며 단지와 커뮤니티를 그려낸 희귀한 저술이다. 전통이 결여된 신흥단지이기에 진보적인

---

48) 다케다 슌스케(武田俊輔) 『공공재로서의 도시 제례–나가하마히키야마마쓰리의 도시사회학(コモンズとしての都市祭礼–長浜曳山祭の都市社会学)』, 신요샤(新曜社), 2019

49) 공개 행사가 열리는 중요하며 화려한 장소·장면

50) 마쓰리에서 끄는 화려하게 장식한 수레로 지역에 따라 야마보코(山鉾), 히키야마(曳山)라고도 불림

51) 하라 다케시(原武史) 『다키야마 코뮌 1974(滝山コミューン一九七四)』, 고단샤문고(講談社文庫), 2010

학교 교육이 이루어지고, PTA^Parent-Teacher Association 를 끌어들인 특이한 커뮤니티가 출현하여 '폭주'하는 과정은 70년대 지역 사회의 일면을 스릴있게 부각시킨다. '과소과밀'이나 '한계취락' 등 지연 커뮤니티의 곤경은 현재에 이르기까지 계속되지만 그래도 지역이 단선적으로 피폐하여 소멸하는 것은 아니다. 『촌락과 원자력발전소』[52]는 정치가·관료·재계인이 얽혀있고 자금이나 조직 면에서도 지역 사회를 압도하는 원자력발전소 추진 세력에 대해 지역 사회가 끈기 있게 저항해 가는 연대와 그 로직을 뒤쫓은 화제작. 일견 잠재해 있어도 상황에 따라 선명하게 드러나는 지역의 가능성을 우리는 재인식할 필요가 있다.

---

52) 이노세 고헤이(猪瀬浩平)『촌락과 원자력발전소-구보카와원자력발전소 계획을 수습한 4만10의 사람들(むらと原発-窪川原発計画をもみ消した四万十の人びと)』, 농산어촌문화협회(農山漁村文化協会), 2015

회합**3** 사회의 인연

1 혈연도 지연도 아닌 관계(원론)

지금까지 이에(혈연), 무라(지연)에 대해서 생각해 왔다. 둘 다 현재에 이르는 사회 변화 속에서 크게 변용을 강요당한 셈이지만 그런데도 여전히 중요한 존재이다. 나아가 골칫거리는 우리가 사회관계를 '이에와 같은 것'이나 '무라와 같은 것'으로 생각하기 쉽다는 점이다. 기업이 이에처럼 업계가 무라처럼 언급되는 일은 적지 않다. 그것은 그와 같이 말하는 주체의 사고와 행동도 규정할 것이다. 이러한 비유는 신기한 존재를 구면의 테두리에서 처리 가능케 하는 이점을 가지지만 정확한 이해를 멀리해버리는 결점을 가진다. 그러한 비유적인 이해를 배제하고 지연도 혈연도 아닌 사회관계—이하, 일반적인 술어는 아닐지 모르지만 '사연社縁[53]'이라 부른다—를 제대로 파악하는 일은 그러한 사회 영역이 점점 확대하는 현재에 있어서 매우 중요한 과제이다.

　'사연'은 특별히 '근대적'이다. 역으로 말하면 전근대 서민 생활의 대부분이 혈연과 지연으로 이루어지고 있었다(언뜻 보기에 사연으로 보이는 조직이 실제로는 혈연이나 지연에 근거를 두고 있었다는 예는 많으며 사연의 역할은

---

[53] 사회의 인연

어디까지나 한정적이었다). 이를 전환하게 만든 것이 '근대'이다. 산업혁명 이후에 방대한 인구가 도시로 흘러들어 도시는 '면식이 없는 사람'으로 넘쳐난다. 그것은 여러 알력을 일으켰다. 소매치기, 절도와 같은 경범죄의 급격한 증가도 그 일부분이다. 사람이 혈연과 지연으로 꽁꽁 묶인 상황에서는 친인척 모두가 당장 제재를 행사하고 그것이 억제력이 되기도 하지만 도시는 그러한 제약으로부터 자유로웠다. 이 '면식이 없는 사람'의 무리를 어떻게 통제할 것인가가 근대의 과제가 된다. 19세기 파리에서 범죄자를 지문에 의해 개체 식별하는 방법이 확립된 것도 그 일환이다[54].

근대적인 사회과학의 탄생도 이러한 상황에 기인한다. 전근대에서 근대로의 이행을 영국의 법학자 헨리 메인Henry J. S. Maine(1822~88)은 선천적인 '신분status'에서 의식적인 '계약contract'으로, 독일의 사회학자 페르디난트 퇴니스Ferdinand Tönnies(1855~1936)는 자연발생적인 '게마인샤프트Gemeinschaft'에서 작위적인 '게젤샤프트Gesellshaft'로, 프랑스의 사회학자 에밀 뒤르켐Émile Durkheim(1858~1917)은 동질 구성원의 단순한 '기계적mecanique' 연대에서 분업화한 구성원의 복잡한 '유기적organique' 연대로 각각 규정했다. 이 같은 학설은 아직 많고 강조점의 차이도 당연히 있지만 크게 보아

54) 와타나베 고조(渡辺公三)『사법적 동일성의 탄생−시민사회에서 개체 식별과 등록司(法的同一性の誕生−市民社会における個体識別と登録)』, 겐소사(言叢社), 2003

혈연에도 지연에도 제약되지 않는 사람들의 무리, 곧 사연을 어떻게 이해할까가 과제이며 거기에서 현대로 연결되는 사회과학이 형성되어 갔다고도 말할 수 있다.

이러한 서구발 근대가 비서구 지역으로 파급되어(거기에는 식민지주의·제국주의와 같은 폭력적인 전개가 개입한다), 다수의 저항과 반동을 동반하면서 지구를 뒤덮어가는 과정으로 현대를 인식할 수 있다. 영국의 사회학자 앤서니 기든스는 그 귀결을 전통의 영향력 저하에 따른 정체성의 혼란으로 전망한다.

> 일단 전통이 뒤로 빠지고 나면 우리의 인생은 선택지가 많다. 따라서 심사숙고하지 않을 수 없게 된다. 자주와 자유가 존중받게 되며 전통이 지닌 은은한 힘은 한결 개방된 토론과 합의로 바뀐다. 그렇지만 자유의 획득은 다른 문제의 원인이 된다. 자연과 전통이 단절된 사회–대부분의 구미 국가들이 이미 그렇다–에서는 일상생활에서조차 개인에게 의사 결정을 요구한다. ...의사 결정의 어디가 문제인가 하면 중독과 강제가 항상 따라다닌다는 점이다. ...원래 중독이라는 말은 알콜중독과 마약중독에 한정해서 사용되어 왔다. 그러나 이제는 인간 활동의 모든 영역에서 중독이 현재화하기 시작했다. 일, 운동, 식사, 섹스, 그리고 애정에서마저도 사람은 중독될 가능성이 있다. ...왜 그런가 하면 이들 활동을 비롯해 다양한 인간 활동의 모습이 예전과 같이 전통과 관습에 얽매이지 않게 되었기 때문이다.[55]

---

55) 앤서니 기든스(Anthony Giddens), *Runaway World: How Globalization is Re-*

기든스의 간단하지만 핵심을 찌르는 지적을 굳이 부연해 보자. 근대 이후 사회는 다양화하고 복잡화하여 한없이 기능이 분화해 갔다. 그것은 우리에게 여러 가지 선택의 가능성=자유를 가져다주었지만, 동시에 선택에 따른 리스크를 한없이 증가시켰다. 소위 '자기책임'이라는 것이다.

이렇게 우리는 손에 넣은 자유를 힘겨워하게 된다. 그것이 혈연도 지연도 아닌 관계인 사연이 눈앞에 드러나고 끝없이 확대되는 현대의 풍경이다.

2 동료에서 결사로(전근대·근대)

'사연'을 영어로 번역하면 'association'이 좋을 듯 하고, 이전부터 사용하던 일본어 중에 근접한 말이 있을까? 사견으로는 '나카마仲間'가 유력한 후보라고 생각된다. 쇼가쿠칸小学館『일본어대사전日本国語大辞典』(1975)에는 '①함께 일을 하는 사람. 동종의 사람들. 친구. 반려' '②근세 상공업에서 영업상의 폐해를 방지하고, 공동 이익을 증진하기 위해 결성된 동업자 단체. 관허를 얻은 것을 〈가부나카마株仲間〉라 하고, 그렇지 않은 것을 그냥 〈나카마〉라고 했다'라는 두 가지 뜻풀이가 적혀 있다. 양쪽 모두 근세 이후에 사용되게 되었던 말인듯하다. 약간 까다로운 것은 방언에서 친척을

---

shaping Our Lives, 1999 /『질주하는 세계』, 박찬욱 역, 생각의나무, 2000

가리키는 용례가 있다는 점인데 역으로 말하면 일본에서 혈연, 지연으로부터 분리된 순수한 사연의 성립이 그만큼 늦었다는 증거일 것이다.

　사연의 성립을 지탱하는 것은 교통과 통신이다. 혈연, 지연의 외부에서 사람이 만나고 관계를 이어가기 위해서는 사람의 활동과 미디어의 기능이 불가결하다. 예를 들어 1억이 넘는 일본인의 대부분은 평생 한 번도 만날 일 없는 사람들이지만 그런데도 그 사람들과 자신을 같은 '일본인'으로서 상상하고 이해할 수 있다. 이러한 의미에서 국민국가란 '상상된 공동체imagined communities'이지만, 그러면 그 상상을 가능케 한 것이 무엇인가 하면 하나는 활판 인쇄로 국토에 널리 유통하는 인쇄 미디어의 존재라고 한다. 가령 신문은 대량으로 인쇄함으로써 이익의 확대를 꾀하기 위해 표준어를 사용하지만 그것이 역으로 표준어를 보급시키고 표준어가 유통하는 공간으로서의 국토를 인식＝상상하게 하는 것이 된다. 전국판은 도쿄에서 읽어도 홋카이도北海道나 오키나와에서 읽어도 같다. 이같은 메커니즘을 '출판자본주의print capitalism'라고 한다[56].

　실제 근대의 사연인 결사結社는 잡지를 간행하여 동인을 모집함으로써 성립되었다. 다름아닌 민속학도 그 일례

---

56) 베네딕트 앤더슨(Benedict Anderson), *Imagined Communities: Reflections on the Origin and Spread of Nationalism*, 1983 /『상상된 공동체-민족주의의 기원과 보급에 대한 고찰』, 서지원 역, 도서출판 길, 2018

그림 3-9   *Notes and Queries* /『향토연구』

이다. 영국에서는 'folklore'라는 개념을 주창한 윌리엄 톰즈William John Thoms(1803~85)에 의해 1849년 '문인, 예술가, 호고가好古家, 계보 연구가, 그 외의 것을 위한 정보교환지'라는 부제를 단 잡지『노츠앤 쿼리즈Notes and Queries』가 창간된다. 독특한 것은 지면 구성으로 '노트'라는 논고 외에 '쿼리'라는 정보제공을 요청하는 질문과 그에 대한 답변이 마련되어 독자가 투고해서 정보를 교환하고 논의를 전개할 수 있는 구조가 준비되었다. 이 잡지에 아마추어 연구자들이 모여들고 영국 제국의 약진과 더불어 세계 각지로부터의 정보를 교환할 수 있게 되어서 영국 민속학을 발전으로 이끌었다.

이러한 학문 상황을 일본에 소개한 사람이 19세기 말

런던에서 공부하고 이 잡지에 수많은 논고를 기고했던 '지의 거장'이자 생태학자이면서 민속학자인 미나카타 구마구스南方熊楠(1867~1941)이다. 미나카타는 자신의 글이 실린 잡지를 야나기타 구니오에게 보내어 다음과 같이 권유했다.

> 우리나라에도 어떻게든 Folklore회의 설립이 있기를 바란다. 또 잡지 발행이라면 영국의 『Notes and Queries』...와 같은 것으로 하고 문학, 고고학, 이속里俗(지방풍속)학의 범위에서 각자 수필과 질문과 답을 엄선해서 내는 것으로 하면 심히 흥미있음이 틀림없다고 생각한다. 57)

잡지 간행은 야나기타 자신도 바라던 바였고, 그것은 『향토연구郷土研究』(1913~18)로 실현된다. 이 잡지에는『노츠앤 쿼리즈』와 같은 '향토 문답' 난이 만들어지고 질문과 답이 오가는 투고자 교류가 기획되었다. 그렇다고 하더라도 문답 형식이라는 스타일이 쉽게 정착하지는 못하고 후에 야나기타는 미나카타에게 다음과 같이 요청하고 있다.

> '지상紙上 문답'의 질문은 소생에게도 얼마든지 있습니다만 다른 사람의 질문은 '어떠냐, 알 리가 없지'와 같은 것이 많아 본래의 취지에 반합니다. 귀하가 부디 2~30개 적어 보내주시길 바랍니다. 순서대로 소개하면 필시 자타의 이로움이라고 생각합니다. 가능하면 범인도 답할 수 있는, 예컨대 각지의 서로 다른

---

57) 1911년 6월 12일 야나기타 앞으로 보낸 서간

점이 흥미롭다고 할만하고 책이 없어도 되는 주제가
바람직합니다.[58)]

　'지상 문답'을 지식의 자만으로 끝내지 않고 동인 교류를
촉발하는 것으로 하려는 야나기타의 배려를 엿볼 수 있다.
이후로 야나기타와 미나카타는 방향성이 달라서 결별하지
만(그리고 그것은 민속학 역사상 중요한 사건이지만), '지상
문답'의 모색은 끝나지 않는다. 1925년에 야나기타는 젊은
학도들과『민족民族』을 창간했는데 권말에 실은 '편집자로
부터'에는 '어떤 간단한 자료라도 기탄없이 보내주시기를
바란다', '의문이 있는 분은 거리낌 없이 문제로 제출해주
시기를 바란다' 등등 질문과 회답의 양쪽에 걸쳐 독자의 투
고를 환영하는 취지가 적혀있다. 그리고 1935년에는 야나
기타의 환갑을 계기로 '민간전승 모임'(훗날 일본민속학회)
이 설립되고 기관지『민간전승民間伝承』이 창간되자 야나기
타는 머리말에 '작은 문제의 등록'을 기고하여 '시골통신'
란에 투고할 것을 재촉하고 있다. 야나기타는 끝까지 질의
응답 형식에 대한 신념을 내려놓지 않았고 '잡지라는 광장'
을 활용한 투고자=독자 커뮤니티라는 목표는 평생 바뀌지
않았다.
　이러한 결사와 잡지의 관계는 근대적 결사 일반에서 볼

58) 1915년 3월 16일 미나카타 앞으로 보낸 서간

수 있다. 민속학은 그 자각적인 실천 사례라고 할 수 있다. 혈연도 지연도 아닌 사연, 개개인의 의사에 기인한 연합은 저절로 완성된 것은 아니다. 사람과 사람의 만남을 촉진하는 커뮤니케이션 디자인이 필수이며 사연은 특별히 미디어적인 실천인 것이다.

3 온라인 커뮤니티의 빛과 그림자(현재1)

인터넷은 사연의 모습을 일변시켰다. 역으로 말하면 인터넷 이전의 사회관계는 일종의 지연성이 불가피했다. 예를 들어 대학이라는 집단으로의 참여는 자율적으로 선택되는 것이면서도 일정한 지리적 제약을 피할 수 없는 것처럼. 그 의미에서 공간적 제약으로부터 해방된 '순수'한 사연은 '인터넷 이후'일지도 모른다.

인터넷이 만들어낸 사회관계를 여느 때처럼 정제되지 않은 말로 단순화해서 확인하자. 원래 인터넷 이전에도 통신회선을 매개한 사회관계는 가능했다. 임의의 서버에 전화회선으로 접근하여 메일이나 게시판 등의 문자 정보를 주고받는 '컴퓨터 통신'은 1980년대 코어 유저에게 보급되어 갔다(회선 요금이 저렴한 심야 이용이 집중한 것도 '코어' 감을 높였다). 단지 서버마다 독립된 폐쇄망이며 네트워크를 상호 연결하는 인터넷 이전의 인프라이다.

인터넷의 원점이라고 하는 아르파넷^{ARPAnet}은 1969년에

운영이 시작되었다. 이는 미국에서 군용통신기술로 개발된 것으로 복수의 네트워크가 연결되어 일부가 공격당해도 전체 기능이 정지되지 않도록 각종 백업이 설치되어 있다. 발족 당시는 개발에 관여한 연구자의 이용이 중심이었지만 점차 참가하는 네트워크가 확산되어 1995년에 네트워크 기능을 쉽게 사용할 수 있는 OS인 '윈도우 95$^{Windows\,95}$'가 마이크로소프트사에서 출시되자 인터넷 유저는 폭발적으로 확대되었다. 90년대는 회선 용량의 제약으로 인해 문자 정보를 주고받는 것이 주류였다. 게시판처럼 문자 정보를 순차적으로 올리고 거기에 응답하는 형식이 기본이 된다. 이 시기를 대표하는 거대 게시판 '2채널^{ちゃんねる}'은 익명의 투고자에 의해 옥석이 뒤섞인 투고가 모이고 '성실함'을 조소하는 온갖 욕설이 넘쳐흐르지만, 한편으로는 얼굴도 이름도 모르는 사람끼리 특이한 커뮤니케이션이 전개되었던 것도 사실이다. 2004년 한 남성이 전철에서 우연히 만난 여성과의 교제를 '2채널(현 5채널)'의 응원을 받으며 성취해냈던 러브스토리는 『전차남^{電車男}』이라는 제목으로 영화와 드라마화 및 단행본으로 출간되고 일대 화제를 불러일으켰다. 텍스트 중심 온라인 커뮤니티의 첫 번째 절정이라고 해도 좋을 것이다.

21세기를 맞이하면 브로드밴드에 의한 고속 대용량 통신이 일반화되고 인터넷의 상시 접속이 보급되었다. 부담

없이 접근할 수 있는 존재가 된 인터넷에서는 구글에서 검색하는 것도 블로그를 적는 것도 SNS로 교류하는 것도 전부 간단해졌다. 트위터와 페이스북은 2008년에 각각 일본에서 운용을 개시했다. 고속 대용량화에 따른 동영상 사이트의 탄생도 획기적으로 2005년에 개설된 유튜브는 2007년에 일본에서 운용을 시작해 현재에 이르기까지 엄청난 동영상과 이를 둘러싼 커뮤니케이션을 만들어내고 있다. 쌍방향화에 의한 인터넷의 새로운 단계 'Web 2.0'이 널리 알려지고, 장미빛 디지털 민주주의를 몽상했던 것도 이즈음이다.

그리고 2007년 아이폰(애플사) 출시를 시작으로 스마트폰과 태블릿 등 모바일 단말이 급속하게 보급되어 2010년에는 네트워크 이용 단말 숫자에서 모바일이 컴퓨터를 넘어서고 그것이 온라인의 광경을 크게 바꾸었다. 모바일에 의한 SNS 이용은 2012년부터 2016년에 네 배로 확대되어 '언제나 어디에서도 SNS'가 보통인 상태가 된다. 그 결과 연결 의존이라고 해야 할 SNS 헤비 유저가 대량 발생하고 '읽씹既読スルー'이라는 말로 상징되듯이 온라인은 빠른 댓글을 달아야 하는 동시성의 장으로 변용되었다. 게다가 극단적인 토론이 상위에 노출되는 SNS의 알고리즘은 악플을 일상화하여 언어 폭력이 사정없이 덮쳐드는 디지털 지옥을 눈앞에 나타나게 했다. 그리고 그 광기는 디지털에서 현실로 반전하고 있다. 2021년 1월 6일에 일어난 미합중국

국회의사당 습격 사건은 사건을 자극했다는 이유로 트럼프 대통령의 트위터 계정이 영구 정지되었듯이 인터넷에서 길러진 광기의 폭발이었던 것은 의심할 수 없는 사실이다.

쓸 말은 아직 많지만 사이버 스페이스의 급성장이 불과 사반세기 남짓의 사건이라는 점에 다시 한번 놀라지 않을 수 없다. 그것은 우리 생활에 불가결한 인프라가 된 한편 극심하게 살벌한 악의의 양식장이 되기도 했다. '인터넷으로 강해진 것은 마니아, 변태, 클레이머claimer'라는 홍보 문구가 있었던 것처럼 악플의 일반화가 누구에게 어떤 효과를 초래하는지 주의 깊게 관찰할 필요가 있을 것이다. 왜냐하면 악플의 공포는 자유로운 사고와 발화의 억제로 이어지고 지적 창조의 정체로 귀결하지 않을 수 없다. 그것은 지식을 생산하는 행위인 학문뿐 아니라 인류사회 전반에 대해 너무나도 본질적인 위협이다.

그렇다고 '인터넷 이전'으로 회귀할 수 있을 리도 없다. 어쩔 수 없이 연결되어야 하는 '디지털 연옥煉獄'이라는 것이 우리가 손에 넣은 온라인 커뮤니티의 현재 위치일지도 모른다. 폭주를 회피할 시나리오를 손에 넣는 것이 먼저인지 아닌지 아직 누구도 알 수 없다.

4 포스트 모더니티의 저편(현재**2**)

사연의 근현대를 동료·결사에서 온라인 커뮤니타라는 흐름으로 무리하게 개관해 보았다. 끝으로 '가장 큰 사연(혹은 지연)'으로서의 근대 국가에 대해서 확인해 두자. 가능한 간결하게.

1980년대 이후 서구 선진국들에서 이른바 '신자유주의 개혁'이 추진되었다. 재정재건의 이름 아래 생활 보건과 같은 각종 공적 지원이 감축되자 그 결과 공교육은 쇠퇴하고 경제 격차는 확대했다. 일찍이 '요람에서 무덤까지'라고 회자되던 극진한 공적 서비스를 자랑하던 '복지국가welfare state'(그것은 세계대전 시기의 '전쟁국가warfare state'에서 생겨난 말이었지만)는 완전히 자취를 감추고 '포스트 복지국가'로 그 모습을 변모시켰다.

돌이켜보면 복지국가는 포디즘Fordism으로 대표되는 산업자본주의에 적합한 사회체제였다. 국가의 융숭한 지원으로 교육과 복지를 책임지고 견실한 공교육으로 '균등한 국민'을 양산하는 것이 대량 생산과 대량 소비를 가능하게 하며 결과적으로 산업자본의 이익으로 연결되었기 때문이다. 그런데 포스트 포디즘, 포스트 산업자본주의에서는 그렇게 되지 않는다. 다품종 소량생산에 따른 차별화가 이익을 최대화하는 세계에서는 '균등한 국민'보다도 극소의 '고성능

인재'와 '그 밖의 대세'로 나누어야 자본 확대가 극대화된다. '가진 자'들에게는 복지를 유지할 이점이 없어져 버린 것이다.

근대적 '법치'의 붕괴라고 해야 할 근래의 상황에는 그러한 경제 시스템의 변화가 바닥에 깔려있다. '해석개헌解釈改憲59)'으로 대표되는 법문의 자의적 운용, 반복되는 공적 기록의 파기, 법 아래 평등의 유명무실화 등 정부의 실책은 이루다 셀 수가 없지만 변명 정도의 미봉책으로 시종일관하고 근본적 개선을 고민하는 일은 거의 없다. 일반적으로 법치국가로서는 허락하기 어려운 불투명한 이익 유도나 이익 분배가 횡행하고, 당사자가 이를 부끄럽게 여기지 않는 것이 현실이다. 정계·관료·재계의 요직에 있는 사람이 얼마나 상황을 인식하는지 모르겠으나 이미 국가는 만인을 위한 조직이기를 멈추고 특정 개인과 단체를 돕는 전근대적인 가산국가家産國家60)로 퇴보하는 듯하다.

문제는 이러한 근대 국가의 기능 부전이 표면적으로는 선거제도에 의해 초래되었다는 점이다. 반지성주의든 상징적 빈곤이든 포스트 트루스post-truth 든 부르는 방법은 여러 가지이지만, 신자유주의 개혁으로 인해 불이익을 당한 계층

---

59) 헌법을 정식절차에 따라 개정하는 것이 아닌, 헌법 조항에 대한 해석을 변경함으로써 헌법의 의미나 내용을 바꾸는 것
60) 영토를 봉건제 군주의 사유재산으로 간주하여 국가의 재정과 군주의 재정 사이에 구별이 없는 국가

이 오히려 그 개혁을 지지할 뿐 아니라 반개혁파를 공격하는 사태가 일반화하고 있다. 이민이나 적국과 같은 알기 쉬운 '적敵'을 상정하여 국가적 위기를 해명하는 '애국' 이야기는 네트워크를 통해 확산하고 무시할 수 없는 수의 지지자를 획득한다. 사실의 오인과 논리의 모순은 이미 고려되지 않는다. 그 결과 표면적으로는 합법적인 절차에 따라 합법적인 제도가 무너져 간다. 이는 '언젠가 왔던 길'인지도 모른다.

정리하면 경제의 세계화가 압도하는 가운데 혈연·지연에 의한 전통적인 커뮤니티는 붕괴하고 모더니티modernity에 바탕을 둔 근대 국가도 기능이 망가지고 있다. 인간은 과학 기술이 떠받치고 있는 광대한 사이버 공간에 접근할 자유를 손에 넣은 한편 기본적으로는 수백만 년 전부터 변치 않는 육체가 갖는 제약에 여전히 구애받고 있다. 혈연도 지연도 사연도 지금 이대로는 있을 수 없고 그렇다고 해서 없애버릴 수도 없을 것이다. 조만간 찾아올 사람과 사람과의 관계를 어떻게 디자인하고 어떤 방법으로 구현해 나갈 수 있을까?

일단 출구가 보이지 않는 난해한 문제를 끈기 있게 풀어 가는 수밖에 없다. 나/우리의 일상생활 속에서.

5 사연·설문 초록 : '나의 사연 집단'

사연 집단은 친구·동료에서 거대 기업까지 목적도 규모도 조직화 정도도 무수한 변형이 있지만 수강생에게 친근한 것이라면 우선은 학교 동아리나 서클일 것이다. 문과, 이과, 스포츠, 퍼포먼스, 자원봉사 등 서클만으로도 잡다한 활동과 조직이 있으며 사회 공헌과 같은 대외적 활동을 하는 경우는 일반기업처럼 조직 관리가 이루어지기까지 하는 예도 있다. 수강생 자신도 학년이 올라가면서 보다 중요한 역할을 담당하고 조직 운영에 관한 고민을 경험하게 되는 것 같다.

학생 생활에 친근한 부분부터 소개해 가면 음식이 사람과 사람을 잇는 소중한 계기임은 논할 여지도 없다.

【자취 동호회】기숙사에서 뜻을 모아 결성된 자취 동호회는 구성원이 열 명에도 미치지 않는 소집단으로 기숙사 식당이 쉬는 날인 토,일요일에 활동합니다. '슈퍼에서 대량으로 사는 쪽이 가성비가 좋지만 혼자서는 사도 먹을 수 없어!'라는 문제를 해소하기 위해 같은 불만을 가진 사람들이 모여서 식자재를 서로 나누고 때로는 함께 조리도 합니다. 이 동호회 덕분에 염가제품을 걱정 없이 살 수 있게 되었습니다. 고맙게 생각하고 있어요. 맛없게 만들어져도 모두 함께 먹으면 맛있습니다. 감사하죠.

음주가무도 사람이 모이는 기회로 중요하지만 광장이나 극장과 같은 연기를 위한 공간을 필요로 하는 경우가 많은 것도 독특한 특징이 될지도 모른다.

【기타 클럽】2021년 4월 교토대학京都大学 2학년 학생 5명이 창설한 가모가와 기타 클럽鴨川ギター倶楽部은

주 2~3회 저녁부터 가모가와델타鴨川デルタ에서 각자 자유롭게 어쿠스틱 기타를 치고 있다. 다섯이 농담처럼 시작했다고 하는데 SNS에서 널리 퍼져 불과 3개월에 부원이 89명까지 늘었다. 연령·성별 그 외 사회적 신분을 일절 묻지않고 누구나 좋을 때 참가할 수 있으며 규칙에 따라 활동한다. 사는 곳이 악기 금지로 연습 장소가 없어 난처했던 차에 그 클럽의 존재를 알고 참가하게 되었다. 당당하게 연습할 수 있다는 점 이외에도 음악을 통해 여러 사람과 교류할 수 있어서 즐거움을 느꼈다. 온라인 수업으로 친구도 생기지 않고 쳐져 있던 나로서는 매우 감사하고 있다.

미국의 사회학자 레이 올든버그Ray Oldenburg는 자택도 직장도 아닌 거처를 서드 플레이스third place라 칭하며 그 중요성을 강조한다. 악기를 연습하는 사람, 조깅하는 사람, 물고기나 곤충을 잡는 사람, 햇볕을 쬐는 사람, 그리고 등간격 커플[61]과 다양한 액티비티가 어수선하게 공존하는 교토의 가모가와 강 주변은 알맞은 서드 플레이스라고 할 수 있을 것이다. 연중행사도 사람이 모이는 중요한 기회이다. 지역의 마쓰리도 구경꾼은 물론 엔니치의 노점을 운영하는 상인 등 각지에서 몰려온 사람들이 활기를 주고 있다. 마쓰리의 화려함이라고 할 오미코시御神輿도 지역 밖의 참가가 적지 않다.

---

61) 가모가와 강변에 등간격으로 앉아있는 커플

【미코시회】 내가 올봄부터 소속한 '미코시회神輿会'는 교토 시내의 여러 마쓰리에 참가하여 오미코시를 메고 있습니다. 회장님이 어릴 때부터 살던 곳에서 오미코시를 메었다고 하며 여러 곳에 얼굴이 알려져 잘 통하기에 그 인연으로 미코시 메기에 참가하고 있는 것 같습니다. 회장님이 자주 하는 말씀은 '서로 돕는 것이 중요'하다는 이야기. 이는 근래 젊은이의 참가가 적어서 미코시를 멜 사람이 없는 동네에 다른 곳으로부터 사람을 보내기도 하고 자신들이 도움을 받으면 답례로 이쪽에서도 사람을 보내서 서로 돕기 때문이라고 생각합니다.

인터넷이 사람과 사람과의 관계를 크게 동요시키고 있다는 것은 두세 번 지적해 왔다. 이와 연관된 수강생 설문도 상당수 있고 온라인 게임 관련, 일러스트나 음악 창작 동인 그룹, 아이돌이나 아티스트의 팬커뮤니티 등 각각 독특한 활동이 전개되고 있다.

【담수어 세계】 일본 담수어류 애호회의 게시판과 트위터를 메인 회의장으로 하고 개인 사이트와 다른 SNS 등에서도 느슨하게 온라인으로 연결되어 있다. 담수어 애호가의 느슨한 커뮤니티에 중학생 시절부터 속해 있다. 중고교 생물 동아리, 사회인 아마추어, 대학생, 대학원생, 연구자 등이 소속하여 채집한 담수어 사진에 대해서 마음껏 이야기 나눌수 있는 데다가 최신 정보나 아름다운 사진이 끊임없이 화면에 뜨는 담수어 세계는 나에게 있어서 쾌적한 공간이다. 학명 등이 틀리면 프로 연구자나 준프로 애호가에 의해 바로 적절한 정정이 이루어지는 것도 좋다.

학회와 연구발표회가 '오프 모임'으로 이어지는 것도 재미있는 부분이다.

이러한 건전한 인터넷 커뮤니티가 있는 한편 악의와 증오투성이인 사이버 공간이 확산하여 때때로 오프라인 범죄와 폭력으로 변하는 일도 외면할 수 없는 현실이다. 그러나 인터넷이 서로 이름도 모르는 사람들을 연결시킴으로써 인생을 긍정하는 적극적인 힘을 만들어 낼 수 있다는 점도 잊고 싶지 않다.

> 【호조互助 그룹】 나는 섭식장애인데 같은 병을 가진 사람들이 하루하루의 고민을 꺼내 놓거나 상담하거나 하는 장으로 온라인상에 마련된 모임에 참여한 적이 있습니다. 보통은 인터넷을 통해서 대화할 일이 없어서 긴장했습니다만 '발언하지 않아도 이야기를 듣고 있는 것만으로도 상관없다'고 해서 가벼운 기분으로 참가할 수 있었고 자신의 시야를 넓힐 수 있는 좋은 계기가 되었습니다.

결국 사람과 사람의 관계는 생활을 유지하는 유대가 되기도 하고 그것을 갉아 먹는 굴레가 되기도 한다. 사회를 구축하는 방법으로 세상에 적응해 온 인류는 지금 스스로 쌓아 올린 유대와 굴레가 뒤섞여 망연자실하고 있는 건지도 모른다. 어디서부터 손을 댈 것일까? 고민스럽지만 방치하고 끝낼 수도 없다.

6 사연·북가이드

혈연과 지연 '그 외'를 가리키는 편의상의 용어인 사연은 지시 대상이 정리되지 않는다. 불과 몇 명의 친구도 종업원 수백만을 넘는 거대 기업도 사연이라는 점에 변함은 없다. 따라서 사연을 생각하는 작품에도 다양한 유형이 있지만 여기서는 생활인에게 친숙해 보이는 내용부터 소개해 본다.

고메야마 도시나오의『일본인의 동료 의식』[62]은 '사연' 개념의 주창자 중 한 사람이 간결하게 정리한 한 권이다. 아프리카 농촌연구자이며 동시에 일본의 무라, 마치(교토의 기온마쓰리나 오사카의 덴진마쓰리와 같은 도시 제례 연구로도 유명)에도 통달한 문화인류학자인 저자는 수직적 계층 조직을 일본 사회의 기본구조로 보는 나카네 지에中根千枝의 '다테 사회タテ社会[63]'론을 비판하고 일본에서의 횡적 연대의 계보를 재발견한다.

『'교제'의 전후사』[64]는 전쟁에서 해방과 함께 남녀노소를 끌어들여 전국 각지에서 군생한 '서클'의 성쇠를 개관한다. 생활 속의 곤란부터 냉전체제에 대한 저항까지 다양한 과제를 안은 사람들이 대면과 서클지를 통해 교류하고

---

62) 고메야마 도시나오(米山俊直)『일본인의 동료 의식(日本人の仲間意識)』, 고단샤현대신서(講談社現代新書), 1976

63) 상하관계를 중시하는 종적사회

64) 아마노 마사코(天野正子)『'교제'의 전후사–서클·네트워크의 지평을 열다(「つきあい」の戦後史–サークル・ネットワークの拓く地平)』, 요시카와코분칸(吉川弘文館), 2005

활동하는 모습을 그 시대적 제약과 함께 그려낸다. 이 책 자체가 전후 문화운동에 대대적인 영향을 끼친 서클 '사상 과학 연구회'의 산물인 점도 흥미롭다.

인터넷 공간의 급격한 확대에 따른 사회 변용은 다면적 으로 진행중이다.『비웃는 일본의 '내셔널리즘'』[65]은 2000 년대의 게시판 커뮤니티를 분석했다. 문자 베이스의 커뮤니 케이션상에서 성립한 '클리셰'가 '성실함'에 대한 냉소적인 태도를 촉진하고 인터넷 우익이라는 새로운 정치 포지션을 탄생시킨 경위의 개관은 점점 더 다루기 힘든 인터넷 공간을 생각하는 데 있어서 귀중한 시사점이다.

리얼 대면으로 만들어진 사회관계를 의욕적으로 파고든 연구인『일본 밤의 공공권』[66]. 독일 사회사상가 위르겐 하버마스Jürgen Habermas 가 처음 주장한 '공공권'이란 영국의 커피하우스와 같은 장소에서 면식이 없는 사람들이 만나 논의한 데서 탄생한 공공성에 주목한 개념. 전국 도처에 있 는 스낵바에도 동일한 역할을 인정할 수 있지 않을까 하는 가설에서 그 제도적, 사회적 내력을 풀어간 것이 이 책이며 술과 가라오케가 만들어 낸 '일본적' 공공성의 실상이 드러

---

65) 기타다 아키히로(北田暁大)『비웃는 일본의 '내셔널리즘'(嗤う日本の「ナ ショナリズム」)』, NHK북스(NHKブックス), 2005
66) 다니구치 고이치(谷口功一)·스낵연구회(スナック研究会) 편저『일본 밤의 공공권−스낵연구서설(日本の夜の公共圏−スナック研究序説)』, 하쿠스이 사(白水社), 2017

난다.

마지막으로 사연의 '폭주'를 다노 다이스케의『파시즘 교실』[67]에서 확인해 두자. 역사사회학자인 저자는 '파시즘'의 체험학습을 기획하여 흰 셔츠에 검정 하의라는 유니폼을 입고 저자를 '다노 만세!'라고 칭송하며 '리얼충[リア充68]'을 적발하고 공격하는 롤 플레이를 체험시킨다. 참가자가 앞을 향해 공격적으로 변해가는 과정은 단지 파시즘에 강요당한 것만이 아니라 '자발'적이고 '적극'적인 행동의 결과라는 것을 확실하게 이야기해준다.

사람은 누군가를 위해 누군가와 함께 폭력을 휘두르는 존재가 될 수 있다. 이 사실을 어떻게 받아들이고 어떻게 길들여갈 수 있을까. 인류사적 난제는 아직도 그대로 남아 있다.

---

67) 다노 다이스케(田野大輔)『파시즘 교실–왜 집단은 폭주하는가(ファシズムの教室–なぜ集団は暴走するのか)』, 오쓰키서점(大月書店), 2020
68) real + 充, 현 생활에 충실한 사람들로 2022년 현재 '인싸'에 대체된 용어

칼럼④ 듣기의 절망과 기쁨

'받아적기' 다시 말해 인터뷰 작업은 민속학의 기본이자 근본이라고 할 조사 기법이지만, 지금 '듣기'에 초점을 맞추면 이것도 앞서 언급한 대로 학문적이기 이전에 일상적인 생활 기술이다. 그러므로 이 또한 일상을 확장하는 일부터 향상을 목표로 하고자 한다.

이렇게 말하면서 정직하게 고백하자면, 필자는 자신이 '받아적기'를 잘한다고 느낀 적은 한 번도 없다. 이야기를 듣고 감격해 흥분한 경험은 적지 않지만-그 감동이 있기에 이 직업을 이어갈 수 있는 것이지만-그런데도 기술이 향상되었다고 생각했던 예가 없다. '말 한마디도 못 붙여 봤다'고 할 경험도 적지 않다. 경험을 쌓으며 무모한 배짱은 생겼다고 생각하지만 특히 처음 대면하는 사람의 이야기를 듣는 것은 결국 매번 '첫 경험'이다. 다른 상대에게 효과적이었던 접근 방법이 이번에도 유효하다고 장담할 수 없기 때문이다.

그러므로 어떤 단계를 밟아갈지 구체적으로 예측이 되지 않는다. 굳이 일반론을 말하면 자신이 들었을 때 곤란할 듯한 질문은 하지 않는다는 정도다. 정체도 모르는 상대에게는 이야기하고 싶지 않다는 인터뷰 대상자에게는 자신의 입장과 인터뷰의 목적을 정중하게 설명하는 것이 중요할 것

그림 3-10　위패를 보면서 이야기를 듣다(야마구치시山口市)

이고 막연한 질문을 받아도 난처하리라 생각한다면 가능한 구체적으로 물을 필요가 있을 것이다. 무엇보다도 사람은 자기에게 인간으로서 경의를 품지 않는 상대에게 성실하게 응답하려는 마음은 생기지 않는다. 화자에 대한 존경은 무엇보다도 중요하다.

　좀 더 기술적인 주의를 들어두면–이도 자신이 질문받는 입장을 상상하면 쉽게 알겠지만–구체적인 사항을 물으려면 구체적인 단서가 있는 편이 일하기 쉽다. 가령 어떤 지역에 대해 묻는다면 그 지역의 지도를 앞에 두고 질문하는 편이 좋고 옛날 이야기를 묻는다면 옛 사진 앨범 같은 것을 보면서 질문하는 쪽이 여러 가지를 생각해내기 쉬울 것이다. 또 화자의 양해를 얻을 수 있다면 녹음과 녹화 등의 기록

수단을 사용하는 것도 유효하다. 기록을 기계에 맡길 수 있다면 자신은 이야기를 끄집어내는 일에 전념할 수 있기 때문이다.

원래 '받아적기'란 본질적으로는 화자와 청자=듣는 사람의 대화 기록이며 어디까지나 양자가 만나는 '현재'에 구속된 것이다. 그 때문에 거기서 이야기되는 내용의 사실성을 확인하자면 의문점이 다소 있게 마련이다. 그렇지만 눈앞의 인물이 풀어놓는 이야기의 현실성은 압도적으로 풍성하며 그 풍부함을 여러 자료와 비교해보면서 활용해 가는 것이 학문으로서의 '받아적기'의 역할이다.

생각할 일은 무수하게 많지만 우선은 조금이라도 재미있는 이야기를 들었다고 생각되면 정확하게 메모해 두는 일부터 시작하는 것이 좋다. 그 축적이 귀와 머리를 키워줄 것이다.

1 '보통 사람들'의 '일상생활'로

민속학이란 어떠한 '학문^{学問}'일까 다시한번 최소한의 확인을 해 두자(서장에서는 학문적 훈련이 안되었거나 경계선까지 넓게 포함하기 위해 '학문^{ガクモン}'을 가타카나로 표기했지만 종장에서는 아카데믹한 작법이 논점이 되므로 한자어로 표기한다). 조금 복잡하고 재미없을지도 모르지만 학문으로서는 필요한 절차이다. 또 처음으로 배우는 사람에게 생략할 수 있을 듯한 부분은 최대한 할애하면서 이야기를 진행하도록 한다.

일반적으로 학문 분야는 그 대상에 의해서 정의된다. 경제를 대상으로 하는 것이 경제학, 물리를 대상으로 하는 것이 물리학이다. 하지만 이는 필요조건이지 충분조건은 아니다. 예를 들면 『만엽집^{万葉集}』이라는 가집이 있는데, 이를 고대의 와카^{和歌}로서 연구하면 일본문학이지만 고대 일본어로서 연구하면 언어학이고 가요의 내용을 가지고 고대 사회를 연구하면 역사학이 된다. 이처럼 학문 분야는 그 대상만으로는 정해지지 않는다. 어떤 목적으로 어떤 대상을 어떤 방법으로 연구하는지 그 상관관계가 학문 분야를 결정한다. 그렇다는 것은 민속학은 민속을 연구하는 학문이라고 하는 것만으로는–'민속이란 무엇인가'라는 문제를 당분간 묻지 않기로 하더라도-역시 불충분하며 무엇을 위해 어떠한 방법으로 민속을 연구하는 것인지 그 관계를 물어야만 한다.

우선 민속학의 목적은 무엇인가. 보통 사람들의 일상, 그것이 현재에 이르는 내력을 밝히는 일이라는 것이 일본 민속학의 창시자인 야나기타 구니오의 생각이다. 세상을 보다 좋은 곳으로 바꾸기 위해서는 현재 상황이 어떻게 만들어졌고 문제점이 어디에 있는지를 염두에 둘 필요가 있으며 그 인식 없이는 개선도 의심스럽다. 더 좋은 미래를 만들기 위해 현재와 현재를 만든 과거를 바르게 이해하기. 그것이 '경세제민經世濟民'-세상을 다스리고 백성을 구제하다-을 내세운 야나기타 민속학의 구상이다.

더욱이 야나기타 그 사람은 학문이 세상을 위해 인간을 위해 도움이 되어야 한다는 사실을 조금도 의심하지 않았지만 실제로 도움을 주려고 했던 연구가 정말로 도움이 된다고는 할 수 없다. 유용성을 의도하지 않았던 연구가 결과적으로 도움이 되었던 사례는 과학 역사상 무수하다. 도움이 되는 연구를 목표로 하는 것이 틀렸다고 하지는 않겠지만 도움이 되지 않는 연구가 반드시 나쁜 것도 아니다. 그러한 도움이 되다/되지 않는다는 구분을 일단 접어두고 사실과 논리 앞에 경의를 표해 본다. 그렇게 해서 삼라만상에 대한 보편적인 지식을 생산하고, 공개하고, 갱신하고, 축적한다.

그 작업을 통해 결과적으로 일정한 확률로 '도움이 되는 지식'을 제공하는 것이 '제도'로서의 '대학' 내지 학문의 존재 의의라고 필자는 생각한다[69].

이야기를 민속학의 목적으로 되돌리면 '앞으로를 더 좋게 만들기 위해 지금까지를 더 잘 알기'라는 목적은 대체로 찬동을 얻을 수 있을 것으로 생각한다. 그렇기보다는 역사·과학 일반, 나아가 인문·사회과학 일반에 해당할 듯한 과제 설정이며 역으로 말하면 이 수준에서 민속학의 독자성은 거의 없는 것처럼 보인다. 그렇다. 민속학이 독특한 것은 목적 그 자체는 아니다. 이 과제에 대한 '대상'과 '방법'의 설정에 있는 것이다.

2 문학 자료의 한계를 넘어서

'보통 사람들'의 '일상생활', 그 과거와 미래를 생각하는 것이 민속학의 목적이라면 어떤 대상에 근거를 두어야 할 것인가.

시범적으로 지금 여기에 살고 있는 우리의 일상생활이 100년 후에 어떠한 형태로 남아있을까 상상해보자. 우선 우리 자신이 써서 남긴 문자나 우리를 놓고 쓴 문자(호적이나 성적표나 원천징수표 등)가 100년 후에도 남아있다고

---

69) 요시미 슌야(吉見俊哉)『대학이란 무엇인가(大学とは何か)』,이와나미신서(岩波新書), 2011 / 한국어판 서재길 역, 글항아리, 2014

하는 것은 충분히 있을 수 있는 일이다. 미래로 전할 수 있는 자료로서 문자(기호)는 제일 추천할 만한 것이다.

그뿐만이 아니다. 우리가 사용하고 있는 도구, 시설과 같은 물건도 우리의 생활을 후세에 전하는 단서가 된다. 그밖에도 사람들의 뇌리에 새겨진 기억도 100년 후에 전해질지 모른다. 비록 한 사람의 인간이 직접 전하기가 곤란해도 부모에게서 자식으로, 자식에서 손자로 세대를 넘어서 계승되며 후세로 전하는 것이 가능하다.

정리하면 시간을 초월해서 전해지는 자료는 문자(기호)·물건·(신체적)기억의 세 종류로 크게 나눌 수 있다(그리고 이 세 종류 기록은 기술에 의해 디지털 정보로 변환될 수 있고 디지털 고유의 강도와 취약성을 가지겠지만 이 문제는 우선 제쳐두자). 조급하게 단정하자면 문자(기호)의 취급이 문헌사학(역사학), 물건의 취급이 고고학, (신체적)기억의 취급이 민속학이라고도 할 수 있다.

그러면 갖가지 자료 중 '보통 사람들'의 '일상생활'을 생각하기에 적합한 것은 무엇인가가 문제가 된다. 통상 역사를 조사할 때 이용되는 것은 사료라는 이름의 문자 자료일 것이다. 문자 자료는 문자를 읽음으로써 과거의 사건을 알 수 있고 게다가 때때로 연월일까지 적혀있어서 과거를 아는 데에 매우 편리한 자료이다. 역사학이 실질적으로 문헌사학이고 문자자료학인 것도 이유가 있다.

하지만 정말 그것만으로 좋은 걸까? 거기서부터 '보통 사람들'의 '일상생활'을 거슬러 올라갈 수 있을까?라는 질문에 야나기타 구니오는 '아니오'라고 답했던 것이다.

'사랑해야 할 우리나라 농민의 역사를 단지 무장봉기와 풍수해, 병충해의 연속처럼 만든 것은 솔직히 말하면 기록문서주의의 죄이다'[70]. 야나기타는 그렇게 갈파했다. '천재지변으로 고생하고 봉기로 거칠어진' 농민상은 어디까지나 문자 자료의 산물에 불과하다. 의외로 문자는 문해력, 즉 문자를 읽고 쓰는 능력이 있는 자만이 남길 수 있는 자료이며 그 능력은 시대를 거슬러 올라갈수록 '특별한 사람들'에게 한정되어 간다. 게다가 적힌 내용은 당연히 반복되는 '일상생활'보다도 써서 남기려고 하는 의지가 작용한 '특별한 사건'으로 기운다.

농민상에 입각해서 말하면 근세의 농민을 기록으로 남긴 것은 읽고 쓰기 능력이 있는 지배계층이 대부분으로 그들에게 최대의 관심은 연공이 제대로 올라오는가이다. 혹시 무엇인가 사고가 일어나거나 봉기, 풍수해, 병충해라도 생기면 허둥지둥 수입의 위기를 문자로 기록하게 된다. 이렇게 남겨진 문자 자료에서 '천재지변으로 고생하고 봉기로 거칠어진' 농민상이 완성된다. 그러나 그것은 문자 자료라

---

70)『국사와 민속학(国史と民俗学)』, 1944 /『전집』26권, p.418

고 하는 필터를 통한 근세 농민의 한 측면에 지나지 않으며 전체상은 아니다. 문자는 편리하기는 하지만 '특별한 사람들'에 의한 '특별한 사건' 기록이라는 본질적 제약을 내포한 까닭에 '보통 사람들'에 의한 '일상생활'을 밝히는 수단으로서는 불완전하다고 말하지 않을 수 없다.

오해가 없도록 덧붙여 두자면 이러한 야나기타의 사학 비판은 그 후의 문헌사학에서도 진지하게 받아들여졌다. 근세 농민에 대해서는 다양한 문헌 자료의 다각적인 독해로부터 역사적 실태의 해명이 진행되고 무장봉기와 풍수해, 병충해로 일관된 농민상은 이미 과거의 것이 되었다고 해도 좋다. 이러한 문헌사학의 진전은 민속학에서도 기뻐할 일이며 이 진전에 어떻게 응답해 갈 것인지 민속학 분야에서도 한층 더 깊은 연구가 요구된다.

그렇다고 하더라도 문자 자료의 원리적인 제약은 제약으로서 계속 남는다. 이 점을 전제로 이야기를 해나가자.

3 나/우리가 자료이다

'문자 자료'에만 의존하는 것은 한계가 있다. 그렇다면 그 한계를 돌파하기 위해서 새로운 자료의 비옥한 평야를 개척해야 한다. 이곳에서 찾아낸 것이 '민속자료'이다. 그것은 무엇인가? '보통 사람들'의 '일상생활' 그 자체이며 심하게 말해 그러한 생활을 영위하는 나/우리 자신의 일이다.

왜 우리가 '자료'일까? 차례대로 설명한다. 우리는 '일상생활'을 영위한다. 일상생활은 무수한 작법의 조합으로 완성된다. 아침에 일어나 얼굴을 씻고, 이를 닦고, 옷을 입는다. 이러한 일련의 행동은 생물학적 본능이 아니라 후천적 학습으로 획득된다. 게다가 이러한 행위는 현재의 행위이면서 확실하게 '심도 있는 역사'를 가진다. 예컨대 '젓가락 사용'이라는 하루하루 반복되는 당연한 행위도 결코 지금 이 순간에 스스로 발명한 것이 아니고 주위의 연장자들에게 배운 것이며 그 연장자들도 또 그 연장자들에 배운 것이라는 식으로 아득히 먼 이전으로 거슬러 올라갈 수 있다. 말도 그렇다. 우리는 지금 이 순간 말을 해도 그 대부분은 자신이 아닌 과거의 사람이 만들고, 사용하고, 전해 온 것이다. 이같이 우리의 하루하루의 행동은 지금 현재에 벌어진 일이면서 정말로 스스로의 발명·발견인 부분은 극히 드물고 대부분을 과거의 사람들에게 의거하고 있다. 우리 자신이 '역사'를 품은 '자료'라고 하는 것은 이러한 의미에서 하는 말이다.

오해를 두려워하지 않고 예를 들면 우리는 무수한 앱이 깔린 스마트폰과 같은 물건이라고 말할 수 있을지도 모른다. 무수히 많은 앱이 기동하는 스마트폰과 같이 우리는 다양한 행동을 할 수 있지만 대부분은 외부로부터 설치된 앱과 같은 작용이며 설치라는 조작을 통해 반드시 '역사'와

☆ 교토
▱ 일본열도

그림 4-1 「달팽이 고」에 따른 달팽이 방언의 분포

연결되어 있다.

　어려운 점은 우리에게 '역사'가 새겨져 있는 것은 좋다고 쳐도 그 '역사'를 도대체 어떻게 끌어낼 것인가 하는 난제이다. 왜냐하면 우리에게 '역사'가 새겨져 있다고 해도 행동은 어디까지나 '현재'에 속해 있기 때문이다. 이것이 스마트폰이라면 앱을 제조한 회사에 문의해서 끝날 일이지만 안타깝게도 우리에게 새겨진 '역사'는 제조원도 제조 시기도 불투명하기 한이 없다. 그러면 어떻게 이해할 것인가?

　야나기타 구니오는 해독의 가능성을 「달팽이 고」에서 선명하게 제시했다. 제목의 '가규蝸牛'는 동요 가사 중의 '♪덴덴무시무시デンデンムシムシ, 가타쓰무리カタツムリ'에 등장하

는 가타쓰무리, 곧 달팽이의 다른 표현이다. 야나기타는 가타쓰무리를 뭐라고 부르는지를 전국 각지의 조사 결과를 모아서 검토했다. 그 결과 역사적으로 일본 문화의 중심인 교토와 그 주변에서는 '덴덴무시(데데무시)'가 주류이지만, 동서로 조금 멀어지면 '마이마이', 더 멀어지면 '가타쓰무리', 더 먼 곳에서는 '쓰부리', 마지막으로 동북과 남서쪽 끝으로 가면 '나메쿠지'가 사용된다는 분포 경향을 찾아냈다. 그리고 야나기타는 말한다. "만약 일본이 이렇게 가늘고 긴 섬이 아니었다면 방언은 대략 긴키近畿 지역이 컴퍼스의 중심이 되고 중심에서부터 차례로 둥그런 선을 그려갔을 것이다"[71]. 가타쓰무리의 방언 분포는 교토를 중심으로 한 동심원이라 볼 수 있으며, 수면에 이는 물결이 중심에서 주변으로 퍼져 가듯이 중심부가 더 새롭고, 주변이 더 오래되었다는 시대 차를 읽어낼 수 있게 된다. 공간적 차이에서 시간적 차이를 파악하는 것도 불가능한 것은 아니다.

미리 부연해두자면 실제로 이러한 '깔끔한' 동심원 분포가 발견되는 사례는 드물고 가타쓰무리의 방언 분포 자체도 이론의 여지가 있다. 그렇지만 '어떤 현상의 분포는 그 역사를 반영하고 있다'라고 하는 명제는 인정해 두어도 무방할 것이다.

---

71) 「달팽이 고(蝸牛考 二)」, 『인류학잡지(人類学雑誌)』42권 5호, 1927, p.166

'민속자료' 자체는 어디까지나 '현재'에 속하는 것이면서 반드시 '역사'가 새겨져 있으며, 그 '역사'는 개체로는 볼 수 없지만 대량의 비교를 통해서 공간 차이와 시간 차이의 추출이 가능해진다. 여기에 '특별한 사람들'의 '특별한 사건' 기록인 문자 자료의 불완전성을 보충할 수 있는 '보통 사람들'의 '일상생활' 그 자체인 '민속자료', 다시 말해 '나/우리라는 자료'의 가능성이 떠오르는 것이다.

또한 '민속자료'는 사람들 사이에서 전승된 물건 내지 사실이라는 측면을 강조할 때는 '(민간)전승(popular) tradition' 아니면 그냥 '민속folklore'이라고 불린다. 나아가 '자료로서의 나/우리'는 인간의 속성을 강조할 때는 '상민常民 common people'이라 불리지만 이들 개념은 강조점이 다르면서도 중복되므로 실질적으로는 동일하다고 생각해도 (초보자에게는) 큰 문제가 없다.

4 '삼부분류'라는 가이드라인

개체로는 보이지 않는 역사를 방대한 데이터의 비교를 통해 시각화한다. 민속학이라는 시도에서 '비교'는 불가피한 절차이며 적절한 수행을 위해서는 '채집', 바꿔 말해 데이터 샘플링은 민속학의 근간을 이루는 중요 과제이다. 샘플에 문제가 있으면 거기에 기초를 둔 비교 조작이나 거기에서 얻은 분석 결과가 의심스러운 것이 되어 버린다. 그러한

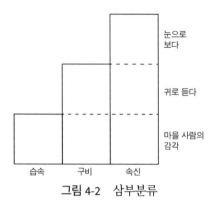

그림 4-2 삼부분류

사태를 피하기 위해 자료의 성질에 적합한 샘플링 방법으로 제기되었던 것이 '삼부분류三部分類'라 불리는 민속자료 분류법이다.

야나기타는 그 방법론을 제시한 『민간전승론』에서 다음과 같이 설명하고 있다.

> 나는 매우 자연스러운 순서에 따라 안을 세워 보았다. 우선 눈에 비추어지는 자료를 제1부, 귀에 들리는 언어자료를 제2부로 두고 가장 미묘한 심의心意 감각에 호소하여 비로소 이해할 수 있는 것을 제3부에 넣는 것이다. 눈은 타지역을 방문하여 자료를 채집하는 처음부터 움직이고 멀리서도 활동할 수 있다. 촌락·가옥·의복 등 우리의 연구 자료에서 눈으로 채집할 수 있는 것은 매우 많다. 눈 다음으로 움직이는 것은 귀이지만 귀를 일하게 하려면 가까이 갈 필요가 있다. 심의의 문제는 앞의 두 가지에 비교해 더욱 성가시다.
>
> 나는 제1부를 재치 있게 '나그네 학學'이라고 불러도

좋을 것이라고 말하고 있다. 지나는 길의 여행자라
도 채집할 수 있는 부문이기 때문이다. 이를 흉내 내
어 제2부를 기거자 학, 제3부를 동향인 학이라고도
한다. 또 제2부가 구비口碑라는 말에 해당하므로 제
1부를 체비体碑, 제3부를 심비心碑라 불러도 좋다고
생각한다. 이처럼 여러 가지 명사를 붙일 수 있지만
1부에서 3부까지를 각각의 내용을 중심으로 고찰할
필요가 있다.

제1부는 눈에 비추어지는 생활에 나타난다는 점에서
유형문화나 생활기술지, 혹은 생활상이라고도 할 수
있다. ...제2부는 언어예술, 혹은 구승문예의 모든
것을 망라한다. 이는 눈의 학문과 달리 얼마간 토
지에 머물고 해당 토지의 언어에 능통하지 않으면
이해할 수 없는 부문이다. ...제3부에는 이른바 속신
등도 포함되며 이는 동향인이 아니면 이해할 수 없는
부분으로 나 스스로 향토 연구가 갖는 가치의 근본은
여기에 있다고 생각한다. [72]

거의 같은 내용을 여러 가지 비유를 통해 설명하고 있는
데 정리하면 다음과 같다.

제1부 '유형문화'는 일상생활의 물리적인 측면이며 물체
로서 가시적으로 존재하기에 눈으로 관찰되고 여행자를 비
롯해 누구라도 채집이 가능하다. 제2부 '언어예술'은 생활
속에서 이루어지는 말의 행위이며 입으로 말하고 귀로 듣는
것이므로 해당 언어를 이해하는 기거자에 의해 채집되어야

72)『민간전승론(民間伝承論)』, 1934 /『전집』12권, pp.371~372

	제1부	제2부	제3부
명칭	유형문화	언어예술	심의현상
존재 형태	체비体碑	구비口碑	심비心碑
감각 기관	눈	귀	마음
채집 주체	여행자	기거자	동향인

한다. 여기까지는 쉽게 이해될 것이다.

문제는 제3부 '심의 현상心意現象73)'이다. 마음에 새겨
지고 마음으로 느끼는 자료라는 것은 도대체 무슨 일일까.
'마음'이라는 말이 나온 순간 '학문'적인 엄밀함에서 멀어
지는 것처럼 느끼는 경향도 있을지 모르지만 여기서 논하고
있는 것은 어디까지나 샘플링의 기술적 과제이다.

어떻게 된 일인가. 예컨대 심의 현상의 하나로 '금기'가
있다. '밤에 손톱을 자르면 안 된다'라거나 '산에서 늑대라
고 말해서는 안 된다'와 같이 행위나 발언 금지라는 형태로
전해지는 민속자료를 말한다. 이것이 대체 어떻게 관찰·
채집되는 것일까? 물건이나 행위로서 가시화되는 것이라면
눈에 의해 채집되지만 '○○하면 안 된다'라는 '행위하지
않음'을 관찰을 할 수 없다. 입으로 이야기하는 말이라면
귀로 채집되지만 '○○라고 말하면 안 된다'라는 '발언하지
않음'을 청취할 수 없다. 금기라는 행위는 행위로 나타내지

---

73) 야나기타에 따르면 심의 현상은 점이나 유령, 민간의료 등과 같이 감각에 호
소하여 이해할 수 있는 것이라고 함

않고 말로도 이야기되지 않으므로 눈과 귀에 의한 샘플링이 불가능하다.

그러면 이를 대체 누가 관찰할 수 있는 것일까? 그것은 '○○하면 안 된다' '○○라고 말하면 안 된다'라고 마음속으로 느끼는 당사자 바로 그 사람이다. 마음에 새겨진 민속 자료인 '심의 현상'은 그것을 마음속으로 느끼고 관찰하는 수밖에 없고 그렇게 할 수 있는 것은 당사자, 곧 '동향인' 뿐이라는 것이다.

이같이 '민속자료', 다시 말해 우리의 일상생활 그 자체를 존재 형태·감각 기관·채집 주체의 관련성에 따라 세 가지로 크게 나누고 데이터 수집을 위한 가이드라인으로 정한 것이 '삼부분류'이다.

5 '자료로서의 나/우리'가 구성하는 세계로

정리해 보자. 민속학은 '보통 사람들'의 '일상생활'이 왜 현재의 모습에 이르렀는지 그 내력의 해명을 목적으로 한 학문이다. '지금까지'에 대한 완전한 이해 없는 '지금부터'의 풍요로운 미래는 있을 수 없다. 학문으로 사회 개량에 공헌하는 일이야말로 야나기타 구니오가 민속학에 맡긴 바람이었다.

단지 민속학이 실로 독특한 것은 대상의 설정과 취급 방법이다. 문자 자료의 본질적 한계를 뛰어넘기 위해 일상생활을 영위하는 나/우리 자신을 '역사'가 새겨진 '민속자료'로 간주하고 만족을 모르는 채집과 비교를 통해 역사/사회/문화이해의 새로운 영역을 개척하려고 한다. '나/우리가 자료다'라는 자료관의 코페르니쿠스적 전환, 그리고 그 존재형태에 입각하여 관찰하는 감각과 주체야말로 민속학이라는 학문의 가장 중요한 방법론적 공헌일 것이다.

더구나 민속학이 '반성의 학문'이라 불리는 것은 제일차적으로는 방법론상의 문제이며 '반성'이라는 글자에서 연상되는 도덕성과는 당장은 인연이 없다고 생각해도 지장이 없다.

끝으로 '민속자료'와 '삼부분류'를 둘러싼 오용에 대해서 주의를 환기해두고 싶다.

우선 '심의 현상 중심주의'라고 해야 할 오용이 있다. 야나기타가 '향토연구 가치의 근본은 여기에 있다'라고 이야기한 것도 원인 중 하나라고 생각되지만, '심의 현상'을 민속학의 궁극적 목표로 삼으면 '유형문화'와 '언어예술'을 경시해 버리는 위험성이 있다. 그러나 실제로 '속신'과 같이 '심의 현상'으로서만 존재하는 민속자료 쪽이 드물고 삼부의 모든 측면을 함께 갖춘 현상 쪽이 일반적이다. 실제로 채집해보면 마음으로 느끼는 '심의 현상'만을 특별하다고 얘기할 수 없다. 마음으로 느끼는 것은 눈으로 보는 것, 귀로 듣는 것과 병행하여 개발하고 고민해야 할 실천이다.

이와 관련된 것이 '동향인 지상주의'라고도 말할 수 있는 오용이다. '심의 현상'을 관찰하는 주체가 '동향인'으로 여겨지고 있으므로, 민속자료를 궁극적으로 이해하는 사람을 '동향인'으로 고정하고 타지 사람이나 외국인의 관찰을 도외시해 버리는 배외주의排外主義의 위험성이다. 그러나 이 또한 실제로 임의의 사상事象을 마음으로 느낄 수 있는 주체가 단순하게 거주지나 국적에 의해 결정된다고는 할 수 없다. 가령 노화에 의한 곤란은 노인이 나의 일로 느낄 것이고, 고간을 강타한 아픔은 남성이, 출산에 동반하는 아픔은 출산 경험이 있는 여성이 제각기 내적으로 느끼는 사실과 현상이다. '당사자'의 내실은 관찰 대상의 설정에 따라 가변적이다. 그리고 '삼부분류'는 관찰자가 사실과 현상에 대해 어떠한 거리를 두는가를 확인하기 위한 일종의 체크리스트이며 특정 관찰자를 선험적으로 절대화하기 위한 것은 아니다.

　마지막으로 '민속자료'라는 개념은 문자 자료의 불완전성을 극복하기 위해 자료의 범위를 확장하는 시도이며 문자 자료가 불필요하다고는 한마디도 말하고 있지 않다는 점을 단단히 확인해 두자. 문자 자료가 불완전한 것과 같이 민속자료에는 그 고유의 제약이 있다. 요구되는 것은 각각의 자료가 갖는 성질에 의해 초래되는 제약을 정확하게 확인하고 그 위에서 각 자료의 가능성을 최대한 활용하는 일이다.

결국 문자든 뭐든 이용 가능한 자료는 모두 사용한다고 하는 '자료론적 절충주의'가 유용한 방법론적 태도이다.

민속학은 '자료로서의 나/우리'로부터 출발하는 '학문'이다. 이를 위해서는 자신에게 새겨진 '역사'를 해방하기 위해 자신의 오감을 예민하게 활용하는 관찰력을 연마해야 한다. 동시에 같은 '역사'를 새긴 타자와의 비교가 필수이며 '자료 보유자'로서의 한 사람 한 사람이 '연구 분담자'로서 채집과 비교를 실천해야 한다. 민속학은 자신의 자료성을 매개로 인식해가는 방법론적 도전이며, 바꿔말하면 그러한 방법적 주체의 연계를 구축하는 운동론적 도전도 되는 것이다.

'자료로서의 나/우리'를 매개로 우리가 사는 세상을 인식적으로 실천적으로 다시 짠다. 민속학의 야심은 대단히 혁명적이다.

칼럼⑤ 리미널 에스노그래퍼즈

종장 뒤에 칼럼이 등장하는 구성에 미련이 남는 것은 아니지만 더 소개해야 할 내용이 있는 이상 어쩔 수 없다. 학문의 규범에 대한 초보적 수업을 위해 준비된 이 책 칼럼의 마지막을 예사롭지 않은 관찰력으로 세상을 인식하고 독자적인 표현으로 적확하게 작품화시켜 간 선학들에게 바치고 싶다. 그들의 장르에 얽매이지 않는 경계선상의 활약에 경의를 표하며 '리미널 에스노그래퍼^{liminal ethnographer}'라 부르기로 한다. 에스노그래퍼란 '민족지가^{民族誌家}/민속지가^{民俗誌家}'를 말한다.

기노시타 나오유키(1954~)는 미술사를 전공한 학예원이었지만, 역 앞 동상의 고간^{股間} 표현을 살피며 방방곡곡을 돌아다니는 중에 탐색 범위가 '미술'을 뛰어넘어 마침내 '문화자원학'이라는 의문의 학문을 개척해버린 귀재이다. 통근 도중의 노상 관찰기록인 『하리보테 마을』[74]이 뛰어나다.

쓰즈키 교이치(1956~)도 당대 굴지의 만능선수인 동시대 기록가. 아트 디자인 분야의 작가로 경력을 시작했지만, 기획·취재·촬영·집필·편집을 혼자서 해낸다. 수비 범위는 음식·건물·패션부터 스낵바·성 풍속 박물관·힙합 등 온

---

74) 기노시타 나오유키(木下直之) 『하리보테 마을-통근편(ハリボテの町-通勤篇)』, 아사히문고(朝日文庫), 1999. 하리보테(ハリボテ)는 종이로 만든 소품으로 비유적으로 실속 없다는 의미

갖 풍속 관련 테마에 미치고 있으며 타의 추종을 불허한다. 그의 멀티 활동상은『권외편집자』[75]에 상세하다.

교토 태생으로 오사카 고서점에서 아르바이트하면서 디자인을 공부했고 배낭여행으로 세계를 돌았던 그레고리 아오야마(1966~)는 로컬의 사소한 일들을 독자적인 감성의 에세이 만화로 그려낸다. 아시아와 교토 작품 모두 매력적이지만 굳이 추천하자면『분분당의 그레쨩』[76]을 들고 싶다.

이시이 고타(1977~)는 정력적으로 문제작을 발표하는 논픽션 작가다. 재해·빈곤·폭력·병 등 불교에서 말하는 '생로병사'에 관련된 가혹한 현장을 찾아 갖가지 비참한 구조를 폭로함과 동시에 그래도 꿋꿋하게 사는 사람들의 존엄성에 주목한다.『진정한 빈국의 이야기를 하자』[77]는 억압이 넘쳐흐르는 세상을 구체적이며 쉬운 말로 부각시킨 걸작이다.

끝으로 프랑스 문학자 구와바라 다케오(1904~88)를 언급한다. '제2예술'론으로 알려진 비평가이며 신교토학파

---

75) 쓰즈키 교이치(都築響一)『권외편집자(圈外編集者)』, 아사히출판사(朝日出版社), 2015/한국어판 김혜원 역, 컴인, 2017

76) 그레고리 아오야마(グレゴリ青山)『분분당의 그레쨩-오사카 고서점 아르바이트 일기(ブンブン堂のグレちゃん-大阪古本屋バイト日記)』, 지쿠마문고(ちくま文庫), 2013

77) 이시이 고타(石井光太)『진정한 빈국의 이야기를 하자-미래를 바꿀 방정식(本当の貧困の話をしよう-未来を変える方程式)』, 문예춘추(文藝春秋), 2019

新京都学派를 이끈 연구조직자로서 알려졌지만 그의 진가는 동시대 기록에 있다. 구와바라 주위의 구체적 상황이 거의 모든 저작에 기록되어 있지만 그중에서도 그가 경애하는 선학들을 생생하게 나타낸 『인간소묘』[78)는 중국문학자 다케우치 요시미竹內好(1910~77)가 '저런 문장을 쓸 수 있다면 죽어도 좋다'고까지 말하게 했던 명저다.

이상으로 필자가 질투하고 선망하는 시대의 관찰자·기록자를 다섯 명만 골라보았다. 소개한 작품은 하나씩이지만 다른 작품도 모두 수준이 높다. '리미널 에스노그래퍼'들의 작품과 방법에서 조금이라도 무언가를 훔쳐서 내 것으로 하고 싶다. 이런 식으로 목표로 할 만한 선학을 발견하는 일은 틀림없이 한 단계 올라서는 실마리가 될 것이다.

---

78) 구와바라 다케오(桑原武夫) 『인간소묘(人間素描)』, 문예춘추신사(文芸春秋新社), 1965

후기–'묘혈'로서의 인문서, 혹은 이 책을 쓴 이유

가까스로 집필이 끝났다. 원래 만용을 부리며 쓰기 시작했지만 생각했던 이상으로 공부의 부족함이 드러나는 결과가 되어 집필을 끝낸 지금도 성취감과는 조금 멀다. 그래도 입문서를 써야 한다고 생각한 경위를 마지막에 설명한다. 언제나 그랬듯 변명이다.

'입문서는 연구를 못 하게 된 사람이 쓰는 것이다'라는 이야기를 들은 적이 있다. 제일선의 연구를 할 수 없게 되었기에 입문서로 도망가는 것이라고. 일리 있다고 생각한다. 나 자신도 입문서를 쓰는 시간과 노력을 다른 연구로 돌리는 편이 좋지 않을까 생각하지 않았던 것은 아니다. 입문서를 쓰는 일은 상당한 업적을 올리고 난 후가 적합하다는 생각이 들었기 때문이다. 그런데도 집필에 임하기로 정한 것은 다른 적당한 입문서를 찾지 못했기 때문이다. 기존의 입문서가 불만이었다고 해도 좋다.

필자가 민속학의 입문을 담당하게 된 것은 2003년 오사카시립대학大阪市立大学 문학부 시간강사가 된 후부터이다. 이 대학은 미시나 쇼에이三品彰英 · 히라야마 도시지로平山敏治郎와 같은 저명한 민속학자도 교편을 잡았던 대학이지만 불행인지 다행인지 당시는 전임교원이 없었다. 그래도 민속학 강의가 열린 것은 학예원 양성 과정의 일환으로서 민속학도 필요하다고 생각되었기 때문인 듯하다. 입문을 강의해달라는 의뢰를 받고 학예원과도 연관되었으므로 문화재보호법에 따른 민속문화재 내용을 순서대로 설명하는 시도를 해보았다. 이것이 이 책 구성의 시작이다.

그렇게 민속학의 내용을 '넓고 얕게' 전달하려고 하면 기존의 교과서는 어딘지 사용하기가 나빴다. 민속학 입문서는 ①서구 민속학 개론의 번역서 ②야나기타 구니오의 『민간전승론』, 『향토 생활 연구법』등의 개론[79] ③마키타 시게루의 『생활의 고전–민속학입문』[80] 등 야나기타의 제자 세대가 쓴 개론과 같은 단계를 거쳐 미야타 노보루의 『민속학』[81]을 마지막으로 단독 저술로 폭넓게 다룬 개론은 사라지고, 현재는 분담 집필 형식의 논문집과 같은 구성이 주류가 되었다. 분담 집필 형식은 각 장이 각각 제일인자에 의한 전문적 주제의 해설이므로 읽기에는 재미있고 공부가 된다. 하지만 강의 교재로서는 지나치게 특수해서 저자 이외의 사람에게 다루기 쉽지는 않다. 또는 입문자가 독학으로 민속학의 개요를 대략 파악할 수 있는 방식도 아니다.

---

79) 『민간전승론(民間伝承論)』, 1934. 『향토 생활 연구법(郷土生活の研究法)』, 도코서원(刀江書院), 1935

80) 마키타 시게루(牧田茂) 『생활의 고전–민속학입문(生活の古典–民俗学入門)』, 가도가와서점(角川書店), 1952

81) 미야타 노보루(宮田登) 『민속학(民俗学)』, 방송대학교재(放送大学教材), 1990

요컨대 '쓰기 나쁜' 구성이다.

그러면 '쓰기 좋은' 입문서란 어떤 것인가. 여러 의견이 있겠지만 필요한 요소를 최소한으로 좁힌 구급상자가 그것이 아닐까 생각한다. 또는 상황에 따라 콘텐츠를 바꿔 넣을 수 있고 자유롭게 가공 가능한 체계라고 해도 좋을지 모른다.

이와 관련해 한 가지 떠오르는 이야기가 있다. 대학원 생이었을 즈음에 '미야타 노보루 선생님의 강연은 어디에 가도 결론은 하나로 다루는 자료만이 해당 지역으로 바뀔 뿐이다'라는 학계의 이야기를 들었다. 이야기하는 사람은 야유하는 말투로 말했고 당시의 필자도 그렇게 느꼈지만 내가 강의하는 입장이 되어보니 야유할 만한 일은 전혀 아니었다. 자신의 논리를 해당 지역의 자료로 정리할 수 있다는 것은 폭넓은 지식과 유연한 사고가 있어야 비로소 가능한 고도의 능력임을 깨달았다.

지금의 자신이 그렇게 할 수 있을 것이라고는 생각하지 않지만 그것을 가능하게 할 뼈대와 같은 것을 준비할 수 있으면 민속학을 가르치는 사람에게 있어서도, 그 이상으로 입문자에게 있어서도 매우 '쓰기 편안한' 것이 아닐까. 이것이 기존 입문서에 불만을 느끼고 있던 민속학 강사인 필자가 무모하게도 입문서 집필에 손을 댄 이유—그리고 그것을 '분담 집필'이 아닌 '단독 저술'에 도전해 보려고 했던 이유–이다.

그러므로 이 책이 정보량이 부족할지도 모르고 이것저것 쓰여있지 않은 것도 충분히 알고 있다. 숭숭 뚫린 골조만을 보여주는 것이 목적이므로. 물론 일상의 사소함을 보다 큰 사회나 역사와 결부시켜 마이크로와 매크로를 왕복하는 작업이 민속학의 목표이기도 하므로 미니멀한 구체적 예시에는 의도적으로 유의했다. 예시는 어디까지나 예시이며 다른 사례로 바꾸어 놓아도 상관없다. 바꾸어 놓을 수 있는 여지가 있는 것이 바람직하다. 이 책의 서술에는 '입다', '일하다'처럼 조금 특수한 사례를 들어 논한 부분이 없지 않지만 그렇다 하더라도 교환 불능이라고 생각하지 않는다[82].

이 책에서 또 한 가지 유의할 것은 21세기를 사는 사람들에게 자신의 생활 체험과 연결할 수 있는 내용이라는 점이다. 이것이 의외로 어렵다. 왜냐하면 '21세기를 사는 사람들'이라고 해도 각자의 생활 체험은 다양한 스펙트럼을 보이기 때문이다. 이에 대해서도 오사카시립대학에서 입문 강의를 시작한 경험이 컸다. 신흥단지에서 나고 자란 '전통적'인 민속을 전혀 모르는 수강생도 있는 한편 자신은 어머니의 액년厄年, 즉 운수가 사나운 해에 태어났기에 액

---

82) '입다'와 '일하다'는 기쿠치 아키라(菊地暁) 편저『신체론의 권장(身体論の すすめ)』, 마루젠(丸善), 2005에 실렸던「모아서 올리는 모험–또는 신체의 정치학(寄せて上げる冒険–あるいは身体のポリティクス)」과「나는, 옛날에, 설거지 일을 했다–기능과 신체(僕は、昔、皿洗いだった–技能と身体)」를 대폭 수정 가필한 것이다

막이로 버려졌다고 하는, '그 풍습이 지금도 있다니!'하고 강사가 깜짝 놀랄만한 체험을 한 수강생도 있었다. 게다가 예전에 '동양의 맨체스터'라 불렸던 오사카시의 역사와 관련이 있다거나 아마미오키나와奄美沖縄나 한국에 뿌리를 둔 수강생도 드물지 않다. 유학생을 합치면 수강생의 배경은 좋든 싫든 다문화가 되었다. 그러한 수강생을 상대로 무엇을 이야기할 수 있을까? 일본 민속학이 근세까지는 원형이 형성되었다고 하는 이른바 '전통적'인 민속문화로 연구업적이 가장 많다는 것은 분명하지만 이를 그대로 소개하는 것만으로 21세기를 사는 수강생 여러분에게 반향을 일으키기는 어렵다. '전통적' 생활 양식에서 근대화를 거쳐 21세기 현재에 이르는 순서를 불완전하게나마 제시할 필요가 있다는 생각이 든 것은 그러한 사정 때문이다.

그러므로 고전적인 민속학의 입장에서는 '왜 이게 없지?'와 같은 정도로 '왜 이게 있지?'라는 의문을 품을 수도 있다. 그것은 되풀이하지만 21세기를 사는 사람들이라고 상정하는 독자를 위해서이다. 더욱 적절한 예시가 있다는 판단이 있으시면 감사하게 받을 생각이다.

이 책은 필자가 최근 20년 남짓 민속학 강사로서 경험하고 사고한 내용의 개요이다(덧붙여 말하면 홋카이도北海道 태생의 사람이 간사이 지방 생활에 놀라 고생한 30년간의 참여관찰 성과이기도 하다). 그 내용을 구성하는 데 큰 도움을 준 것은 이 책에서도 극히 일부를 소개한 '수강생 설문'이며 흥미 깊은 보고로 필자의 모자란 공부를 반성하게 해준 오사카시립대학, 교토대학, 류코쿠대학龍谷大学의 역대 수강생 여러분에게 대단히 감사하는 동시에 이 정도밖에 활용하지 못했던 점을 사과한다.

그런 까닭에 입문서를 불완전하게나마 혼자서 써보자는 모험 혹은 만용은 일단 여기에 착지했다. 아니, 이는 단지 '묘혈墓穴'일지도 모른다. 어디를 어떻게 뒤집어도 지적당해 파헤쳐질 곳 천지이므로. 아무쪼록 이 책에 불평불만을 느낀 독자의 어느 분께서 더욱 괜찮은 '단독 집필 입문서'를 집필해 주시기를 바란다. 그 밑거름이 된다면 충분히 만족한다. 『도노모노가타리遠野物語』서문의 '이 책은 남보다 앞서 착수한 것에 지나지 않는다'라는 한 구절을 필자도 똑같이 인용한다.

끝으로 감사의 말씀을. 다시 한번 돌아보면 지금까지 읽은 모든 문헌, 지금까지 만난 모든 사람이 필자의 학문을 키워준 셈이라 적어야 할 문헌과 감사해야 할 이름은 그야말로 무수하지만 지면의 사정상 예의를 다하지 못하는 점을 진심으로 사과할 수밖에 없을 듯하다. 두 분만 이름을 들자면, 이 책의 원고를 통독해주시고 우물쭈물하는 필자의 등을 밀어준 시게노부 유키히코重信幸彦씨에게는 글과 말로 다 표현할 수 없는 은혜와 의리를 느끼고 있다. 그리고 필자와 시게노부씨의 대화에 반드시 등장하는 사토 겐지佐藤健二씨는 이 책의 어디에도 이름이 나오지 않음에도 불구하고 필자가 가장 영향을 받은 '첫 번째 가상 독자'라고 말할 수 있는 선학이다(생긋이 웃으며 수정을 요구할 얼굴이 지금부터 상상된다). 그 외에도 감사해야 할 선학과 동문의 얼굴이 주마등처럼 떠오르지만 예의가 아님을 사과하며 생략하고자 한다.

그리고 졸문拙文「신서라는 공공권新書という公共圏」(2008)을 계기로 제안을 해주신 편집자인 이다 겐飯田建씨와 신서라는 무대에서 함께 할 수 있었던 것은 기이한 인연이라고 할 수밖에 없고 처음 기획부터 10년 가까이나 기다려주신 인내에 그저 넙죽 엎드려 감사드릴 뿐이다. 여기서 한 가지 고백해두면 이 책에 코로나19에 대한 언급이 없는 것은 코로나19로 발생하고 있는 여러 가지 문제가 본질적으로는 코로나19 이전부터 존재했던 문제의 연장선상에 있다고 필자는 생각하고 있기 때문인데, 그런데도 이 책을 집필한 것은 코로나19로 통상의 연구 활동이 중단되자 이제 여기까지라도 수습하자는 느낌으로 각오하고 펜을 잡은 결과이다. 돌연 유튜버처럼 온라인 강의를 하느라 온갖 고생을 한 일도 이 책의 내용을 재검토하는 계기가 되었다. 아직도 다수의 재앙을 가져오고 있는 코로나19이지만 이 책의 집필에만 한정해서 말하면 전화위복이랄까 인과因果인 것이다.

여하튼 이 책의 논의가 어디까지 유효할지 제대로 음미하시길 바란다. 21세기를 사는 독자의 손에 이 책이 닿기를 지금은 바라마지 않는다.

2021년 11월 13일
기쿠치 아키라

역자 후기

민속학은 사람들의 일상생활에서 볼 수 있는 풍속·관례·신앙 등의 역사적 변천과정을 밝히고 이를 통해 현대의 생활문화를 규명하고자 하는 학문이다. 일본사회와 문화를 깊이 이해하기 위해서는 일본인의 생활에 근거한 민속 양상을 파악하는 일이 중요하며 특히 일본의 민속학 분야에 관심을 가지는 것이 큰 도움이 된다.

근대 초기 야나기타 구니오柳田國男에 의해 일본 민속학이 구상된 이래로 각 지역에 전승되고 있는 민속문화를 탐구하고 소개한 방대한 양의 연구 업적이 축적되었다. 하지만 전국 각지를 찾아다니며 민중의 삶을 고찰하던 초기의 민속학이 학문 영역의 경계가 불명확해진 현대에 들어와서 독립된 학문 분야로 인정받지 못하는 위기를 맞이했고, 심지어 '해 저무는 민속학落ち日の民俗学'(야마오리 데쓰오山折哲雄)이라고 일컬어 지기도 했다.

또한 민속학의 연구대상의 영역을 확대하고 민속학의 정의를 재정립하자는 견해(고마쓰 가즈히코小松和彦)도 있다. 이렇듯 실로 민속학의 위기라고 할 수 있는 상황 속에서 발간된 기쿠치 아키라菊池暁의『민속학 입문民俗学入門』이 가지는 의의는 무엇일까?

기쿠치 아키라의『민속학 입문』은 일본인의 생활문화

의 변천과 의미를 알기 쉽게 설명하고 있는 민속학 분야의 입문서로 의식주, 교통, 타자와의 관계 등을 중심으로 한 일상생활의 통찰을 통해 다양한 문화배경을 가진 독자들이 일본문화의 특색을 이해할 수 있도록 돕기 위한 단서를 담고 있다.

먼저 『민속학 입문』은 '현대 민속을 통해 변화하는 역사를 추구한다'는 민속학 본래의 정의에 입각한 탐구결과라는 점에서 학술적인 가치가 인정된다. 다음으로 저자가 종장에서 설명하듯이, 이 책은 다양한 문화배경을 가진 21세기의 독자에 초점을 맞추어 쓰여진 민속학 소개글로서 내용 및 구성면에서 수업교재는 물론 일반인의 교양서적으로도 적합하다.

마지막으로 학생들의 다양한 사례를 소개하여 일본생활문화의 생생함을 더하는 구성은 읽는 재미를 더할 뿐 아니라 민속학 자료가 우리들의 삶 그 자체임을 알게 함으로써 독자가 민속학이라는 분야에 쉽게 다가갈 수 있는 계기를 마련한다. 이러한 점을 이 책의 의의로 들 수 있을 것이다.

덧붙이자면 이 책의 각 장 말미에 북가이드 코너를 따로 마련하고 있으므로 심화학습을 원하는 독자에게는 참고가 되리라 생각한다. 일본의 민속학을 포괄적으로 개설하고 있는 대표적인 입문서 중의 하나인 『민속학 입문』의 번역서 출간이 일본 사회문화를 공부하는 여러분께 조금이나마 도움이 될 수 있기를 바라마지 않는다.

옮긴이 김현욱

도판 출전

* 기재하지 않은 사진과 그림은 모두 저자가 촬영·작성한 것이다.

【그림 0-1】 야나기타 구니오 연구회(柳田國男研究会) 편,『야나기타 구니오 전기(柳田國男伝)』, 산이치쇼보(三一書房), 1988

【그림 0-2】 가이토쿠당 기념회(懐徳堂記念会) 편,『가이토쿠당의 과거와 현재(懐徳堂の過去と現在)』, 1979

【그림 0-3】『긴키 민속(近畿民俗)』1/5, 긴키 민속 간행회(近畿民俗刊行会), 1936

【그림 1-1】 혼다 가쓰이치(本多勝一) 저, 후지키 다카네(藤木高嶺) 사진『뉴기니아 고지인(ニューギニア高地人)』, 아사히신문사(朝日新聞社), 1964

【그림 1-4~6】 기쿠치 아키라(菊池暁) 편,『신체론을 권함(身体論のすすめ)』, 마루젠(丸善), 2005

【그림 1-7】『이제와서 무엇을! 생활기술(何をいまさら！生活技術) 1』, 구라시노데초샤(暮しの手帖社), 2004

【그림 1-11, 12】 오마치 도쿠조(大間知篤三) 편,『일본민속대계(日本民俗学大系) 6–생활과 민속(生活と民俗) I』, 헤이본샤(平凡社), 1958

【그림 1-14】 니시야마 우조(西山夘三),『이제부터의 주거–주거양식 이야기(これからのすまい–住様式の話)』, 사가미쇼보(相模書房), 1947

【그림 1-15】 아오키 도시야(青木俊也),『재현·쇼와30년대–단지 2DK 생활(再現·昭和30年代–団地2DKの暮らし)』, 가와데쇼보신사(河出書房新社), 2001

【그림 1-22】 시계열 지형도 열람사이트(時系列地形図閲覧サイト)「곤쟈쿠맵(今昔マップ) on the web」https://ktgis.net/kjmapw/

【그림 2-4】 앙드레 르루아 구랑(André Leroi-Gourhan),『행위와 말(身ぶりと言葉)』, 아라키 도루(荒木亨) 역, 신초사(新潮社), 1973

【그림 3-2】 혼조 에이지로(本庄栄治郎),「히다 시라카와의 대가족제도(飛驒白川の大家族制)」『교토법학회잡지(京都法学会雑誌)』6/3, 1911

【그림 3-3】 아리가 기자에몬(有賀喜左衛門),『일본의 가족(日本の家族)』, 시분도(至文堂), 1965

【그림 3-8】 교토시립 기타시라카와 소학교(京都市立北白川小学校) 편,『기타시라카와 어린이 풍토기(北白川こども風土記)』, 아마구치쇼텐(山口書店), 1959

【그림 3-9】 *Notes and Queries*, no. 1, 1849

【그림 3-9】『향토연구(鄕土研究)』1/1, 향토연구사(鄕土研究社), 1913

【그림 4-1】 야나기타 구니오(柳田國男),『달팽이고(蝸牛考)』, 이와나미 문고(岩波文庫), 1980

【그림 4-2】 야나기타 구니오(柳田國男),『민간전승론(民間伝承論)』, 교리츠샤(共立社), 1934

IWANAMI 079

민속학 입문

초판 1쇄 인쇄 2023년 2월 10일
초판 1쇄 발행 2023년 2월 15일

저자 : 기쿠치 아키라
번역 : 김현욱

펴낸이 : 이동섭
편집 : 이민규
책임편집 : 정철
디자인 : 조세연
표지 디자인 : 공중정원
영업·마케팅 : 송정환, 조정훈
e-BOOK : 홍인표, 최정수, 서찬웅, 김은혜, 이홍비, 김영은
관리 : 이윤미

㈜에이케이커뮤니케이션즈
등록 1996년 7월 9일 (제302-1996-00026호)
주소 : 04002 서울 마포구 동교로 17안길 28, 2층
TEL : 02-702-7963 5 FAX : 02-702-7988
http://www.amusementkorea.co.kr

ISBN 979-11-274-5904-8 04380
ISBN 979-11-7024-600-8 04080 (세트)

MINZOKUGAKU NYUMON
by Akira Kikuchi
Copyright © 2022 by Akira Kikuchi
Originally published in 2022 by Iwanami Shoten, Publishers, Tokyo.
This Korean print edition published 2023
by AK Communications, Inc., Seoul
by arrangement with Iwanami Shoten, Publishers, Tokyo

지성과 양심 이와나미岩波 시리즈